# 基于大数据的
# 金融零售信用风险评估研究

李淑锦　陈　达　嵇晓佳　屠宇航　著

ZHEJIANG UNIVERSITY PRESS
浙江大学出版社
·杭州·

**图书在版编目（CIP）数据**

基于大数据的金融零售信用风险评估研究／李淑锦
等著. —杭州：浙江大学出版社，2022.9
ISBN 978-7-308-22936-4

Ⅰ.①基… Ⅱ.①李… Ⅲ.①金融产品－贷款风险－
风险评价 Ⅳ.①F830.9

中国版本图书馆 CIP 数据核字（2022）第 150485 号

**基于大数据的金融零售信用风险评估研究**

李淑锦　陈　达　嵇晓佳　屠宇航　著

| | |
|---|---|
| 责任编辑 | 伍秀芳（wxfwt@zju.edu.cn） |
| 责任校对 | 林汉枫 |
| 封面设计 | 浙信文化 |
| 出版发行 | 浙江大学出版社 |
| | （杭州市天目山路 148 号　邮政编码 310007） |
| | （网址：http://www.zjupress.com） |
| 排　　版 | 浙江时代出版服务有限公司 |
| 印　　刷 | 广东虎彩云印刷有限公司绍兴分公司 |
| 开　　本 | 710mm×1000mm　1/16 |
| 印　　张 | 17.25 |
| 字　　数 | 265 千 |
| 版 印 次 | 2022 年 9 月第 1 版　2022 年 9 月第 1 次印刷 |
| 书　　号 | ISBN 978-7-308-22936-4 |
| 定　　价 | 68.00 元 |

# 前　言

　　零售信用风险评估问题是 21 世纪金融领域信用风险管理的热点问题。2008 年全球金融危机以及新巴塞尔协议内部评级方法的缺陷更是提升了金融领域学者与监管层对零售信用风险的关注程度,其关键在于零售信用风险的理论模型、评估方法与评估指标的选择问题。2016 年,G20(二十国集团)杭州峰会指出,为提升全球金融体系的稳健性和抗风险能力,需要改善金融监管协调框架以及继续发展普惠金融,让金融发展的成果惠及更多人群。完善金融监管协调框架就涉及新巴塞尔协议中零售信用风险评估的改进,普惠金融的发展则意味着零售金融的发展。零售信贷是金融机构资产的重要组成部分,也是互联网金融发展及其普惠金融发展的重要组成部分。任何贷款损失对贷款能力的影响将从金融部门传递到依赖借款的其他经济部门。

　　从 20 世纪 60 年代开始,美国的零售信用评分由三大公司提供,零售信用体系相对完善。然而 Gross 和 Souleles(2002)的研究表明,在 1995—1997 年间越来越多地发生零售借款人信用卡违约行为,这在很大程度上是因为违约的社会、信息和法律成本下降。

　　由于零售市场的特殊性,学术界不能用分析大批量贷款的方法来分析小的零售贷款,因为最值得注意的是零售客户没有一个可用于估计资产价值或资产波动性的股票价格,不能直接使用结构化方法来模拟和计算零售信用的违约概率。新巴塞尔协议没有具体给定零售信用的违约概率,建议并允许银行使用足够复杂的风险测量以及管理系统和内部系统来确定监管资本的关键风险参数,但多数银行仍然使用批发信用的违约概率估计来计算零售信用的风险加权资产,从而使零售信用的风险评估成为亟须研究的问题。

新冠肺炎疫情暴发以来,尽管国家采取了严防严控措施,仍发生了大量企业因无法复工、复产而倒闭的情况。与此同时,中小企业又因自身发展模式存在的缺陷,在疫情影响下,生存之路愈发艰难。融资难、融资贵,一直是限制中小企业快速发展的主要因素。因此,建立一个科学的信用风险评估体系,帮助商业银行更好地评估企业风险,对融资成本进行合理定价,是缓解中小企业融资压力的一条有效途径。

本书致力于在大数据背景下,基于我国金融零售领域的特点,建立适合国情的个人借款者和中小企业的信用风险评估指标,并使用先进的生存分析方法从动态的角度来评估金融零售领域借款者的信用风险。生存分析方法的优势在于,它提供了一个框架,将宏观经济变量作为时间依存变量纳入模型中,而这些变量很难被纳入传统的信用风险评估方法(如 Logistic 回归模型)中。

本书分为四部分。

第 1~3 章介绍了信用和零售信用及其风险的基本概念,以及相关的信用风险理论。

第 4~9 章则集中讨论个人借款者的信用风险评估问题。第 4 章在理论分析的基础上,通过宏观和微观两个层面选取影响个人借款者违约的重要因素,来建立个人借款者的信用风险评估指标体系,纳入了多个与个人借款者信用风险密切相关的宏观经济变量,包括广义货币供应量、居民消费价格指数、国房景气指数等。关于个人借款者信用风险评估的实证研究集中在第 5~9 章,实证使用的样本数据主要来源于有代表性的 P2P(peer-to-peer,个人对个人)借贷平台——人人贷和点融网等的大数据,原因是银行体系中个人借款者的信用卡等借贷数据无法获取。第 5~6 章探讨了动态的 Cox 模型在个人借款者信用风险评估中的应用及其优势,充分证明了动态评估方法在个人借款者信用风险评估中的优势明显,可以推广到银行等金融机构或非金融机构的信贷风险管理部门使用。为了进一步说明 Cox 动态模型的优势,第 7~9 章则讨论了常用的静态评估方法在个人借款者信用风险评估中的适用性。

第 10～15 章集中探讨中小企业的信用风险评估问题。第 10 章对中小企业进行了界定,分析了其信用风险的成因和现状。第 11 章从信用风险管理理论、信用风险理论模型、中小企业信用风险影响因素等出发,根据现实中的中小企业的特点以及学者们的研究成果,采用企业内部的资产财务能力指标以及可持续发展能力指标,来共同构建中小企业的信用风险评估指标体系。第 12～15 章集中进行中小企业信用风险评估的实证研究,实证的数据来源于两部分:一部分是上市中小企业的数据,另一部分则来自 P2P 借贷平台的中小企业的借款等大数据,主要原因仍然是无法获取中小企业的银行借贷数据。第 12～14 章使用的是动态生存分析——Cox 模型,第 15章讨论了静态评估方法——神经网络技术的适用性,来对比分析两种模型的优劣势。

第 16 章为结论与建议。

本书的研究得到了国家社会科学基金项目"基于大数据的金融零售信用风险评估与智能决策"(项目号:17BJY233)的资助,在此表示感谢。

# 目　　录

**1　绪　　论** / 1

1.1　研究背景与研究意义 / 1

1.1.1　研究背景 / 1

1.1.2　研究意义 / 3

1.2　文献综述 / 5

1.2.1　关于信用风险管理的研究 / 6

1.2.2　关于信用风险理论模型的研究 / 7

1.2.3　关于信用风险评估方法应用的相关研究 / 7

1.2.4　有关压力测试的相关研究 / 13

1.2.5　关于个人借款者信用风险评估的研究 / 15

1.2.6　关于中小企业信用风险的相关研究 / 19

1.2.7　关于数据处理方法的研究 / 23

1.3　文献评述 / 25

**2　信用风险概述及其理论** / 29

2.1　信用风险及零售信用风险概述 / 29

2.1.1　信用及零售信用的概念 / 29

2.1.2　信用风险概述 / 31

2.2　信用风险理论 / 32

2.2.1　基于期权理论的结构型模型 / 32

2.2.2　基于强度模型的约化型模型 / 35

2.3　本章小结 / 36

## 3　信用风险评估方法 / 39

### 3.1　常用的零售信用风险静态评估方法 / 41
3.1.1　Logistic 回归模型 / 41
3.1.2　BP 神经网络 / 43
3.1.3　集成学习方法 / 45
### 3.2　动态评估方法——Cox 模型 / 47
### 3.3　评估方法准确性的评价指标 / 50
3.3.1　混淆矩阵 / 50
3.3.2　一致性指数 / 52
3.3.3　其余评价指标 / 53

## 4　基于人人贷平台的个人借款者信用风险指标体系的建立 / 55

### 4.1　人人贷借贷平台 / 57
4.1.1　平台的整体运行状况 / 57
4.1.2　人人贷平台个人借款者特征及其违约情况分析 / 59
### 4.2　个人借款者信用风险指标体系的建立 / 62
4.2.1　微观指标 / 62
4.2.2　宏观指标 / 65

## 5　基于生存分析的个人借款者信用风险评估及压力测试 / 69

### 5.1　Cox 模型和压力测试 / 69
### 5.2　基于生存分析的个人借款者信用风险评估分析 / 73
5.2.1　数据来源及预处理 / 73
5.2.2　基于生存分析的个人借款者信用风险评估 / 73
5.2.3　基于 Logistic 回归的信用风险评估 / 78
5.2.4　个人借款者信用风险的预测精度 / 79
### 5.3　个人借款者信用风险的压力测试 / 80
5.3.1　基于离散时间逻辑生存分析的评估结果 / 81
5.3.2　个人借款者的整体违约率分布 / 84
### 5.4　本章小结 / 85

## 6 基于 Lasso-Cox 模型的个人借款者信用风险评估研究 / 89

6.1 评估模型——Lasso-Cox 模型 / 90

6.2 个人借款者信用评估指标选择及数据来源 / 91

6.2.1 模型设计 / 91

6.2.2 数据来源及处理 / 92

6.3 个人借款者信用风险的评估结果 / 93

6.3.1 Lasso 模型确立的信用风险评估指标 / 94

6.3.2 Lasso-Cox PH 模型的参数估计及其检验 / 96

6.3.3 Lasso-Cox 模型的参数估计及其检验 / 97

6.3.4 各模型的预测结果分析 / 99

6.4 本章小结 / 101

## 7 基于 LGB-BAG 模型的个人借款者信用风险评估 / 103

7.1 评估方法——LGB-BAG 模型 / 103

7.2 个人借款者信用风险评估的研究流程 / 105

7.2.1 评估指标选取 / 105

7.2.2 数据来源及预处理 / 105

7.2.3 数据分析 / 107

7.2.4 模型设计 / 108

7.2.5 判别评估效果的衡量指标选择 / 109

7.3 个人借款者信用风险评估的实验结果和分析 / 110

7.4 本章小结 / 114

## 8 基于 Lasso-Logistic 模型的个人借款者信用风险评估 / 117

8.1 评估模型——Lasso-Logistic 模型 / 118

8.2 个人借款者信用风险评估指标体系及其赋值 / 119

8.3 数据来源与评估结果 / 121

8.3.1 数据来源及处理 / 121

8.3.2 羊群效应的度量及描述性统计分析 / 122

　　　　8.3.3　参数估计 / 124

　　　　8.3.4　预测能力分析 / 127

　　8.4　本章小结 / 129


9　基于 BP 神经网络的个人借款者信用风险评估 / 131

　　9.1　评估模型——BP 神经网络模型 / 131

　　9.2　个人借款者信用风险评估指标体系及其赋值 / 132

　　9.3　数据来源及样本 / 134

　　9.4　个人借款者的信用风险评估结果 / 134

　　　　9.4.1　BP 神经网络 / 134

　　　　9.4.2　Logistic 回归方法 / 137

　　9.5　本章小结 / 140


10　中小企业界定及现状分析 / 141

　　10.1　中小企业的界定 / 142

　　10.2　中小企业信用风险的原因分析 / 143

　　10.3　中小企业信用风险现状分析 / 144


11　中小企业信用风险的影响因素分析及评估体系的构建 / 149

　　11.1　财务指标 / 149

　　11.2　非财务指标 / 152

　　11.3　宏观指标 / 152


12　基于 Lasso-Cox PH 模型的中小企业信用风险评估 / 155

　　12.1　数据来源及其处理 / 156

　　　　12.1.1　数据来源 / 156

　　　　12.1.2　数据处理 / 158

　　12.2　中小企业信用风险的评估结果 / 160

　　　　12.2.1　基于 Lasso-Cox PH 模型的评估结果 / 161

　　　　12.2.2　基于 Logistic 模型的评估结果 / 165

12.2.3　基于 Cox PH 模型的评估结果 / 166

12.2.4　评估结果对比 / 168

12.3　本章小结 / 170

## 13　基于扩展 Cox 模型的中小企业信用风险评估 / 171

13.1　数据来源 / 171

13.2　基于 Cox 模型的评估结果 / 171

13.2.1　基于扩展的 Cox 模型的评估结果 / 171

13.2.2　基于 Lasso-Cox 模型的评估结果 / 173

13.3　不同降维方法确立的中小企业信用风险指标体系 / 175

13.3.1　主成分分析 / 176

13.3.2　随机森林 / 178

13.4　不同降维模型下中小企业信用风险的评估结果 / 180

13.4.1　经主成分分析法确立的评估指标体系下的评估结果 / 180

13.4.2　经随机森林确立的评估指标体系下的评估结果 / 182

13.4.3　评估结果的对比分析 / 183

13.4.4　扩展 Cox 模型的评估结果 / 186

13.5　中小企业评估结果分析 / 188

## 14　基于数据处理与指标约简的中小企业信用风险评估 / 191

14.1　评估指标体系 / 192

14.1.1　内部环境指标 / 193

14.1.2　宏观经济指标 / 197

14.2　数据来源 / 200

14.3　中小企业的信用风险评估——数据没经过处理 / 200

14.3.1　基于扩展的 Cox 模型的评估结果——含宏观指标 / 200

14.3.2　基于 Cox PH 模型的评估结果——不考虑宏观指标 / 203

14.3.3　基于 Logistic 回归模型的评估结果 / 205

14.4　中小企业的信用风险评估分析——经过数据处理与属性约简 / 211

14.4.1　基于 SMOTE 方法的数据平衡 / 211

14.4.2 连续属性离散化——粗糙集理论与布尔逻辑算法 / 213

14.4.3 基于属性约简的新评估指标体系 / 214

14.4.4 基于 Cox 模型的中小企业的信用风险评估结果 / 215

14.5 本章小结 / 221

## 15 基于神经网络技术的中小企业信用风险评估 / 223

15.1 信用风险评估方法 / 224

15.1.1 多层感知器 / 224

15.1.2 径向基函数 / 225

15.2 数据处理方法 / 226

15.2.1 主成分因子分析法 / 226

15.2.2 MCMC 多重填补法 / 227

15.2.3 SMOTE 算法 / 228

15.3 数据来源与数据处理 / 228

15.3.1 数据来源与指标赋值 / 228

15.3.2 缺失数据处理——多重 MCMC 算法 / 230

15.3.3 平衡样本——SMOTE 算法 / 230

15.3.4 因子指标提取 / 231

15.4 中小企业信用风险的评估结果 / 232

15.4.1 基于多层感知器的评估结果 / 233

15.4.2 基于径向基函数的评估结果 / 234

15.5 本章小结 / 235

## 16 结论与建议 / 237

16.1 结 论 / 237

16.1.1 关于个人借款者的信用风险评估 / 237

16.1.2 关于中小企业的信用风险评估 / 239

16.2 建 议 / 241

## 参考文献 / 245

# 1 绪 论

## 1.1 研究背景与研究意义

### 1.1.1 研究背景

随着我国居民生活水平的提高以及金融体制改革的加快,金融零售业务在我国发展迅速且前景广阔。我国有不断扩大的消费人群。有关统计显示,中国每年新增2000万左右具有中等消费水平的人士。在实施宏观调控政策的过程中,我国政府今后几年将着力调动国内消费。目前,主要的金融零售业务种类在我国都得到了不同程度的发展,例如住房抵押贷款业务、汽车贷款业务、信用卡业务、教育贷款业务等。

与此同时,人们的消费观发生了很大的转变,提前消费(消费信贷)开始进入人们的生活。据中国支付清算协会的数据,个人消费信贷规模不断扩大,2020年第二季度,我国人均银行卡持有量达到6.18张,其中信用卡人均持有量0.54张,消费信贷已经渗透到居民的日常生活。伴随着不断的金融创新以及人们消费观念的持续转变,消费信贷和普惠金融的发展已经受到社会的广泛关注,并且展现出了良好的发展势头。

一方面,信贷消费方式可以让消费者通过信贷获得当期满足感,提高生活幸福指数,同时拉动消费,促进国内经济的发展;另一方面,金融机构可以根据消费者的需求设定不同的信贷业务,这有助于改善金融机构的资产结构,提高产品的多样化,增加金融市场的稳定性。

　　然而,随着消费信贷的快速发展,一系列的违约事件也随之发生。再加上缺乏监管、法律不够完善,借款人不还款的现象越来越严重,一些主要的上市商业银行,如中国建设银行、中国银行、交通银行、浦发银行、中信银行、平安银行等,2016—2020 年中报披露的信用卡不良率都有不同程度的上升。各大上市银行披露的数据都显示,在消费信贷业务持续增长的同时,也呈现出透支额度高比例增长的趋势,存在一定比例的群体还款不及时的现象,个人借款者信用风险凸显。基于此背景,排除高风险借款人群,降低个人消费信贷违约风险,已成为消费信贷领域亟待解决的问题。

　　与此同时,企业是市场经济的重要成员,是推动经济发展的重要力量。从世界经济发展历程看,企业尤其是中小企业,在推动经济发展、增加就业岗位、提高人民收入水平等方面都发挥了重要作用。工信部指出,我国的中小企业提供了 50% 的税收,创造了 60% 以上的国内生产总值,申请了 70% 以上的发明专利,提供了 80% 以上的就业岗位,数量占企业总数的 99% 以上。中小企业对经济发展的意义重大,但由于其自身规模小,抗市场冲击能力差,贷款融资难,因而成为市场经济中的弱势群体。

　　中国人民银行的调查结果显示,47.0% 的中小企业因为资金短缺而停产,而且在获得贷款的企业中,60.5% 的中小企业只有短期贷款,付息成本高,还款压力大。中小企业融资渠道少,难以通过发行股票、债券来进行融资。调查显示,我国中小企业 98.7% 的外部资金融资来自银行贷款,对银行的依赖性很强;但只有 1.4% 的中小企业能够获得银行贷款,总规模不到信贷总额的 8.0%,而且在已获得贷款的企业中,利率大都在 5%~8%,且贷款大都是短期贷款,贷款成本偏高,不利于中小企业的发展。中小企业融资难的根本原因是中小企业资金和生产经营规模比较小,盈利能力差,抗风险能力差,偿还贷款能力容易受到削弱,造成自身信用较低,银行无法准确衡量其信用情况和潜在的违约风险。

　　在大数据和云计算的技术支持下,针对传统金融信贷行业存在的市场空白以及小微企业和个人消费贷款庞大的市场需求,从 2007 年开始出现P2P(peer-to-peer,个人对个人)网络借贷服务行业,并在最初的十年呈现出爆炸式增长的态势。2012 年,国内 P2P 进入野蛮生长期,截至 2018 年 6 月底,其历史累计成交量高达 73341.87 亿元。然而,由于过去几年该行业粗放式的发展,P2P 网络借贷服务行业存在的问题也日益明显,"跑路"、诈骗事件时有发生。截至 2018 年 6 月底,我国 P2P 平台数量累计 6183 家,问题平台数量累计 2121 家,出现停业、跑路、提现困难的问题平台占比超过 1/3,高达 34%。其中,社会影响最大的是 2015 年发生的"e 租宝"事件,总体涉案金额超过 500 亿元,涉及全国 30 个省份约 90 万名投资者,造成了十分恶劣的影响。同时,由于国内的 P2P 网贷行业中借款者所发布的标的资产质量普遍偏低,并且平台的风险控制体系不健全,截至 2018 年 6 月,国内 P2P 网贷服务行业中个人借款者的违约率约为 10%,远高于传统金融借贷服务行业。

尽管 P2P 网络借贷服务行业以其特有的去中介化的运营模式,在一定程度上解决了中小企业和个人融资难的问题,但由于监管不力,P2P 网贷平台野蛮生长致使信用风险集聚。2020 年,P2P 网贷平台已全部"清零"。但网络借贷平台的借款数据对零售信用风险评估研究仍具有十分重要的价值。由于在目前的监管体系下,银行零售信用借款数据无法获取,本项目只能借助于网络借贷平台的大数据对不同评估方法的效果进行实证检验。

银行是否为零售客户提供贷款与客户的信用水平息息相关,借款客户信用风险评估问题成为银行是否提供贷款的标准。这也提示我们,完善零售金融领域的信用风险评估体系迫在眉睫。本书正是基于此背景,通过实证研究为银行零售信用客户的信用风险评估提供合理的评估指标和方法。为达到精确评估,除了选取最优的信用风险评估模型之外,基于对大数据的挖掘,数据的完整性也是信用风险评估准确程度的保证。

## 1.1.2 研究意义

零售信用风险评估是金融领域信用风险管理的热点问题。由于新巴塞尔协议中针对低估了中小企业违约概率的呼声较高,激发了学者们对零售信用风险评估的研究热情。英美等国家经历了上百年市场经济的发展,征信系统起步较早,体系也较完善,而我国市场化征信体系建设刚刚起步,尚未形成完善的征信系统,借款人违约的社会、信息和法律成本相对较低,建立完善的信用风险评估体系已迫在眉睫。

　　国外对于零售信用风险评估的研究成果丰富,静态评分方法如逻辑回归、动态评分方法如生存分析在零售信用风险领域已经得到了充分的研究。而国内针对信用评分领域的研究刚刚起步,研究成果多集中于一些静态评分方法——逻辑回归、BP 神经网络等,对动态方法的研究相对较少,并且以往研究所建立的信用评分体系往往只包括微观指标,鲜有学者将宏观经济指标纳入个人借款者信用风险评估指标体系。因此,将生存分析方法和宏观因素与信用风险模型相结合应用于金融零售信用风险评估,是一个全新的、有意义的研究方向。

　　关于个人借款者的信用风险评估问题的研究,由于银行体系中个人借款者的信用数据不可获得,本书在大数据背景下,选用国内 P2P 代表性平台(如人人贷、点融网等)的借款人数据作为研究样本,再结合金融学、经济学和机器学习等理论,探讨适合我国的零售信用借款人信用风险的评估方法。本书通过自编 Python 爬行算法采集相关的个人借款者数据,利用 Cox 生存分析动态评分方法,结合宏观因子和微观因子来构建风险评估指标体系,研究宏观经济变量对零售信用风险的影响机制,并通过逐步回归选取最具代表性的影响因子,开发出适合于个人借款者信用风险的评估模型。接着对极端经济情境下借款人的整体违约率进行压力测试,利用蒙特卡洛方法模拟极端的宏观经济情境,进而产生估计违约概率的分布,并以损失分布计算风险价值和预期缺口作为压力测试的指标对结果进行评估,并与一些静态评估方法运用于个人借款者信用风险评估的结果进行对比分析,为进一步完善和丰富我国零售信用风险管理体系提供有益的思路。

　　中小企业在促进科技创新、解决就业困难、促进经济增长等方面做出了极大贡献。然而,随着社会经济持续不景气,中小企业的发展变得更加困难。虽然如今国家开通创业板、科创板等为部分有发展潜力的公司提供上市融资的机会,但是,绝大多数的中小企业通常采用最为传统的方法来融资,也就是向商业银行申请贷款。因此,建立一套科学系统的中小企业信用风险评估体系,拓宽银行对中小企业评估层面,并且根据评估结果对贷款成本进行合理定价,是解决中小企业发展困境的一条新思路,也是零售信用风险评估的热点问题之一。

　　目前,中小企业贷款难、贷款贵是一个复杂的现实性问题,完善的中小企业信用风险评估模型的建设有助于解决这一问题。针对中小企业信用风险特征构建一个信用风险评估体系是必要的、迫切的,因为合理识别贷款企业的信用风险是商业银行大力开展零售贷款业务的前提。

(1)商业银行能更好地评估中小企业的信用,判断其违约的可能性,一方面可以改善贷款审批流程,更好地管控风险;另一方面也能扩大贷款业务的客户范围,增加银行的效益。商业银行还可以根据评估模型的结果对中小企业的融资成本进行更合理的定价。由于收益和风险成正比,银行可以根据评估的中小企业的违约风险大小来对贷款进行定价,更好地平衡风险和收益的关系。

(2)基于信用风险评估结果,中小企业可以更容易获得融资或者以更加合理的融资成本来改善经营,扩大规模。中小企业还可以根据评估模型所给出的判别结果来改善自身企业信用不足的地方。

(3)国家层面也可以找准推动中小企业发展的着力点,为其今后的发展提供更好的环境,从而改善全国就业情况,促进科技进步,为持续稳健的经济发展提供政策层面的保障。

在中小企业信用风险评估的研究中,同样由于银行数据获得门槛高,可得性较低,本书采用其他金融平台中小企业的贷款数据或者利用上市中小企业的财务数据与宏观经济变量相结合来评估中小企业的信用风险。从网络平台获得的数据,会由于各种原因不完备,因此,在中小企业信用风险评估的研究中,不仅需要考虑如何选取最优的信用风险评估模型,而且要考虑如何使用合适的方法筛选有效的评估指标,同时要选择更好的数据处理方法对数据加以处理以提高预测精度,还需要考虑宏观经济变化是否或如何对中小企业的违约风险产生影响。这些是本书关于中小企业信用风险评估问题的主要研究内容。

## 1.2 文献综述

本书从信用风险管理、信用风险理论、信用风险评估方法、个人借款者信用风险评估、中小企业信用风险评估以及压力测试等几个方面分别对相关研究进行梳理与评述。

## 1.2.1　关于信用风险管理的研究

根据信用风险的特点,许遵武(2014)认为该类风险只能尽量避免而未曾出现消除该类风险的方法。

关于信用风险的管理问题,国内外学者主要集中于中小企业的信用风险管理问题的研究。在国外,Hodgman(1961)认为中小企业通常成立的时间不长,可供评估的信贷样本区间较短,并且信息相对不够完善,因此向银行融资会遇到一定的限制。Banerjee 和 Guinnane(1994)以及 Holmstrom 和 Tirole(1994)都认为中小企业难获融资是因为投资该类企业存在较高的风险,而实力较强的企业发生信贷危机的可能性较小,从而更易获得融资。Admati 和 Pfleiderer(1994)研究发现,小型企业尤其是刚成立的小型企业,因为缺乏知名度,难以获得客户,因此需要支付更多的费用来维持运营。Hellmann 和 Stiglitz(2000)认为银行更偏爱于向规模大、资本雄厚的企业提供贷款,因为中小企业抵押物价值相对较小,且财务系统等不够完善透明,具有更高的信用风险。Berger 等(2004)研究发现,中小企业获得银行贷款困难或者成本高的原因是所需筹措的资金规模小,对银行来说边际收益不高,却存在高违约风险、抵押物较少等问题。Dietsch 和 Petey(2004)通过单因素信用风险模型来对比法德两国的企业,研究结果表明中小企业的平均信用风险大于大型企业的。

在国内,张巍等(2004)认为中小企业获取外部融资困难的原因在于其具有高信用风险的特点。肖绪照(2006)的研究表明,中小企业自身信用风险居高不下的原因在于其经营存续时间较短,缺乏足够的固定资产或者其他抵押物,并且财务信息不够完善透明。孙菁华(2005)认为我国信用风险管理体系不完善,并且违约代价小而致使民营中小企业信用风险居高不下。此外,叶帆(2005)同样认为中小企业信用管理机制存在不足,且经营者素质较低,这类企业在经营过程中往往伴随较高的违约风险,并分析了民营企业信用缺失的原因。南旭光和严太华(2005)在研究过程中发现,企业进行融资时,企业规模往往是影响其是否能获得融资的重要因素,科技类小微企业在这方面表现得尤为突出。

因此,国内外学者对于信用风险管理的研究结论相对统一,均认为中小企业较难以获得融资的主要原因还是自身的风险性较高,比如成立时间短、缺乏知名度、财务系统不太完善、抵押物较少等,这些原因导致商业银行等金融机构给予融资的意愿较低。

## 1.2.2　关于信用风险理论模型的研究

国外许多学者进行了信用风险理论模型的研究,提出的基本模型主要分为结构型模型和约化型模型。

Merton(1974)首次基于 Black 和 Scholes(1973)的研究提出信用风险理论的结构化模型,其原理是根据企业的资本结构及其股票价格来预判该企业是否会发生违约情况。该研究认为当企业价值低于其负债时,企业的信用风险就会发生,企业会发生违约;关于企业价值的测量,则是将二级股票市场价值作为衡量标准,因此该类模型主要适用于大型企业并且是上市企业的信用风险评估,不适用于无法用股票价值衡量资产的中小企业。Andrade 和 Thomas(2007)尝试将结构型模型应用于零售信用风险模型,并同巴塞尔协议所涉及的方法进行比较,得出结构型信用风险评估模型适用于零售信用风险的评估,但该尝试受到许多质疑(Perli 和 Nayda,2004),原因是个人资产很难度量。对于无法用股票价值衡量的中小企业而言,该模型同样不适用。

由于结构型模型具有可预测性,与实际违约的不可预测性有一定的差距,因此,Jarrow 和 Turnbull(1992)提出了约化型模型。Jarrow 和 Turnbull(1995)、Jarrow 等(1997)不断对其加以完善。我们尚未在中小企业的信用风险评估中使用约化型方法,这是因为该方法难以对企业发生违约定义一个触发机制。

国内的左志刚和谢芳(2007)对信用风险理论模型进行了梳理。虽然应用层面不断有新的成果,但是成果较为分散,而关于零售信用风险的基础理论也没能真正发展起来。

## 1.2.3　关于信用风险评估方法应用的相关研究

基于以上理论模型的研究,在信用风险评估领域出现了很多评估方法,可以将其分为两类：静态评估方法和动态评估方法。常用的静态评估方法有 Logistic 回归模型、决策树、神经网络等。这类模型通常都是采用静态变量，并且通过模型的运算，最终获得一个违约概率的输出值。动态评估模型有所不同，常用的动态评估模型有 Cox 模型。Cox 模型将时间依存变量引入模型，对不同时点上企业可能发生违约的概率进行预测，并且结合判别分析方法对企业是否会发生违约进行预测。

（1）关于静态评估方法的应用研究

静态评估方法应用于零售信用风险评估时，信用评分模型是最为广泛采用的研究方法。在最早的研究中，Altman(1968)和 Ohlson(1980)分别将线性判别分析方法和逻辑回归方法用于信用风险评估。这两种方法都是静态方法，使用一段固定时间内个人借款者的特征数据进行建模，进而对借款者的违约风险进行预测，但两者只考虑了借款人在借款时的特征，不能动态地考虑各种指标变化对借款人违约风险的动态影响。Altman(1968)利用多变量工具 Z-score 模型纳入多个财务指标来预测企业破产的概率，全面分析企业的财务状况。Ohlson(1980)将假设更宽松的 Logistic 模型用于企业风险评测，建立预测模型，研究结果表明，财务指标对评估违约概率有显著的统计性，判别准确率达到 92%。Martin(1977)用 Logistic 模型分析企业的财务指标来对企业违约的状况进行预测，并对比分析了 $Z$、$\zeta$ 以及 Logistic 模型对于企业违约的预测能力，发现 Logistic 模型具有更高的预测精度。该模型假设条件简单，得到了广泛的应用。Zmijewski(1984)利用 Probit 模型度量信用风险并得到较为准确的预测结果。Mays(1998)把 Logistic 模型运用到预测和分析个人借款者的信用风险中。Wijst（2001）基于 Logistic 回归模型提出了一种估计这种频率的零售银行组合方法，以财务变量以及其他公司特征为参考指标，求得企业的违约频率。实验结果表明，该方法能较好地预测企业的违约频率。Dinh 和 Kleimeier(2007)发现，在进行违约预测时，Logistic 模型具有较高的稳健性和预测精度。

对其他静态信用评估方法的研究，国外学者做了大量的工作。Beaver(1966)运用统计方法建立了单变量预警模型，通过企业的某个财务指标来预测企业未来破产的概率，模型精确度高。企业财务状况一般由多方面的财务指标决定，因此，Breiman(2011)将基于随机森林方法的模型用于个人借款者信用风险评估,研究发现该模型评估效果优异。Malekipirbazari 和 Aksakalli(2015)同样将该模型用于信用风险研究,通过对美国 P2P 平台的借款者数据进行建模,比较分析了包含多个决策树分类器的随机森林算法和 FICO 公司的评分系统,认为随机森林算法对于个人借款者信用风险的适用性更强。Desai 等(1996)将神经网络方法应用于评估个人信用,研究结果显示该方法的预测效果优于线性评分方法。Angelini 等(2008)基于小微企业的数据用神经网络模型进行实证研究,结果显示该模型具有很好的预测效果。Blanco 等(2013)将神经网络模型与其他传统模型进行评估比较,结果显示该模型优于其他几种传统模型。Sustersic 等(2009)在缺乏一般评估方法所需要的信用评估数据时,使用人工神经网络模型对个人借款者的信用风险进行评估。Petropoulos 等 (2016)发现采用隐马尔可夫模型预测的精度会相对更高。随后,Maldonado 等 (2017)提出了利润驱动模型,并且结合 SVM 模型进行指标选择和分类预测。其他方法如决策树(Serrano-Cinca 和 Gutiérrez-Nieto,2016)、人工神经网络(ANN)(Korol,2013)等也被应用于信用风险评估中。

集成学习方法由于可以集成分类器从而提高分类效果已经成为目前信用风险评估方法的一个热点。Nanni 和 Lumini(2009)利用日本、澳大利亚和德国的信用数据,运用 Random Subspace(随机子空间)、Bagging(装袋)、Class Switching(类别转换)和 Rotation Forest(旋转森林)等算法对银行的个人借款者信用风险进行了研究;Abellán 和 Castellano(2016)利用 6 个国家的实际信用数据,使用 5 种集成学习方法构建模型,结果表明,与单个模型相比,集成学习模型具有更强的预警能力和稳健性。

Sameer(2017)也对复合模型的应用进行了研究,将遗传算法和支持向量机结合,用于信用风险评估,研究结果也表明复合模型的预测精准度有显著提升。

国内对于信用风险评估方法的研究,也是更多地集中于静态评估模型的应用,其中 Logistic 回归也是在信用风险评估领域被广泛使用的信用风险评估方法之一。方匡南等(2014)研究发现,Logistic 回归模型在我国信用风险研究中具有更强的应用性,且具有一定的代表性;特别地,通过构建 Lasso-Logistic 模型用于信用风险评估指标的筛选发现,Lasso 模型能更准确地筛选重要的变量。谈超等(2014)使用 Logistic 回归模型对 P2P 平台的"羊群行为"①进行了研究,此外还有王修华等(2016)、滕晓慧(2018)、王文怡和程平(2018)、李淑锦和詹子涵(2018)利用 Logistic 回归模型对 P2P 平台借款者的信用风险进行评估。国内学者的研究也发现,Logistic 回归模型有较高的预测精准度。黄洋洋(2016)基于 Logistic 模型对制造业上市公司的违约概率进行评估,结合公司的财务指标进行检验,结果表明该模型具有较强的适用性和针对性。唐瑞(2016)通过 Logistic 回归方法分析企业的财务指标,对企业的信用风险进行评估,检验结果表明其建立的 Logistic 回归模型具有较高的拟合度。董梁和胡明雅(2016)利用 Logistic 模型对借款人的信用进行评估,说明该模型可以得到较高的预测精度。研究也发现,尽管 Logistic 模型提供了较为简单的信用评估操作,并且有着较高的预测精准度,该模型也有一定的缺陷。胡胜和朱新蓉(2011)证实,Logistic 回归模型在实际运用中易犯第二类错误,即将高信用风险企业误判为低信用风险企业的概率较高,用来评估企业信用风险时风险极高,因此使用 Logistic 模型对企业的信用风险进行评估时需谨慎。

同时,国内学者也尝试将其他的静态方法应用于信用风险评估领域,出现了运用 SVM(support vector machine,支持向量机)、神经网络技术等经典的单分类器方法来提高信用风险评估的预测精度的研究,如 Probit 回归(廖理等,2014)、人工神经网络中的 BP 算法(李淑锦和吕靖强,2016;李淑锦和潘雨虹,2019)、支持向量机(SVM)(傅彦铭等,2014)等。李淑锦和吕靖强(2016)基于 BP 神经网络模型对借款者的信用风险进行评估,结果表明优化后的模型的预测准确率达到 100%。李淑锦和潘雨虹(2019)用 Python软件收集了点融网上中小企业的相关数据和宏观经济数据作为样本,采用两种神经网络技术(即多层感知器与径向基函数)来预测中小企业的违约概率,结果表明,多层感知器的预测能力较强,优于径向基函数。傅彦铭等(2014)通过研究,认为支持向量机在国内 P2P 平台借款者的信用评估上适用性较强。李昕和戴一成(2018)基于 BP 神经网络算法构建了 P2P 网贷信

① 羊群行为指动物(牛、羊等畜类)成群移动、觅食。后来这个概念被引申来描述人类社会现象,指与大多数人一样思考、感觉、行动,与大多数人在一起,与大多数人保持一致。

用风险评估模型,证明该模型能够较好地拟合网络信用环境下对平台网贷借款者信用风险的评估。吴斌等(2017)利用果蝇神经网络算法对人人贷的借款者数据进行建模,结果表明该算法的泛化性优于传统的 BP 神经网络算法。李萌和陈柳钦(2007)、陈雄华等(2002)、王春峰等(1999)利用 BP 神经网络技术,通过对企业的财务指标等进行评估,均得出了相比传统评估模型更高的信用风险的预测准确率。黄震(2015)通过 BP 神经网络模型导入借款者的相关信息来分析其违约情况。Chen 和 Li(2010)在选用 SVM 模型的基础上增加了特征选择模型来评估信用风险。师应来等(2018)选取 Logistic 模型、SVM、随机森林模型甄别平台风险,结果表明,SVM、随机森林非线性模型比广义线性模型预测效果更优,非线性模型的预测精度更高。操玮等(2018)运用随机森林算法对特征进行筛选,结果表明,Rotation Forest 精确度极高,而且基于随机森林的特征选择过程再结合集成学习方法进行信用风险评估,能够提高相关模型的预测性能。李淑锦和嵇晓佳(2019)将 LightGBM(一种基于决策树的 Boosting 模型)和 Bagging 的优势互补,提出一种新的 LGB-BAG 模型,应用于 P2P 网贷平台借款者的信用风险评估,结果表明,LGB-BAG 模型能够显著提高信用风险预测精度。

还有一些其他的方法如梯度提升决策树被应用于信用风险评估,如谭中明等(2018)基于梯度提升决策树来评估借款人信用风险。另外,赖辉等(2014)就曾因为个人信贷客户的违约事件屡见不鲜而提出了 PCBS 方法,且在此基础上建立了一种个人信贷客户动态信用评估方法,以此来降低借款者违约造成的风险损失。

(2)关于动态评估方法的应用研究

最近兴起了利用动态评估模型对零售信用风险进行评估的研究,生存分析是信用风险研究领域中重要的动态评估模型之一。国外学者首先将动态的信用评估模型引入信用风险评估领域。Narain(1992)首次将生存分析算法引入消费信贷领域信用风险评估,随后这种方法便被广泛应用于信用风险的评估领域并得到了高的预测精度。Banasik 等(1999)通过方法对比得出生存分析方法较传统的静态评估方法有明显的优势。Thomas(2000)作了进一步的研究,发现生存分析方法完全可以与传统的 Logistic 回归模型相比,有时甚至优于 Logistic 回归。Stepanova 和 Thomas(2001)将生存分析模型应用于消费信贷的行为评分,同时用于预测个人借款者的贷款违约率,研究结果表明,该模型对违约率的预测效果明显。Andreeva(2006)则将生存分析模型用于零售通用积分卡的开发和信用风险评估中。Glasson(2007)利用生存分析方法,对无抵押个人贷款数据进行实证检验,实证结果表明其对客户的违约判断以及违约时间的预测都是比较准确的。Dirick 等(2017)将生存分析方法应用于比利时以及英国的 10 个相关金融机构,对比发现,含有扩展的 Cox 模型,也就是含动态因子的 Cox 模型在信用风险的评估中表现得更好。

研究者们还发现,生存分析模型作为动态信用评估模型,较 Logistic 回归等传统静态模型的优势在于可以将动态指标纳入模型。国外学者们的最新研究结果表明,如果将随时间变化的宏观经济变量纳入借款者信用风险评估模型,会提高模型对零售信用违约概率的预测精度。Crook 和 Banasik(2005)将宏观指标纳入评估体系,通过研究发现宏观经济变量会对发生拖欠的债务数目以及贷款的注销率产生影响,说明宏观经济变化影响借款者违约的可能性。Bellotti 和 Crook (2009)将生存分析方法应用于英国零售信用卡的风险评估,探讨了借款人的违约率随着宏观经济条件变化而产生的影响,得到的结论是个人借款者的违约风险会随着宏观经济环境的变化而波动。Banasik 和 Crook(2005)还发现宏观经济环境的变化会导致违约犯罪率的变化。

近年来,国内也出现了一些相关的将动态 Cox 模型应用于信用风险评估的研究,如邓丽纯和杜伟勇(2020)运用 Cox 模型预测上市公司的财务危机;刘忻梅等(2016)运用 Cox PH 模型筛选影响上市公司信用风险的财务指标;陈达(2019)利用 Cox 生存分析方法评估 P2P 借贷平台上个人借款者的违约概率,并验证了 P2P 平台借款人的违约率会随着宏观经济波动而变化这一假设;屠宇航(2020)将 Cox 扩展模型应用于中小企业的信用风险评估中,实证结果表明,相较于其他信用评估模型能更好地筛选正常企业,且加入宏观经济指标的 Cox 模型整体的预测准确度提高,第一类错误和第二类错误发生的概率均降低。

应用 Cox 模型较多的领域是商业银行体系内的信用风险评估,很少涉及消费信贷领域的信用风险研究。Luo 等(2016)将 Cox 模型应用于信用风险评估,并基于离散时间变量的生存模型同静态生存模型进行了对比分析,发现基于时间依存的生存模型提高了模型的预测精度。

但目前国内鲜有学者探讨宏观经济变量对借款者信用风险的影响机制,尤其是引入动态宏观经济变量并结合指标筛选方法的扩展的 Cox 模型尚未出现在零售信用风险的评估研究中,这是本书的一个研究方向和创新点。

## 1.2.4　有关压力测试的相关研究

压力测试源于工程科学,是一种评估不利条件下物体(如建筑物、机器)稳定性的技术。自 20 世纪 90 年代以来,压力测试以其可以测试金融机构或资产组合在极端情境下的表现状况而被广泛应用于金融领域,成为帮助金融机构制定商业策略、风险管理和资本结构决策的重要工具。压力测试又分为宏观压力测试和微观压力测试,前者涉及在极端经济情境下对金融机构资产组合的影响研究,其目的是检验在不利冲击下金融部门的资本充足率;后者则是研究贷款人的特定投资组合在极端经济情境下的损失。国外学者在这方面取得了丰富的研究成果。在理论研究方面,Longin(2000)首次将极值理论应用到金融市场风险价值的计算中;Bangia 等(2002)研究发现,潜在的宏观经济波动是信贷组合压力测试研究的关键部分;Hilbers和 Jones (2004)介绍了压力测试中存在的一些基本问题,并对系统压力测试与个人投资组合之间的差异进行了讨论;Borio 等(2014)评估了目前压力测试方法的优势和劣势,并提出一些改进的建议。实证方面的研究更为丰富,一类是从银行业角度出发,如 Sorge 和 Virolainen(2007)将多种风险因素分析结合建立了风险价值模型,对芬兰银行的贷款数据进行宏观压力测试,探讨银行贷款违约率与商业周期之间的关系;Singh 和 Majumdar(2013)运用向量自回归模型研究印度银行业对各种宏观经济冲击的适应能力,认为宏观经济变量对银行业承担的风险有着显著的影响;Covas 等(2014)采用固定效应分位数自回归模型,在预先设定的宏观经济情境下,对美国银行控股公司进行压力测试,并得出压力期间银行损失和收入呈非线性动态变化的结论。另一类是针对零售业务的微观压力测试,如 Rösch 和 Scheule(2008)对违约率和违约损失率的相关性进行了研究,并对我国香港地区按揭贷款的违约率进行压力测试；Breeden 和 Thomas(2008)使用消费者犯罪数据建立动态违约模型，对以往经济危机中出现的几种情境进行压力测试，并确定了一些重要的违约指标，如利率和 GDP 等；Bellotti 和 Crook(2014)利用英国零售信用卡数据建立了包含宏观经济变量的离散时间生存模型，研究发现，在百分之一极端经济情境下的借款人整体违约率是正常情况的 2.43 倍。

国内针对压力测试的研究还处于起步阶段，且主要集中在宏观层面的研究。巴曙松和朱元倩(2010)研究如何针对数据相对缺失的发展中国家的银行有效实施压力测试的方法；徐明东和刘晓星(2008)利用宏观压力测试方法对我国金融系统稳定性进行评估并提出了相应的政策建议；华晓龙(2009)使用 Logit 模型通过假设情境法对中国商业银行体系进行宏观压力测试，认为名义 GDP 和通货膨胀率两种宏观经济指标会对银行贷款的违约风险造成冲击；孙玉莹和闫妍(2014)针对房价下跌背景下商业银行的不良贷款率问题进行压力测试，发现压力情境下的不良贷款率的影响在开始阶段急剧上升，随后逐渐降低并趋于稳定，房价对房地产不良贷款率的影响程度最强且持续时间最长；任宇航等(2007)介绍了信用风险压力测试的方法和应用；陈达(2019)运用离散时间生存分析模型针对 P2P 平台借款人的整体违约率进行压力测试，其优势在于利用蒙特卡洛方法模拟极端的宏观经济情境，从而产生估计借款者违约概率的损失分布，并利用风险价值和预期缺口作为衡量指标对压力测试进行评估，从而改进了以往主观设定的压力情境生成方法。可以看出，鲜有国内学者从微观角度对个人借款者的信用风险进行压力测试研究，这是本书讨论个人借款者信用风险压力测试的意义所在，也是本书的一个创新点。

本书第 5 章采用生存分析方法建立中国 P2P 个人借款者信用风险压力测试的基础模型，采用离散时间逻辑生存分析模型，因为信用数据通常采用面板数据的形式，账户的记录是离散的。离散时间生存分析也可以理解为面板数据集上的逻辑回归，其中每个账户在第一次违约之前没有发生违约行为。在以往的研究中，离散时间生存分析模型已经成功应用于多个领域，如美国个人借款者信用风险评估(Gross 和 Souleles,2002)以及美国次级抵押贷款市场的竞争风险研究(Foote 等,2008)。

压力测试考虑的是异常但合理的极端事件。通常情况下,学者基于主观判断人为设定假设的压力情境(Hoggarth 和 Whitley,2003;华晓龙,2009),这种研究方法在压力情境的设定上存在一定的主观因素。FRS(2009)研究了美国大型银行的压力测试;Baker(2009)的研究结果表明,由于主观设定的极端情境太弱而低估了约 1200 亿美元的损失。

本书第 5 章采用蒙特卡洛模拟方法来模拟压力情境,作为改进的情境生成方法。蒙特卡洛模拟产生个人借款者估计违约率的损失分布,通常情况下,利用风险价值 VAR 可以计算出该分布的极端损失,但风险价值和压力测试的要求存在差别,因为风险价值是在正常情况下捕获异常情况,而压力测试是在异常情况下捕获损失,两者之间存在一定的联系。BIS(2005)的研究表明,非线性或损失分布厚尾的情况下会出现明显的差异。为此,本书第 5 章考虑了极端情况下的预期缺口作为补充。

### 1.2.5 关于个人借款者信用风险评估的研究

(1)关于个人借款者信用风险的评估方法研究

关于个人借款者信用风险评估方法的选择,国内外学者做了大量的研究工作,早期使用的主要是代表性的静态评估模型,包括判别分析法和 Logistic 回归方法等。Ohlson(1980)首次利用 Logistic 回归方法构建了个人借款者的信用分类模型,并且得到明显的分类效果;方匡南等(2014)研究发现,Logistic 回归方法在我国个人借款者信用风险评估的研究中具有更强的应用性,且更具有一定的代表性;李淑锦和嵇晓佳(2020)利用个人借款者的信息,通过理论分析个人借款者信用风险的影响因素,选取包括"羊群效应"[①]、性别、年龄等指标建立个人借款者的信用风险评估指标体系,再通过 Lasso-Logistic 模型确定个人借款者的有效评估体系,进一步预测借款人的违约概率。另外后期的信用风险研究则引入了更多的静态评估模型,如

---

① "羊群效应"也叫"从众效应",是个人的观念或行为由于真实的或想象的群体的影响或压力,而朝着与多数人相一致的方向变化的现象。其表现为对特定的或临时的情境中的优势观念和行为方式的采纳(随潮),或对长期性的、占优势地位的观念和行为方式的接受(顺应风俗习惯)。因此,"羊群效应"就是比喻人们都有一种从众心理,这很容易导致盲从,而盲从往往会使人陷入骗局或遭受失败。

SVM(衣柏衡等,2016)、随机森林(柳向东和李凤,2016)、BP 神经网络(江训艳,2014)、决策树(董路安和叶鑫,2020),取得了丰富的研究成果。

已有大量文献将神经网络运用于信用评估中,均取得了较好的评估效果,其中 BP 神经网络是运用最广泛的一种。Blanco 等(2013)采用来自秘鲁小额信贷机构的借款者的样本,基于多层感知器方法(MLP)构建了几个非参数信用评分模型,并与其他采用传统线性判别分析(LDA)、二次判别分析(QDA)和逻辑回归(LR)的模型进行了比较。Sustersic 等(2009)在缺乏一般评估方法所需要的信用评估数据时使用人工神经网络模型对个人借款者的信用风险进行评估;黄震(2015)通过 BP 神经网络模型导入个人借款者的相关信息来分析其违约情况;Ha(2010)构建了结合 Kohonen 网络和 Cox 的比例风险的混合动态模型应用于零售消费者的信用风险评估,研究结果表明该模型的预测准确度高于 93%。

但静态评估模型只能分析借款者在特定时间段内的违约概率,不能评估特定时点上的违约风险,因此在个人借款者信用风险评估的研究中,后期引入了动态的评估方法。最常用的动态评估模型仍然是生存分析模型,最具代表性的是成比例 Cox 模型。Narain(1992)第一次将生存分析方法运用到个人借款者信用风险的评估中;Banasik 等(1999)在对个人借款者信用风险的研究中发现,普通的静态评估模型如 Logistic 回归,与 Cox 方法相比具有很好的评估效果;Stepanova 和 Thomas(2002)运用 Cox 模型预测个人借款者的违约概率等。国内,李淑锦和陈达(2018)通过理论分析从宏观和微观两个层面选取了影响借款人违约的 22 个指标,利用生存分析来预测 P2P 借款人的违约概率,评估结果表明,通过纳入宏观经济变量可以提高 P2P 平台借款人信用风险评估的预测精度,减小犯第二类错误的概率。李淑锦和嵇晓佳(2021)借鉴 Lasso 模型和 Cox 模型的优势创建了 Lasso-Cox 模型用以评估个人借款者的信用风险,不含宏观指标的 Lasso-Cox 模型的预测效果很明显,准确率高达 95.76%;如果进一步考虑宏观环境对个人经济的影响,Lasso-Cox 模型预测精度提升到 98.88%。

集成学习方法由于可以集成分类器来提高分类效果,目前已成为个人借款者信用风险评估领域的一个热点。Nanni 和 Lumini(2009)运用 Bagging、Class Switching 等集成学习方法对个人借款者信用风险问题进行了研究。李淑锦和嵇晓佳(2019)创建了新的集成学习模型 LGB-BAG 模型,应用于个人借款者的信用风险评估,显著提高了信用风险预测准确度。此外还有 Florez-Lopez 和 Ramon-Jeronimo(2015)、Tsai 等(2014)和操玮等(2018)则对这些不同的集成学习方法进行对比分析,说明了集成学习方法在个人借款者信用风险评估中的适用性。

(2)关于个人借款者信用风险评估指标和影响因素的研究

大量学者对个人借款者信用风险的评估指标进行了研究。根据 Stein(2002)的分析,将个人借款者信用风险度量指标分为硬信息(一些客观存在的信息)和软信息(一些描述性信息)两类。李思瑶等(2016)在 Stein(2002)的信用风险度量指标体系下,利用我国 P2P 网贷借款人的信用数据进行实证分析,研究发现借款人的收入、所处区域、学历水平及信用评级和违约率呈负相关。

还有学者直接分析个人借贷违约行为的影响因素。学者们的研究发现,影响因素可以分为内部因素与外部因素,也可以表现为硬信息和软信息两个方面。由于银行信用数据不可获得,多数的研究工作都是基于 P2P 网贷平台的大数据进行的。如廖理等(2014)利用了国内人人贷平台的数据进行了实证研究,指出国内 P2P 网贷平台的借贷过程中存在地域歧视问题,该歧视为一种非理性歧视行为。傅彦铭等(2014)基于借款人的信用等级,申请的贷款金额、期限、利率,以及借款人的收入等,研究这些因素对个人借款者信用风险的影响。李思瑶等(2016)则是考虑借款者的信用等级、收入水平、学历以及所处地区等因素对个人借款者违约的影响。Barasinska 和 Schäfer(2014)利用德国 P2P 网贷平台的借款人数据进行实证研究,发现平台的出借人在投资过程中针对女性借款者存在明显的性别歧视,性别成为影响借贷成功与否的因素;李延喜等(2019)基于个人借款者的特征,如年龄、学历、借款金额等指标来判别是否会影响其违约的风险。王浩名和马树才(2019)研究了借款人的信用等级、FICO 分数等级、负债与收入比等因素对违约概率的影响。王冬一等(2020)在个人财务状况、房产车产、收入、学历等基本信息的基础上加入社会关系来动态地评估个人借款者的违约风险。李焰等(2014)利用 P2P 平台借款者的数据进行研究发现,借款者的描述性信息会影响投资者的最终决策。相比而言,在投资过程中出借人会更青睐提供详细描述性信息的借款者,因此该类借款者的借款成功率相对更高,其中表明自己更加稳定的信息有助于成功获取借款。廖理等(2015)通过实证研究发现,学历越高的借款者自我约束能力越强,因此违约风险相对较低,但投资者在通过教育水平识别信用风险上出现了偏差,并没有青睐高学历的 P2P 平台借款人;Lin 等(2013)研究发现,传统金融市场中的本地偏见在 P2P 网络借贷服务行业中依然存在,社会关系是借款人借款成功率的重要影响因素。另一方面是针对 P2P 网贷服务行业中出借人投资行为的研究。已有研究发现,出借人的投资行为中存在明显的"羊群效应",但"羊群效应"的持续时间相对较短,呈现边际递减趋势(廖理等,2015);廖理等(2018)进一步研究了中国一家 P2P 借贷平台的交易数据,结果表明在 P2P 网贷的投资中,群体是有智慧的,并且群体智慧能够提供新的信息。Freedman 和 Jin(2011)证明了 P2P 借贷市场中的投资者在风险识别上具备学习能力,认为虽然早期的投资者由于信息不对称并不完全了解市场的风险,但可以通过有效的学习来降低风险,有效识别出劣质借款人。Iyer 等(2016)认为 P2P 平台的投资者具备很强的信息识别能力,研究发现,在识别劣质借款人的过程中,投资者会倾向于将软信息和非标准信息作为筛选依据。还有一些其他方面的研究,如彭红枫等(2016)也讨论了 P2P 贷款的模式和行为。

除了借款者个人特征,信用等级等方面的数据会包含一些信用风险信息,还有借款者的消费行为以及宏观层面因素也会对其违约行为产生影响。如王正位等(2020)的研究表明,高频的消费行为所蕴含的信息能提高对借款者风险的识别效率;迟国泰等(2016)研究发现,宏观经济因素对个体借款者的还款情况存在影响,实证结果表明景气指数(ECI)、居民消费价格指数(CPI)、城市人均可支配收入(PCDI)对其未来违约状态的影响是显著的。

在特征指标方面,以往的研究主要集中在微观层面,特别是对于网络借贷的个人借款者信用风险的研究。Pope 和 Sydnor(2011)研究发现,美国 P2P 网贷市场中存在对老年人的歧视,年龄较大的借款者相对更难获得投资者的青睐。Allen 等(2007)研究发现,借款人违约的可能性与个人的性别、年龄和婚姻状况有关。对于是否存在性别歧视,目前仍然没有统一的定论。Chen 等(2016)研究发现,中国的 P2P 行业中明显存在对女性借款者的歧视,虽然女性借款人的违约率比男性低一些,但仍然需要为借款支付更高的利率。Ravina(2008)通过对 prosper 平台数据的实证研究,发现外貌对借款利率有明显影响,外貌较差的借款者会有更高的借款利率,对于性别则得出了相反的结论,即在其他条件相同的情况下,女性借款者比男性借款者更容易获得借款。对于借款者的受教育程度,廖理等(2015)的研究表明,受教育水平越高,自我约束能力更强,其道德风险越低,违约性越低。尽管受教育程度较高的借款人违约率明显低于受教育程度低的借款者,但平台投资人并没有表现出对高学历借款者的偏好。李悦雷等(2012)通过研究拍拍贷的数据发现,国内 P2P 网贷平台的投资者有明显的"羊群行为"。李淑锦和嵇晓佳(2020)的实证结果研究表明,"羊群效应"是个人借款者的信用风险一个重要的影响因素,将"羊群效应"纳入信用风险评估指标在很大程度上提高了模型的预测精度。Herzenstein 等(2008)通过实证发现,借款者的信用、背景特征、努力程度是网络借款成功的影响因素。陈霄(2014)利用人人贷的数据进行研究发现,借款金额、期限、认证方式、收入、信用等级对借款成本有显著影响,而偿还历史对借款成本影响不显著。

关于非认证信息对个人借款者信用风险的影响,Herzenstein 等(2011)研究发现,信用等级低的借款者更倾向于给出更详细的描述性信息,并且借款人提供的描述性信息越详细,借款成功率会越高,而违约风险越大。陈霄等(2013)通过研究发现,经济越发达的城市居民,其违约的可能性越低。Lin 等(2013)和 Lin(2009)发现有较强朋友关系的借款者的违约可能性较低。宋丽平等(2015)认为个人借款人的历史表现、客观条件和还款能力将对 P2P 网贷平台的个人借款人的信用风险产生重要影响。

鲜有学者从动态的角度来研究宏观经济环境对个人借款者信用风险的影响,这是本书力求探索解决的一个重点问题。

## 1.2.6　关于中小企业信用风险的相关研究

(1)关于中小企业信用风险评估指标和影响因素的研究

国外学者对中小企业信用风险影响因素进行了研究。如 Beaver(1966)研究发现反映企业现金流量和负债能力的两类指标对企业信用风险存在较大的影响。Yurdakul 和 Tansel(2004)重点分析了企业盈利能力的影响因素,并将非财务指标与财务指标结合来研究制造业企业的违约风险。Altman 和 Sabato(2005)基于流动性、收益、杠杆、覆盖率和业务活动比率等 5 类财务因素分析了中小企业信用风险的影响因素。Vassiliou(2013)认为在评估小微企业信用风险时,还应该考虑小微企业的经营者的经营思路、贷款的用途、贷款的成本等因素。

在国内,刘萍(2009)认为经验、绩效、信息不对称等因素与从外部获得融资的概率呈负相关,并且研究发现,销售成长率、资产结构、规模、成立年数等因素都会影响中小企业融资的难易程度,也就是说这些因素都是中小企业信用风险的影响因素。王新红等(2009)充分考虑了行业的竞争压力以及发展情况,认为管理者的个人素质、履约情况和商业信誉等相关非财务因素对企业的信用风险有重要的影响。胡海青等(2012)认为应考虑行业状况、融资企业自身状况(盈利能力、短期偿债、信用记录等)对中小企业信用风险的影响。还有学者研究企业信用风险预警问题,如刘红霞(2007)从企业的资产管理能力以及债务偿还能力等 4 个维度来构建中小企业信用风险预警模型的指标体系。陈宁欣(2010)从偿债、运营、盈利、成长能力 4 个财务因素来研究上市中小民营企业财务危机预警。黄虹等(2020)利用 KPCA 非线性降维方法建立财务危机预警模型,结果表明该模型在预测 AUC 值以及泛化能力方面都更稳定。

国内外关于中小企业信用风险评估的指标选择的研究成果丰富。Lussier 和 Pfeifer(2001)从企业的财务管理、经营者年龄、企业资金情况以及所处的生命周期等 15 个方面来构建企业的信用风险评估指标体系。国内学者的研究认为,企业信用评估的指标选取应具有科学性,应该遵循三大原则:全面性原则、可比性原则和可操作性原则。吕红杰(2004)认为在指标选取遵守三大原则的同时,还需要以行业来划分评级指标,不同的行业应注重不同的测试指标,以及各指标之间的比例。曹开发等(2019)将众多信用评价指标分为五大类,分别是市场背景、企业素质、财务指标、风险评估以及履约状况,最后分析这五大类指标对中小企业信用风险的影响,从而选择信用风险评价指标并构建评估指标体系。

也有学者考虑外部环境即经济环境对中小企业信用风险会产生重要影响。在外部环境指标的选择方面,吕峻和李梓房(2008)将 GDP 实际增长率、真实的贷款利率(名义利率与通货膨胀率的差额)、消费物价指数增长率和银行信贷余额增长率等宏观经济因素纳入线性模型估计中。研究发现,当年和滞后一年的 GDP 增长率对公司的财务危机有显著影响;滞后一年和两年的真实利率对财务危机的影响显著;信贷余额增长率对公司财务危机的影响不显著;滞后两年的 CPI 增长率对企业财务影响是显著的。卢永艳(2013)借鉴 Altman 和 Sabato(2005)的相关研究,将宏观经济因素(实际 GDP 增长率、CPI、贷款利率和货币供给增长率)纳入 Logistic 模型,来研究宏观经济因素对企业财务困境的影响。研究结果表明,实际 GDP 增长率和贷款利率对企业财务困境有显著影响。

还有学者认为指标之间的相关性会极大程度上影响模型的预测效率和结果,因此也有不少学者研究信用风险评估指标的筛选问题。彭国兰(2007)通过 R 语言建立随机森林模型,再通过随机森林模型精简指标,并最终大幅度提高模型分类器的准确率。黄洁(2012)基于 Wald 逐步法将原始的 13 个变量精简为 6 个重要指标,并且代入 Logistic 回归方程进行后续的信用风险评估。吴秋华(2013)通过使用粗糙集算法来精简变量,提高 CART 决策树的学习效率。邬建平(2016)利用主成分分析方法筛选了 8 个信用风险指标,接着利用最小二乘支持向量机对电子商务的信用风险进行综合评分。黄虹等(2020)将 KPCA 非线性降维方法运用于财务危机预警模型,实证结果表明该模型在第一类错误率、预测 AUC 值以及泛化能力方面都存在更稳定和优化的表现。

还有学者利用中小企业的信用风险特点对中小企业信用风险指标的选择进行了研究。糜仲春等(2004)在构建中小企业的指标体系时,考虑了 6 类财务指标和 4 方面非财务指标。李萌(2005)通过参考国外学者对于中小企业信用风险指标的选取,最终选取流动比率等 8 个指标来构建我国的信用风险评估指标体系。孙文和王冀宁(2012)在讨论构建中小企业信用评级指标体系时,认为非财务指标对企业信用风险的影响不容忽视,提高了非财务指标的占比。

还有学者研究了宏观因素对中小企业信用风险的影响。宋雪枫等(2006)则针对各种静态模型的不足之处,以我国上市公司为研究对象,结合杜邦分析法建立了基于生存分析的信用风险评估模型,结果表明宏观因素对中小企业信用风险的影响是显著的。

(2)关于中小企业信用风险评估方法的应用研究

国外,Martin(1977)对比分析了 $Z$、$\zeta$ 以及 Logistic 三种模型用于企业违约风险的预测,结果发现 Logistic 模型具有最高的预测精度。

国内对于中小企业信用风险评估方法的研究也主要集中于使用静态的评估方法。徐秀渠(2010)利用 Altman(1968)的 $Z$-score 模型,计算了沪深两市证券交易所 2007—2009 年暂停上市或终止上市的 32 家公司的 $Z$ 值,发现该模型能有效预测企业风险。国内学者关于静态 Logistic 回归模型在企业风险评估中的运用方面的研究成果丰富,实证结果均发现 Logistic 回归模型有较高的预测精度(黄洋洋,2016;唐瑞,2016;胡胜和朱新蓉,2011)。除常运用的 Logistic 回归模型外,学位们也讨论了其他静态评估方法的适用性。施锡铨和邹新月(2001)用典型判别模型对我国部分上市公司的信用状况进行了实证分析和检验,结果表明该模型对企业信用情况有很强的解释能力,在对平台企业的信用风险评估中可以得到很好的运用。徐晓霞和李金林(2006)通过决策树算法构建模型分析企业的财务指标,并对企业的信用风险进行评估。衣柏衡等(2016)使用支持向量机评估小额贷款公司客户的信用风险。段小东(2009)在中小企业信用评价指标体系基础上建立了基于 BP 神经网络的三层神经网络模型,该模型运用人工神经网络的理论和方法,根据已知数据预测中小企业的信用状况。杨俊和夏晨琦(2017)使用 Gradient Boosting 算法对小企业信贷客户数据建模,并和逻辑回归以及专家规则模型进行横向比较和分析。实验结果表明,Gradient Boosting 算法的精度和稳定性显著优于另外两种模型。熊品(2017)构建了基于社会网络分析方法的中小企业信用风险评价模型,综合考虑 20 家上市中小企业的盈利、偿债、营运、成长等 4 方面因素构建中小企业的信用风险评价指标,用构建的模型进行了违约概率的计算,验证了模型的有效性。刘红娟(2017)在供应链模式下从 5 方面构造中小企业的信用评估指标体系,用 BP 神经网络与 Logistics 方法对其信用风险进行评估,结果表明 BP 神经网络的预测能力高于 Logistics 回归。

有部分学者将多层感知器与径向基函数应用于企业信用风险的评估问题。如庞素琳和王燕鸣(2003)利用公司经营状况的四个主要财务指标,通过多层感知器对 96 家上市公司进行分类,准确率达到 79.17%。高国平和刘树安(2007)综合分析国内外企业信用评分指标体系,建立了基于径向基函数神经网络的信用评分模型,利用辽宁华诚信用评级有限公司的相关数据分别进行判别和分析,得到了令人满意的评价结果。在众多研究成果中,还没有发现有学者把这两种方法应用于 P2P 借贷平台上的中小企业借款者的信用风险评估。

国内关于动态评估方法应用于中小企业信用风险的研究成果较少,屠宇航(2020)将 Cox 扩展模型引入中小企业的信用风险评估,并在进行信用风险评估前对评估数据进行了多元处理以克服主观数据的影响。实证结果表明,相较于普通数据处理后的结果,经过多元化数据处理后的 Logistic 回归模型和 Cox 模型结果精准度均有所提高。嵇晓佳(2021)进一步研究了宏观因素对中小企业信用风险的影响,同时考虑到冗余信用评估指标可能影响评估结果,因此创建了 Lasso-Cox 模型来识别中小企业信用风险评估的有效指标并进行信用风险评估。研究结果表明,Cox 模型应用于中小企业的信用风险评估领域有助于提高评估的准确度。

相对静态方法的应用,国内关于动态方法的应用成果较少,且很少涉及中小企业信用风险评估的研究,尤其是引入动态宏观经济变量并结合降维模型的扩展的 Cox 模型尚未在中小企业的信用风险评估研究中出现。这是本书的一个重点研究的内容。

## 1.2.7 关于数据处理方法的研究

(1)合成少数类过采样技术 SMOTE

在许多的实证分析中,往往存在样本数据不平衡的问题,如在信用风险评估的研究中,信用数据中主要由"正常"样本组成,只有少部分的"违约"样本,这就是数据不平衡问题,其可能会影响实证结果。Chawla 等(2002)提出了合成少数类过采样技术(Synthetic Minority Over-sampling Technique,SMOTE),来解决样本数据不平衡的问题。他们发现对少数异常类别进行过采样相比对多数正常类进行欠采样可以实现更好的分类器性能,增加分类器对少数异常类别的敏感性。之后有很多学者对该类方法进行了研究。如 Bunkhumpornpat 等(2009)提出"安全级-SMOTE"技术,沿着同一条线,通过使用最近邻居少数实例来计算，以不同的权重度仔细采样少数实例，称为安全级别。通过将少数实例综合到更大的安全级别，获得了比 SMOTE 和 Borderline-SMOTE 更好的精度性能。Bunkhumpornpat（2012）又提出全新的过采样技术 DBSMOTE（Density-Based Synthetic Minority Over-sampling Technique）。这是一种基于密度的合成少数过采样技术。该技术基于密度的聚类概念，旨在对 DB-SCAN（密度聚类）发现的任意形状的聚类进行过采样，沿着从每个正实例到少数类集群的伪质心的最短路径生成合成实例。因此，这些合成实例在该质心附近是密集的，远离该质心则是稀疏的。实验结果表明，对于不平衡数据集，DBSMOTE 比 SMOTE、Borderline-SMOTE 和 Safe-Level-SMOTE 更有效地提高了精度。国内也有学者对过采样技术进行了研究。杨毅等（2017）提出了两种新的少数过采样方法，即 borderline-SMOTE1 和 borderline-SMOTE2。实验表明两种新方法比 SMOTE 和随机过采样方法能获得更好的效果。

SMOTE 方法在信用风险评估中已有应用（Chang 等，2016；Jie 等，2018）。Chang 等（2016）将 SMOTE 方法应用于信用风险模型中，获得了更优的信用风险的预测效果。

由于复杂的 SMOTE 模型会增加软件运行时间，本书将最基本的 SMOTE 数据处理方法应用于中小企业信用风险的样本数据的处理，以提高中小企业信用风险评估的预测精度。

（2）属性约简

在信用风险评估中，由于获取的数据信息中存在冗余信息，对信息进行约简能有效排除干扰。Hedar 等（2015）提出了一种基于启发式遗传算法的粗糙集属性约简方法，称为加速遗传算法属性约简（AGAAR），能有效解决这一问题。在国内，任永功等（2006）利用基于遗传算法的粗糙集属性约简算法进行属性约简，实证结果显示该算法能够快速有效地进行属性约简。朱志勇等（2012）为了求取决策系统中的最小属性约简，提出了一种基于免疫算法的属性约简算法。该算法提高了全局搜索能力，避免数据集陷入局部最优现象，从而更有效地得到较好的最小属性约简集合。通过对多种约简方法进行比较，为了得到更好的结果，史博文等（2017）国内学者通过重新定义概念，采用启发式算法进行约简。实验结果表明，相比于经典方法，基于强化正域约简方法能更有效地对决策表进行属性约简。基于属性约简的定义,张龙(2008)针对现有属性约简算法的缺陷,结合向量空间模型的特点,对粗糙集的 Johnson 属性约简算法进行了改进。改进的算法以特征向量重要度为启发式信息,加快了约简速度并能得到较优的约简。与其他算法相比,该算法相对简单明了。

为了提高中小企业信用风险预测的准确度,本书将利用 Johnson 属性约简算法对中小企业信用风险评估的指标进行降维,以提高评估的速度和精度。

## 1.3  文献评述

综上所述,针对零售信用风险评估问题,西方发达国家的研究已经日趋成熟,建立了相对完善的信用风险评估体系,但国内的相关研究还处于起步阶段。

以往关于个人借款者的信用风险评估模型主要为静态评分模型,且特征的选取主要集中在微观层面,鲜有学者从动态评分模型和宏观指标层面对个人借款者信用风险进行研究,故本书对于个人借款者信用风险的研究将上述两点作为抓手予以补充。

国内针对压力测试的研究还处于起步阶段,主要集中在宏观层面,鲜有学者从微观角度对个人借款者信用风险进行压力测试研究。通常情况下,学者会基于主观的判断来自行设定压力情境,存在一定的主观因素。为此,笔者利用蒙特卡洛模拟来改进传统的压力情境生成方法,通过计算风险价值和预期缺口对 P2P 平台借款人信用风险进行压力测试,以丰富国内相关的研究。

关于中小企业的信用风险问题,综合国内外的文献研究以及现实经验可以发现,国外相对来说有更加完善的机制和研究框架来研究和处理中小企业的信用风险问题,并且国外的中小企业,尤其是欧美等发达国家的中小企业相对于国内一些小企业来说更容易获得融资。例如欧美的股票市场相对来说制度体系更为成熟,对小企业的限制也相对较少,而通过股市融资往往能解决一大部分的融资压力，进而能更好地促进中小企业的持续健康发展。中国股票市场建立时间相对较短，并且对小企业的融资限制也较多，因此，短期内解决中小企业融资问题主要还是依赖于传统的融资方式，而要重点解决中小企业融资难、融资贵的问题，则需要建立一个完善且有效的信用风险评估框架，使商业银行等金融机构能更好地评估该类企业的信用风险问题，进一步合理地定价融资成本。因此，针对中小企业自身发展的特点，建立一个广受认可并且科学有效的信用风险评估体系，对于解决中小企业融资困难是十分必要且迫切的。

已有的研究表明，影响中小企业信用风险的因素有许多，从企业的内部发展来看主要有企业的经济实力、财务状况以及持续发展能力等因素。另外，考虑到中小企业处于市场经济环境中，宏观经济的总体走势对中小企业的运行也产生极大的影响。因此，本书在中小企业的信用风险评估中，根据宏观经济变量的动态性，以及企业内部指标体系的静态性，创新地引入近年来在信用风险评估领域中表现较为出色的 Cox 模型进行具体分析。在数据方面，考虑利用大数据如点融网平台的中小企业借款者的信用数据，或者上市中小企业的数据，主要原因是银行等金融机构的零售信用借贷数据不可获得。

尽管 Cox 模型已广泛应用于医学、生物学等学科的研究，国外在信贷风险评估方面的应用已相对成熟，但在国内还处于起步阶段。由于生存分析是研究生存现象和响应时间数据及其统计规律的一门学科，在我们研究的信贷风险评估中，其主要内容就是基于已有的借款客户从起息日开始到其首次违约时所经历的时间来计算出客户违约概率，从而定价借款客户的信用是否满足平台放贷条件。

本书研究中小企业的信贷风险评估时，是对每个企业做出一个违约概率的计算，需要纳入企业信息作为估计指标，而来自点融网平台的借贷数据存在数据 不完整、不平衡等诸多问题，因此在评估前需要对数据进行处理。本书拟采用合成少数过采样技术 SMOTE 算法来解决决策属性（是否违约）数据的不平衡问题；连续型属性离散化问题采用粗糙集理论进行布尔逻辑离散；为使模型精简而不失精度，利用 Johnson 算法进行属性约简。

在利用上市中小企业的数据对中小企业的信用风险进行评估时，由于企业信用风险评估的指标较多,大量的指标之间往往存在较高的共线性,因此本书利用降维方法对评估指标进行筛选,如主成分分析法、Wald逐步回归法、随机森林、粗糙集等。在这些降维模型中,Lasso模型具有较高的识别有效变量的能力,因此本书将Lasso模型作为主要的降维模型,并据此建立中小企业的信用风险评估指标体系。又因为宏观因素对中小企业的生存发展起着重要作用,因此使用动态的Cox模型对中小企业的信用风险进行评估将得到较好的评估结果。

此外,Logistic模型以其较高的稳健性和预测准确率,并且操作简单,一直在信用风险评估领域中颇受认可。为了对比Lasso-Cox模型的评估结果,本书也对同一样本使用Logistic回归模型进行评估,目的在于对比分析评估的准确性。

本研究中,首先,将生存分析方法中的Cox模型用于金融零售信用风险的评估,且进一步创新Cox模型,如构建Lasso-Cox模型等,主要原因是基于指标的选取具有全面性,覆盖微观指标和宏观指标;其次,由于信用风险指标间不可避免地存在相关性等问题,因此需要引入必要的降维方法如Lasso去除冗余指标以提高预测速度和结果;再次,通过对数据多元化处理,使得指标的赋值和选取具有客观性和简约性;最后,在信用风险指标的构建中,无论是对个人借款者还是对中小企业,除了考虑常用的静态评估指标外,还将宏观经济指标纳入指标体系以提高信用风险评估方法的预测精度。

# 2 信用风险概述及其理论

## 2.1 信用风险及零售信用风险概述

### 2.1.1 信用及零售信用的概念

《中国大百科全书》将信用解释为：借贷活动，以偿还为条件的价值活动的特殊形式。在商品交换和货币流通存在的条件下，债权人以有条件让渡形式贷出货币或赊销商品，债务人则按约定的日期偿还借贷或偿还货款，并支付利息。信用是从属于商品和货币关系的一个经济范畴，不是任何特定社会形态的专利。不同于货币，信用是一种有条件限制的交易媒介，而货币是法定的支付工具，是无条件限制的交易媒介。信用与货币的不同之处在于它只是未来付款的一种承诺，而承诺是否兑现，即承诺的可靠性，完全依靠授信方或赊销方的自行判断。从市场实践看，信用有等同货币作用的性质。

经济学意义上的信用指的是在商品交换过程中，交易一方以将来偿还的方式获得另一方的财、物或服务的能力。信用的根据是获得财、物或服务的一方所做出的给付承诺。

也就是说，从经济学层面看，信用是指在商品交换或者其他经济活动中授信人在充分信任受信人能够实现其承诺的基础上，用契约关系向受信人放贷，并保障自己的本金能够回流和增值的价值运动。从经济的角度理解信用有着丰富的层次,至少可以从国家、银行、企业、个人几个层次来理解。

信用已经渗透到现代经济社会的各个方面,因此现代信用的形式日趋多样化和复杂化。按照不同的划分标准可以对信用形式进行不同的分类。以信用的期限为标准,可将其划分为短期信用、中期信用、长期信用;以信用的地域为标准,可将其划分为国内信用、国际信用;以信用中介是否参与为标准,可将其划分为直接信用、间接信用;以信用的参与主体为标准,可将其划分为商业信用、银行信用、消费信用、国家信用、国际信用。如果以信用的使用目的为标准,消费者信用可以再分为零售信用和现金信用等。

零售信用是指零售商向消费者以赊销的方式提供产品与劳务,是消费者直接用来向零售商购买最终产品的一种交易媒介。通过这种方式,企业或零售商增加了销售,争取了更多的消费者。零售信用最初是零售商向消费者提供的信用,后期的零售信用包括了银行等机构向中小企业或者消费者提供的小额或分散的信贷业务,主要包括向个人借款者和中小企业发放的小额或分散的贷款业务,与批发信用相对应。在现代市场经济条件下,零售信用已经成为市场竞争的一种手段,也是本书的主要研究对象。

银行零售信用业务(也叫零售金融业务)主要指商业银行以自然人或家庭及小企业为服务对象,提供存款、融资、委托理财、有价证券交易、代理服务、委托咨询等各类金融服务的业务,是商业银行提供一站式打包产品和服务的主要途径,是商业银行开辟新市场、新领域、新经营方式的主要工具。

事实上,近年来商业银行的零售信用业务得到了快速发展,其中信用卡业务、汽车贷款业务、住房抵押贷款业务以及教育贷款业务在我国实现了不同程度的发展,我国工商银行的实际贷款总额也呈现逐渐上升的趋势,例如住房抵押贷款业务、汽车贷款业务、信用卡业务、教育贷款业务等。2003年,中国工商银行新增贷款 3907 亿元,增长 12.3%,其中,个人消费类贷款新增 1046 亿元,占全部新增 26.8%,显示出零售业务的快速增长(鲁炜和姜涛,2006)。2021 年,中国工商银行制造业贷款余额突破 2 万亿元,普惠型小微企业贷款余额超过 1 万亿元,绿色贷款余额超过 2 万亿元,进一步说明了商业银行零售信用业务的快速发展。

零售业务在我国迎来了繁荣发展期的背景下,加强对零售行业的信用风险管理成为重中之重。

## 2.1.2 信用风险概述

在金融领域,风险就是一种不确定性,主要包括流动性风险、市场风险、操作风险、信用风险。金融风险是金融资产在未来时期内的预期收入遭受损失的可能性。金融风险包括狭义金融风险和广义金融风险。狭义的金融风险专指银行、保险、证券等金融机构由于不确定因素而使金融资产遭受损失的可能性。广义的金融风险则是指个人、公司等所有参与金融活动的交易主体因不确定性而使金融资产遭受损失的可能性。

信用风险(Credit Risk),又称违约风险,是指债务人、证券发行人或交易对手在债务到期时未履行偿还本金和利息的义务而给经济主体造成损失的风险,即受信人不能履行还本付息的责任而使授信人的预期收益与实际收益发生偏离的可能性,它是金融风险的主要类型。信用风险是金融机构所面临的主要风险,是传统金融市场中最古老和最重要的风险之一。它影响着现代经济生活的方方面面,同时也对国家乃至全球的经济发展具有深远的影响。西方发达国家通过上百年市场经济的发展,目前已经建立了成熟完善的征信体系,例如美国的信用评分由 FICO 等三家个人消费信用评估公司提供。相对而言,国内征信体制建设还处于起步阶段,出借人很难依据有效的信息对借款人的信用风险进行评估,特别是劣质借款者利用自身的信息优势,会凭借不实的信息来获取出借人的青睐,并对金融市场中的优质借款人进行挤出,给出借的投资者和金融机构带来巨大损失。

银行贷款业务要求银行对借款人或企业的信用水平做出评估。由于存在信息不对称等因素,对借款人的信用评估并非总是精准的,而且借款人的信用水平受到各种因素影响会发生变化,由此造成信用风险的发生。

从零售信用所固有的微观结构看,零售信用风险管理非常重要。零售市场的特别之处使得无法简单照搬批发信用分析模型。零售信用市场为较小并通常未被评级的借款者提供资金,相对较小的单笔贷款规模使得任何个别贷款的信用风险都很小,任何单笔零售贷款引起的损失都不会导致银行破产。判定单笔贷款信用风险的成本常常比所能带来的收益大,即确定个别零售贷款的信用风险可能是没有价值的,因此对此的研究投入受限。

批发信用市场与较大的且具有评级的借款者打交道。这些大额贷款常常是组合型的,因此便于形成二级市场,而对于零售信用这样的市场还不存在。在二级市场上,贷款价格的信息是可知的。相反的,由于零售贷款不被频繁用于交易,因此无法得到价格的波动性记录,也就无法建立未来价格的预期。

在零售信用风险的评估中,虽然各种复杂的评分方法被用于对个别零售信用的违约概率进行分级和计量,但是针对内部经济资本模型的开发还远未完善,原因主要体现在:业界长期以来认为公司贷款组合的巨大损失不但会影响银行的盈利水平,而且直接威胁了其生存。而零售贷款具有单笔敞口小且相对容易预测损失概率的特点,因此大多数银行的风险管理人员对消费信贷组合没有投入太多人力物力。而且,大量公司金融领域的文献研究对批发信用风险建模给予了强大理论基础支持,可是消费者信贷领域却没有类似的理论研究。构建盯市型的零售信用风险模型也由于缺乏信用差价数据的支持而被进一步阻碍,因此对零售信用风险评估的研究变得尤为重要,这也是本书研究金融零售信用风险评估的现实意义和背景。

## 2.2　信用风险理论

目前有关信用风险度量的理论模型主要有两类:一类是基于期权理论的结构型模型,即公司价值模型;另一类是基于强度指标的约化型模型,即违约强度模型。结构型模型基于期权定价模型,约化型模型则是借用保险精算的方法,因此两者不仅在理论基础方面存在差异,在违约概率、期限结构等方面均存在差异。

### 2.2.1　基于期权理论的结构型模型

结构型模型主要应用于上市公司的信用风险评估(Merton,1974),为信用风险的研究奠定了理论基础。结构型模型的基本假设是公司在时间 $t$ 的资产价值 $V_t$ 遵循几何布朗运动,即满足下面的随机微分方程:

$$\frac{dV_t}{V_t} = \mu dt + \sigma dW_t \tag{2.1}$$

其中,漂移参数 $\mu$ 和波动率参数 $\sigma$ 是常数。可以看出,公司的价值会随着时间的推移而发生变化。

假设无风险利率为 $r$,公司在时间 $T$ 需要偿还到期时面值为 $F$ 的零息债券。债权的偿还优先于股权,股权持有人受有限责任保护。当债权到期时,如果公司的价值足以偿还债务,那么股权持有人会偿还债务并保留余额,否则公司会发生违约,债权持有人则保留剩余的公司资产价值。在时间 $T$,公司债权持有人和股权持有人获得的支付分别为 $D_T$ 和 $S_T$:

$$D_T = \min(V_T, F)$$
$$S_T = \max(V_T - F, 0) \tag{2.2}$$

因此,结构型模型的基本思想是通过比较公司的总资产和总负债来确定公司是否违约。假设某公司在借款到期日 $T$ 时,在利息贴现的基础上需要偿还债务的总额为 $F$,并且此时该公司总资产的市场价值为 $V$。在借款到期日,如果 $V$ 大于 $F$,即公司总资产的市场价值大于其负债,则借款公司有动力进行还贷;如果 $V$ 小于 $F$,即公司总资产的市场价值小于其负债,这样即使将公司全部财产变卖也无法偿还贷款,公司就会发生违约。

直接将结构化方法应用到零售个人借款者违约风险的研究受到了学者的广泛质疑,原因在于两个方面:一方面是很难精确衡量个人借款者的总资产,缺少类似公司股票价值这样一个用来衡量个人总资产的指标;另一方面是当借款人的债务超过其资产时,个人借款者也不一定会发生违约。

尽管如此,针对上市公司的结构化模型给零售信用风险评估的研究提供一些有益的思路,如在个人借款者信用风险指标的选取上,就可以选择一些反映个人借款者资产波动的变量,比如收入水平的变化、拥有房产数等,因为这些指标影响个人借款者的资产从而对其信用产生影响,因此是零售信用风险评估的指标。

结构型模型又分为两类:经典模型和首达时间模型。结构型模型判定违约的基础是当公司的资产价值低于设定的一个最低值,如债务成本。经典模型中,公司违约发生的标准为:当公司负债到期时,债务值高于公司的最低资产价值,公司违约才发生;在首达时间模型中,则是假定在给定时间段内任何一个节点公司负债价值高于给定最低资产价值,公司的违约即发生。

（1）经典模型

经典模型（Merton，1974）假定公司的负债仅为到期日 $T$、面值 $K$ 的零息债券，公司是否违约仅在到期日才能知道。在到期日 $T$ 时，基于债务的权益价值公式为

$$E_T = \max(0, V_T - K) \tag{2.3}$$

同时在到期时债务的价值可以看成欧式看涨期权多头，即到期时债务的价值公式为

$$D_T^T = \min(K, V_T) = K - \max(0, K - V_T) \tag{2.4}$$

而公司资产价值 $V$ 随时间的变动服从几何布朗运动[式(2.1)]，那么由 B-S 期权定价公式知，$t$ 时刻公司的资产价值可以写为

$$V_t = V_0 e^{mt + \sigma W_t} \tag{2.5}$$

其中，$m = \mu - (1/2)\sigma^2$，$\mu$ 是资产价值漂移率，$\sigma$ 是波动率，$W_t$ 表示标准的布朗运动。

由此可知，公司违约发生在到期时刻，且公司违约的概率可以表示为

$$P(T) = P[V_T < K] = P[\sigma W_T < \ln L - mT]$$
$$= N[(\ln L - mT)/\sigma T^{1/2}] \tag{2.6}$$

其中，$L = K/V_0$，是公司的杠杆率。

根据 Black 和 Scholes(1973) 获得的期权定价公式，债务的初始价值即可表示为

$$D_0^T = K e^{-fT} - [K e^{-fT} N(-d_2) - V_0 N(-d_1)]$$
$$= V_0 - V_0 N(d_1) + e^{-fT} K N(d_2) \tag{2.7}$$

其中，$N(x)$ 表示标准正态分布函数，$r$ 是无风险利率。

因此，公司违约的概率是可以估计的。

（2）首达时间模型

针对经典模型只能在到期时刻判定公司是否违约的不足，时间首达模型由 Black 和 Cox(1976)提出，该模型可以在债券到期日前判定公司的违约状况。

假定 $M_T = \min V_s$（$s < T$）表示公司在债务到期前的资产价值最低值，当价值低于违约障碍点 $K$ 时，违约发生。公司违约的概率即可表示为

$$P(T) = P[M_T < K] = P[\min(ms + \sigma W_s) < \ln(K/V_0)] \tag{2.8}$$

其中，$K$ 表示公司的债务价值。更进一步，$M_T$ 作为几何布朗运动的历史最低值，符合逆高斯分布，因此，违约概率就等于

$$P(T) = N\left(\frac{\ln(K/V_0 - mT)}{\sigma\sqrt{T}}\right) + \left(\frac{K}{V_0}\right)^{\frac{2m}{\sigma^2}} N\left(\frac{\ln(K/V_0 + mT)}{\sigma\sqrt{T}}\right)$$

$$(2.9)$$

债务到期时权益的价值可以表示为

$$E_T = \max(0, V_T - K)1_{\{M_T \geqslant K\}} \tag{2.10}$$

其中，$1_{\{M_T \geqslant K\}}$ 为示性函数，当企业债券到期前的最低资产价值 $M_T$ 大于违约障碍点时，即没有违约时，其值为 1；反之取值为 0，表示违约。

无论经典模型，还是首达时间模型，其理论基础是借款者（无论是个人还是企业）的资产价值必须可度量，否则将无法确定借款者的违约状态，因此，结构型模型多用在大型企业的信用风险评估中。

## 2.2.2 基于强度指标的约化型模型

约化型模型（Jarrow 和 Turnbull，1992），也可称为违约强度模型，它将导致违约事件背后的经济背景进行简化，根据违约强度来研究违约事件，被广泛应用于信用风险评估中。其基本思想是假设不能够完全获得公司的财务信息，因此，公司违约是一件不能预料的事件。公司违约由公司的违约强度决定，通过违约强度来重塑信用事件。因此，公司的信用风险是基于公司债券的特定数据集中抽象出来的，事实上与公司的实际经营状况无关。

约化型模型假设违约时间 $t$ 是由违约强度 $\lambda$ 决定的，并认为该过程是一个泊松过程，在时间长度 $t$ 内事件发生的次数服从均值为 $\lambda t$ 的泊松分布，即

$$P\{N(s+t) - N(s) = n\} = \frac{(\lambda t)^n}{n!} e^{-\lambda t},$$

$$n = 0, 1, 2, \cdots\cdots, s, t \geqslant 0 \tag{2.11}$$

在信用风险研究中，通常最关注第一次跳跃，并将其定义为违约，违约事件服从参数为 $\lambda$ 的泊松分布，因此在时间 $\Delta t$ 内，公司的违约率为 $\exp(-\lambda\Delta t) \approx \lambda\Delta t$，其中，$\lambda$ 是违约强度。

约化型模型基于违约强度而不是违约时间来研究信用事件，也主要应用于上市公司的信用风险评估中，并没有运用到零售个人借款者信用风险

评估的研究。其基本思想是假设不能够完全获得公司的财务信息,利用违约强度来刻画信用事件,将违约过程看作是跳过程,其中公司的违约强度既受外生宏观经济环境的影响,也会被其他企业发生的违约行为所传染。影响公司违约强度的因素主要包括利率、公司股票价格以及信用评级等。

由于零售借贷市场中个人借款者的实际资产难以衡量,并且消费者资产与利率的相关性难以确定,目前约化型模型并没有运用到零售个人借款者的信用风险研究中。但针对公司的约化型模型给零售个人借款者信用风险的研究带来了一些启示,比如可以参照影响公司违约强度的因素来选择影响个人借款者信用风险的指标,探讨信用评级、金融实力等对个人借款者信用风险的影响机制。

## 2.3　本章小结

综上所述,信用风险的理论模型主要有结构型模型和约化型模型两种,分别通过违约时间和违约强度来刻画信用事件,但两者主要应用于上市公司的信用风险评估,并不适合零售信用风险的评估研究。这是由于个人借款者或者中小企业缺少类似于公司股票价值这样一种衡量总资产的方法,无法进一步利用总资产对违约时间和违约强度展开研究。

而基于结构型模型和约化型模型的特点发现,两类理论模型都是以市场的价格信息为基础,而非通过大量历史数据发现其间因果关系,因此对数据的及时性存在较大的依赖。然而,在现实生活中,市场价格信息一般都存在一定的滞后性。虽然股票市场较为活跃,但是其价格信息用于这类理论模型的时效性也会被大幅削弱,更何况交易更为不活跃的债券市场,因此这两类理论模型在现实中用于评估企业信用风险会存在较大的缺陷。

由此衍生出来的现代信用风险度量模型主要包括 KMV 模型、Credit metrics 模型、宏观模拟模型和死亡率模型。但这些模型也主要应用于大型企业的信用风险评估,不能简单地应用于零售信用风险的度量。

随着现代科学技术的不断发展,在结构型模型和约化型模型背景下衍生出来一系列统计分析方法用于企业信用风险评估,主要有静态方法和动态方法两种。静态方法有 Logistic 方法、神经网络、支持向量机、决策树、随机森林等,而动态方法有 Cox 模型,都曾被学者用于信用风险评估领域,均取得不错的评估结果。

目前针对零售个人借款者的信用风险评估研究,在构建借款者信用风险评估指标体系上缺乏一个共同的理论基础。通常情况下,学者会根据以往研究中有关个人借款者信用风险的影响因素来构建自己的信用风险评估指标体系,并可能地在指标体系中补充一些新的特征指标,然后采用不同的信用风险评估方法来探讨各个指标对借款者违约风险的影响机制,通过违约率的预测来对信用风险评估方法的适用性进行评估。目前针对个人借款者信用风险的研究所得出比较一致的结论是,个人借款者的违约风险与借款人特征、金融实力以及借款者的行为变化有关。

而在中小企业的信用风险评估研究中,也不能直接使用结构化模型和约化型模型,多是利用两种模型的原理,寻找中小企业信用风险的影响因素,由此构建中小企业信用评估的指标体系,再选择评估方法对中小企业的信用风险进行评估。常使用的影响企业价值的指标分为内部环境指标和外部环境指标。内部环境指标包括企业财务指标、企业贷款项目信息指标和企业主的个人信息指标,外部环境指标主要由宏观经济指标和非财务指标等构成。

# 3   信用风险评估方法

　　基于信用风险理论,在信用风险评估领域形成了特有的信用风险评估方法。目前主要包括以下两种常用的评估方法:定性分析方法和定量分析方法。定性分析评估方法主要为专家系统法、5C 等。定量分析评估方法又有两种,一种是包括信用评分法中的多元判别分析模型、Probit 模型等静态评估方法,如著名的 Logistic 回归模型;另一种则是动态的评估方法,如目前最先进的生存分析方法。这些方法均是利用以上信用风险理论,选择影响借款者价值的影响因素,从而建立合适的信用风险评估指标体系,再选择一种合适的统计评估方法,对借款者的信用风险进行评估。

　　新巴塞尔协议对银行提出新要求,要求各国银行可以采用内部统计模型来度量其信用风险。而随着公司破产愈加常见、市场竞争日益剧烈、银行等金融机构的担保能力下降等,人们对于信用风险的研究逐步深入,从而涌现了一系列统计分析方法来进行信用风险评估。

　　在实际的零售信用借贷领域,关于借款者的信用风险评估问题已经使用了多种信用评估方法,目前常用评估方法有两种:一种是静态评估方法,包括常用的 Logistic 回归模型和神经网络模型、决策树模型和机器学习等;另一种是动态评估方法,主要是国际上使用的生存分析方法,目前在国内信用风险的研究中也开始有所涉及。各类常用的评估方法的优缺点如表 3.1所示。

　　国外零售信用风险评分体系已经相当完善,生存分析方法应用于零售信用风险领域得到了充分的研究;对于信用风险模型的理论研究也相对完善,但将结构方法直接应用于零售信用风险的评估也受到了相当多的质疑;

表 3.1 　各类评估方法比较

| 模型 | 优点 | 缺点 |
|---|---|---|
| Logistic 回归 | 通俗易懂、不需要缩放输入特征、高稳定性、高可解释性、建模难度低 | 容易欠拟合 |
| SVM | 适用小样本,由少数的支持向量确定最终决策函数,且能处理非线性模型 | 对大样本处理结果较差,多分类问题的解决存在困难,稳定性较低 |
| 决策树 | 预测精度高、数据要求低、概率图解释清晰 | 稳定性差,且仅用于离散变量 |
| 神经网络 | 容错率、自主映射能力较强 | 易出现过拟合现象 |
| 贝叶斯 | 稳定性好,可解释性高 | 预测精度低,操作复杂且困难 |
| Cox | 预测精度高,对数据要求低,可进行动态评估 | 容易欠拟合,计算复杂 |

对于新巴塞尔协议低估中小型企业银行贷款违约概率的呼声激发了对零售信用风险评估的研究热情,零售信用风险研究成为目前信用风险领域的热点问题;而国内对于信用评分的研究才刚刚起步,有一些关于静态零售信用评分的成果,但只有极少的论文将生存分析方法应用于零售信用的风险评估;对于信用风险理论模型的研究更是少之又少,将其应用于零售信用风险评估的研究还没有发现;对新巴塞尔协议有关风险资产违约概率的研究也相对较少,多数停留在定性讨论或实证研究中。无论国内还是国外,将生存分析方法和信用风险模型结合用于零售信用风险评估是一个全新的、有意义研究方向。

静态的信用风险评估方法只能处理静态的数据,不能处理时间依存变量,而实际中,不管是个人借款者还是中小企业,其信用风险会随着时间的推移而发生变化。更重要的是,影响借款者信用风险的因素会随着时间的变化而变化,也就是说,零售信用风险的评估指标是时间依存变量,因此静态的评估方法就有着天然的缺陷,而将动态方法应用于零售信用风险的评估中是十分重要的、有意义的。

特别应该提到的是,宏观经济的变化对中小企业的生存和发展有着重要影响,因此如果将宏观动态变量纳入到评估指标体系中,就需要使用能够处理依赖时间变量的动态模型,如 Cox 模型。国外学者首先将 Cox 模型用于个人借款者信用风险评估中,且得到不错的预测效果,但是 Cox 模型尚未出现在中小企业信用风险评估中。Logistic 模型是最为经典的信用风险评估模型,它具有较高的稳定性和可解释性,并且在预测违约情况时也有较高的精确度。下面我们首先介绍一些常用的评估方法,然后在后面的零售信用风险的评估中加以选择性使用,并利用实证检验进一步说明各种评估方法的预测精度,从而为我国零售信用风险评估提供依据。

## 3.1 常用的零售信用风险静态评估方法

在以往的零售个人借款者信用风险评估研究中,被广泛采用的信用风险评估方法是 Logistic 回归模型,因此我们从 Logistic 回归模型开始,来介绍零售信用风险评估中常用的评估方法。

### 3.1.1 Logistic 回归模型

Ohlson(1980)首次将 Logistic 回归模型用于个人借款者的信用分类,并且得到明显的分类效果。Logistic 回归模型的本质是一种广义线性回归模型,因无需事先假设数据分布而直接对分类事件进行建模、可解释性强等优点,被广泛应用于信贷领域。

在信用风险评估领域,Logistic 回归模型的因变量 $y$ 只有两个取值:1 和 0(违约和非违约)。假设在 $p$ 个独立自变量 $x_1, x_2, \cdots, x_p$ 作用下,即 $x_1$, $x_2, \cdots, x_p$ 代表各评估指标,用向量 $\boldsymbol{X}$ 来表示,那么记 $y$ 取 1 的概率为 $p = P(y=1|X)$,取 0 的概率则为 $1-p$。而 $y$ 取 1 和 0 的概率之比为 $p/(1-p)$,称为事件的优势比。对优势比取自然对数就得到了 Logistic 变换 $logit(p) = \ln(p/(1-p)) = z$,则 $p = 1/(1+e^{-z})$ 即为 Logistic 函数。

Logistic 回归模型的基本原理如下:设 $y_i$ 表示第 $i$ 个借款者是否违约,自变量 $x_{i1}, x_{i2}, \cdots, x_{ip}$ 则代表影响借款者 $i$ 信用的 $p$ 个相关信用风险评估指标,则有:

$$y_i = f(x_{i1}, x_{i2}, \cdots, x_{ip}) + \varepsilon_i, \quad i = 1, 2, \cdots, n \tag{3.1}$$

其中，$y_i$ 是二元离散变量，取值是 0 或者 1。$y_i = 0$ 表示第 $i$ 个借款者未违约；$y_i = 1$ 表示第 $i$ 个借款者违约。已知第 $i$ 个借款者相关信用风险指标信息 $x$ 的前提下，定义 $y_i = 1$ 的概率为 $p = P(y_i = 1 | x)$，那么 $y_i = 0$ 的概率为 $P(y_i = 0 | x) = 1 - p$。

Logistic 回归方程定义为：

$$\pi = \ln \frac{P(y_i = 1 | x)}{1 - P(y_i = 1 | x)} = \frac{e^{f(x_{i1}, x_{i2}, \cdots, x_{ip})}}{1 + e^{f(x_{i1}, x_{i2}, \cdots, x_{ip})}} = \frac{1}{1 + e^{-f(x_{i1}, x_{i2}, \cdots, x_{ip})}}$$

(3.2)

且当上式中 $y_i$ 为多元线性函数时，那么，Logistic 回归模型可以写成：

$$\pi = \frac{e^{\sum \beta_j x_{ij}}}{1 + e^{\sum \beta_j x_{ij}}} = \frac{1}{1 + e^{-\sum \beta_j x_{ij}}}$$

(3.3)

在参数估计时，可以根据泰勒公式表示为：

$$\pi^* = \beta_0 + \beta_1 x_{i1} + \beta_2 x_{i2} + \cdots + \beta_p x_{ip} + \varepsilon_i$$
$$= \sum_j \beta_j x_{ij} + \varepsilon_i$$

(3.4)

Logistic 回归模型的解释：

$$\frac{p}{1-p} = e^{\beta_0 + \beta_1 x_1 + \cdots + \beta_p x_p + \varepsilon}$$

其中，$\beta_0$ 为在没有自变量时，即 $x_1, x_2, \cdots, x_p$ 全部取零，$y = 1$ 和 $y = 0$ 发生概率之比的自然对数；$\beta_i$ 为在某自变量 $x_i$ 变化时，即 $x_i = 1$ 和 $x_i = 0$ 相比，$y = 1$ 优势比的对数值。

事实上，$y = 1/(1 + e^{-x})$ 被称作 sigmoid 函数。从式（3.3）可知，Logistic 回归模型是将线性函数的结果映射到了 sigmoid 函数中，即 Logistic 回归模型可以依据每个样本中的评估指标的线性组合，将该样本的信用情况映射为一个实数，如图 3.1 所示。

可以看到，sigmoid 的函数输出是介于 0 和 1 之间的，中间值是 0.5，于是式（3.2）和（3.3）的含义就很好理解了，因为 $\pi$ 值的输出介于 0 和 1 之间，也就表明了数据属于某一类别的概率，例如 $\pi < 0.5$ 说明当前数据属于 A 类，而 $\pi > 0.5$ 则说明当前数据属于 B 类。

sigmoid 函数也被看成样本数据的概率密度函数。信用情况的取值在实数范围，sigmoid 函数为信用是正常或违约提供一个明确的"界线"。本书

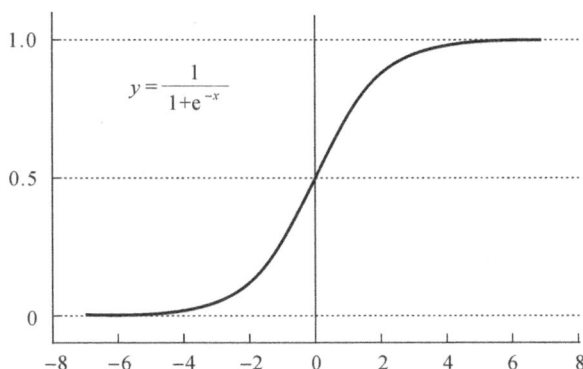

$$y = \frac{1}{1+e^{-x}}$$

图 3.1 线性函数结果映射图

采用的信用风险评估的数据,将正常状态定义为 0,违约状态定义为 1,因此,当某个样本的因变量的取值小于 0.5 时,该样本为正常,反之为违约。

Logistic 回归作为信用风险评估研究中最为广泛采用的算法,其相对于其他传统的信用风险评估算法有比较明显的优势。首先,无须事先假定数据的分布,如 Probit 模型以及线性判别分析模型都需要事先假定数据满足正态分布的条件,但实际上许多情况下信用数据并不满足正态分布;其次,模型的可解释性强。虽然深度学习中神经网络模型可以通过复杂的调整参数使得模型的预测精度很高,但模型的训练过程类似于一个黑箱,对结果的解释性很差。

Logistic 回归模型的缺点是一个静态模型,这就意味着该模型纳入的只能是静态变量,不能对宏观经济变量等时间依存变量进行建模,无法从动态的角度研究借款者违约风险的变化,无法考察借款人信用风险随时间发生的变化。

## 3.1.2 BP 神经网络

BP 神经网络算法是另一种被广泛采用的静态的信用风险评估方法。该方法是一种基于误差逆向传播算法训练的多层前馈神经网络,包括输入层、隐藏层以及输出层三部分结构,以模型预测值和真实值的误差均方差作为损失函数,并通过梯度下降算法计算损失函数的最小值,经过反复迭代训练得出模型的最优参数来对借款者的违约行为进行预测。

  在 BP 神经网络模型中,隐藏层的神经元收到来自输入层神经元的输入值 $x_i$,然后将这些输入值通过神经元之间的连接权重 $w_i$ 计算得到当前神经元的总输入值,接着神经元会将总输入值和阈值 $\theta$ 进行比较,并通过激活函数(常用的激活函数包括 sigmoid 函数、Relu 函数等)生成该神经元的输出,最终到达输出层从而输出结果 $y_i$。具体的 BP 神经网络算法见图 3.2,BP 神经网络中神经元的输入值和输出值见图 3.3。

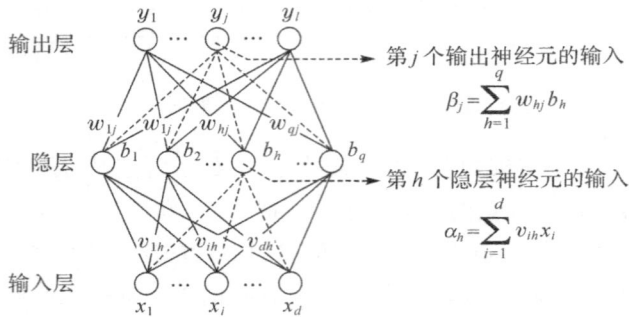

图 3.2 BP 神经网络算法

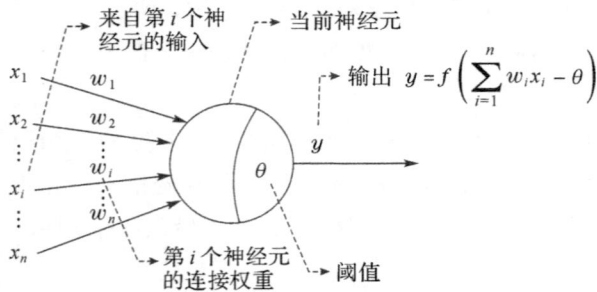

图 3.3 BP 神经网络神经元

  在信用风险评估中,BP 神经网络算法针对借款者违约率能够得到较高的预测精度,但该方法存在的主要缺陷是:首先,模型评估过程类似一个黑箱,使得模型可解释性很差;其次,该方法依然是一个静态评估方法,无法动态研究借款者信用风险的变化规律;第三,BP 算法针对大数据集的计算成本很高,模型很难收敛到全局最优解。

### 3.1.3 集成学习方法

最近在信用风险的静态评估方法中引入了集成学习法,下面介绍本书中所使用的几种集成学习方法。

1998 年 Breiman 将 Bagging 引入信用风险评估领域。Bagging 是一种把多个不同的基分类器集成为一个集成分类器的方法,它基于自主采样法(bootstrap sampling),重复地取样而取得不同的数据集,并在不同的数据集上训练得到有高泛化能力和较大差异度的基分类器。从一群基分类器得到的预测集合体在预测一个类标时,采用投票的方法,将票数最多的类标确定为该样本的预测类标。此算法也是一种并行的集成学习方法,可以提高算法的时间效率。

Boosting 是 Freund 和 Schapire(1997)应用于信用风险评估中的一种集成学习法。它是一种串行的集成学习方法,其函数模型是叠加型的,后一个基学习器会不断修正或提高前一个基学习器的结果,最终将各个基学习器叠加而成。其中 Gradient Boosting 是 Boosting 当中的一个重要方法,它会在迭代的时候选择梯度下降的方向来保证最后的结果最好。基于此方法有很多著名的算法如 GBDT、XGBoost、LightGBM。

LightGBM(Light Gradient Boosting Machine)是微软亚洲研究所 DMTK 团队成员 Ke、Meng 和 Finley 开发的一个算法,是一种基于决策树和 Gradient Boosting 的改进模型,可以用于常见的分类、回归等问题。LightGBM 和 XGBoost 算法被分别称为机器学习中的"倚天剑"和"屠龙刀",都是非常优秀的算法。LightGBM 有着很多的优点:因为 LightGBM 使用基于直方图的算法,有着更快的训练速度和更高的效率;更少的内存占用;它还支持并行计算,并且由于它在训练时间上的缩减,从而拥有处理大数据的能力。

LightGBM 有两个重要的创新点,即使用直方图算法和带深度限制的 Leaf-wise 的叶子生长策略。

(1)直方图算法

LightGBM 的一大创新点是基于直方图算法提出的。在计算的时候,模型会将浮点型的数值转化成离散数值,从而生成一个直方图。将离散数值作为索引在图中累计统计量,这样的结果能极大地降低内存占用来进行遍历找出最佳分割点。

(2)带深度限制的 Leaf-wise 的叶子生长策略

大部分的决策树使用 Level-wise 策略,但是 Level-wise 是一种低效算法,因为它不加区分地对待同一层的叶子,带来了很多没必要的开销,如图 3.4 所示。

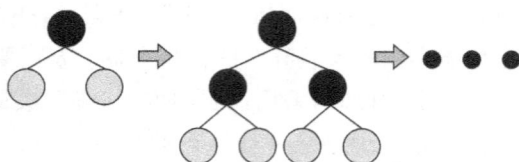

图 3.4　Level-wise 策略

相较于 Level-wise 策略,Leaf-wise 则更为高效,它有着这样的一个循环:每次从当前所有叶子中,找到分裂增益最大的一个叶子,再进行分裂,如图 3.5 所示。所以在分裂次数相同的情况下,Leaf-wise 误差更低、精度更高。

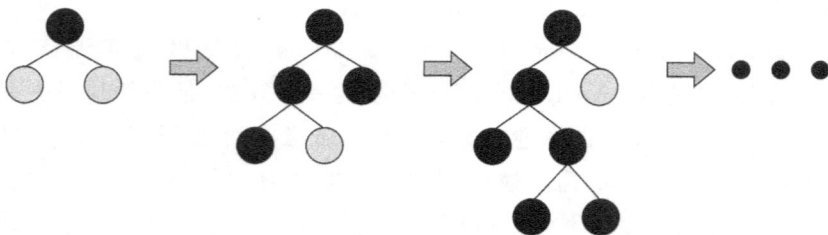

图 3.5　Leaf-wise 策略

带深度限制的 Leaf-wise 的叶子生长策略的缺点是:当样本量较小的时候,Leaf-wise 可能会长出比较深的树而导致了过拟合。因此 LightGBM 增加了一个最大深度限制来防止过拟合。

本书将利用已有的集成学习方法,构建功能更强、更适合个人借款者信用评估的方法来对借款者的信用风险进行评估。

## 3.2 动态评估方法——Cox 模型

生存分析算法最早应用于医学的研究,用追踪的方式来研究病人病情发展的规律,如了解某种药物的临床表现、某种手术后病人存活的时间等。生存的意义非常广泛,可以指病人的存活(相对于死亡),也可以指某个系统是否可以正常工作(相对于故障),对于信用风险研究则可以指没有发生违约(相对于违约)。生存分析的研究对象为生存时间,即事件失败所发生的时间,比如研究病人感染了某种病毒之后多长时间会死亡,也可以是借款者在完成借款后多长时间会发生违约事件。

假设事件持续的时间变量为 $T$,在信用风险的研究中,$T$ 就表示违约时刻。时刻 $T$ 通常是一个随机变量,一般由三种方法来衡量:密度函数 $f(t)$、生存函数 $S(t)$ 和风险函数 $h(t)$。如果用 $f(t)$ 表示违约时刻 $T$ 的密度函数,那么其分布函数 $F(t)$ 则表示 $T$ 小于等于一个固定时刻 $t$ 的概率,即:

$$F(t) = P\{T \leqslant t\} = \int_{-\infty}^{+\infty} f(t)\mathrm{d}t \tag{3.5}$$

生存函数又称累计生存率,是指在 $t$ 时刻个体的累计存活概率,一般用函数 $S(t)$ 表示,数学形式为:

$$S(t) = P\{T > t\} = 1 - F(t) = \exp\left(-\int_0^t h(u)\mathrm{d}u\right) \tag{3.6}$$

其中,风险函数 $h(t)$ 定义为:在违约时刻 $T$ 超过 $t$ 的条件下,下一瞬间发生违约的概率,那么 $h(t)$ 可以表示为:

$$h(t) = \lim_{\Delta t \to 0} \frac{P(t < T \leqslant t + \Delta t \mid T > t)}{\Delta t}$$

$$= \frac{f(t)}{1 - F(t)} = \frac{f(t)}{S(t)} \tag{3.7}$$

在实际信用风险评估的应用中,就是要估计危险函数 $h(t)$,以此来确定借款者发生违约的实际概率。

在信用风险的研究中,生存状态的转变主要依据借款对象是否发生违约,感兴趣的事件是借款者的违约事件,因此,$T$ 特指从借款者完成借款的时间起点到发生违约事件所经历的月数或者天数。本书运用生存分析方法研究在一定时期内借款者违约的影响因素,并给出相应的风险函数和风险概率,发现借款企业的"生存特征"。

针对信用风险评估,生存函数 $S(t)$ 表示个人借款者在成功借款后经历时间 $t$ 还没有发生违约的概率,即到达时间 $t$ 时的生存概率为 $1-PD$,其中 $PD$ 为违约率。

生存分析中有各种风险函数表示方法,本书采用的是 Cox 模型。Cox 模型有两种:Cox PH 模型和扩展 Cox 模型。Cox PH 模型是协变量不依赖于时间 $t$,扩展 Cox 模型中存在依赖于时间 $t$ 的动态变量。Cox 模型为半参数模型,模型中有一部分的结构是已知的,需要估计参数,而另外一部分结构未知。因此 Cox 模型部分取决于估计的 $\beta$ 值,另一部分则由依据时间 $t$ 但与协变量无关的基础风险函数 $h_0(t)$ 决定,表达式如下:

$$h(t,X(t),\beta)=h_0(t)\exp(\beta \cdot X(t)) \tag{3.8}$$

其中,$h_0(t)$ 为基准风险函数,是指当解释变量为 0 时借款者发生违约风险的概率;$X(t)$ 是包含了以下元素的解释变量:

(1)$m+n$ 个静态信用评估指标 $x_1,x_2,\cdots,x_{m+n}$,如对于企业评估而言,有 $m$ 个财务指标 $x_1,x_2,\cdots,x_m$,包括资产质量、资产数量、财务结构、偿债能力、营运能力、盈利能力和增长能力等;$n$ 个持续发展能力指标 $x_{m+1},x_{m+2},\cdots,x_{m+n}$,这些指标是不随时间变化的。

(2)$s$ 个动态的评估指标 $y_1(t),y_2(t),\cdots,y_s(t)$,这些指标为时间依存变量,如宏观经济指标,会随着时间变化而发生变化。

本书中,若协变量 $y$ 不考虑动态指标,即不考虑宏观经济指标时,该模型是 Cox PH 模型;若协变量考虑动态的评估指标 $y_i(t)$,则该模型就是扩展Cox 模型。

建立 Cox 模型首先需要估计出系数 $\beta$ 值,$n$ 个估计样本中的违约样本个数用 $k$ 表示,这些违约样本的生存时间能提供完整的信息,因此剩余 $n-k$ 个样本为删失样本。将 $k$ 个违约样本按生存时间大小排序,表示为 $t_{(1)}<t_{(2)}<\cdots<t_{(k)}$,令 $R(t_{(i)})=\{j:t_j \geqslant t_{(i)}\}$ 表示 $t_{(i)}$ 时刻的风险集,即在 $t_{(i)}$ 时刻之前未发生违约的样本组成的集合。因此,根据 Cox 风险模型函数可以表示出第 $i$ 个个体的危险率:

$$\frac{h_0(t)\exp(\beta'X_i)}{\sum\limits_{j\in R(t_i)} h_0(t)\exp(\beta'X_j)} = \frac{\exp(\beta'X_i)}{\sum\limits_{j\in R(t_i)}\exp(\beta'X_j)} \tag{3.9}$$

当把所有借款者的违约生存时间点都如此处理,然后相乘就得到了偏似然函数:

$$L(\beta) = \prod_{i=1}^{k} \frac{\exp(\beta'X_i)}{\sum\limits_{j\in R(t_i)}\exp(\beta'X_j)} \tag{3.10}$$

通过对上式两边取自然对数,对 $\beta$ 求一阶偏导数等于零,得出下式:

$$\frac{\partial \ln L(\beta)}{\partial \beta} = 0 \tag{3.11}$$

对上式求解得出的就是 $\beta$ 的最大偏似然函数估计结果,至此完成了对 Cox 模型中系数的估计。

$\beta_1, \beta_2, \cdots, \beta_p$ 是模型通过极大似然函数和训练集数据所估计得出的回归系数(Hosmer 和 Lemeshow,1999):

$$L_p(\beta) = \prod_{i=1}^{n} \left[ \frac{\exp(\beta \cdot x_i(t_i))}{\sum\limits_{j\in R(t_i)}\exp(\beta \cdot x_j(t_i))} \right]^{c_i} \tag{3.12}$$

为了知晓 Cox 模型的预测效果好坏,需与传统的静态评估模型 Logistic 进行对比,所以需要运用所得的模型对测试集进行预测验证。另外可以根据已经获得的参数估计值 $\hat{\beta}$,以及 Anderson 和 May(1992)给出的综合基准风险函数,得到基准风险函数,进一步得出扩展的 Cox 模型的预测结果:

$$\hat{h}_0(t) = \sum_{t_i \leqslant t} \frac{c_i}{\sum\limits_{j\in R(t_i)}\exp(\beta \cdot x_j(t_i))} \tag{3.13}$$

从式(3.8)可以看出,借款者在 $t$ 时刻违约概率可以通过式(3.12)和(3.13)获得(Chen 和 Butow,2005)。

相比于传统的信用风险评估模型,Cox 生存分析模型的优点主要有以下几点:①模型可以纳入宏观经济变量等时间依存变量,即模型是动态的,可以从动态的角度来研究借款人违约风险的变化规律;②建模时可以利用删失数据。由于我国零售信用数据获取难度很大,该特点使得生存分析方法可以更有效地利用所获取的借款人信息进行数据挖掘;③模型可解释性强,与 Logistic 回归相似,生存分析模型对结果的解释性很强,适合对经济学数据进行建模,虽然深度学习中一些算法如循环神经网络(RNN)也可以对时间序列数据进行建模,但其模型的估计过程类似一个黑箱,对结果的解释性很差。

综上所述,动态的 Cox 模型有明显的优势,因此,本书主要使用 Cox 模型来评估金融零售领域个人借款者和中小企业借款者的信用风险。为了说明这种动态方法的有效性,我们也使用学者们公认的 Logistic 回归模型对同一样本进行信用风险评估,来对比分析不同评估方法的预测精度。

在本书后面的信用风险评估中,我们会结合一些降维方法,与评估方法一起,创建新的、动态的评估方法,将其应用在金融零售信用风险的评估预测中。

# 3.3 评估方法准确性的评价指标

本书将使用不同的评估方法对金融零售领域的信用风险进行评估,而用于评判评估模型结果的好坏主要有两个维度,分别是模型的拟合优度以及模型的预测精度。

关于模型的拟合优度,主要有 $R^2$、AIC(赤池信息准则)、BIC(贝叶斯信息准则)等相关统计指标,而确定模型预测精度的指标,通常有均方差等指标。信用风险评估是为了更好地借助模型评估借款者的优质程度,以降低投资者的风险损失,因此,模型更加关注预测的准确程度。

在信用风险评估中,一般都将借款者是否发生违约作为模型的因变量,因此,一般的信用风险评估问题均为二分类的问题。而对于分类模型的预测准确程度,则主要采用混淆矩阵、一致性指数(C-index)和 ROC、K-S 图等进行度量。

## 3.3.1 混淆矩阵

混淆矩阵是一个 $N \times N$ 的矩阵,而 $N$ 是指分类的个数。在信用风险评估中,借款者主要被分为违约和未违约两大类,则 $N$ 的取值为 2,相应的混淆矩阵如表 3.2 所示。

表 3.2　二分类模型的混淆矩阵

| 分类情况 | | 预测 | |
|---|---|---|---|
| | | 未违约 | 违约 |
| 实际 | 未违约 | $a$ | $b$ |
| | 违约 | $c$ | $d$ |

根据表 3.2 所示,模型的准确度(accuracy)指预测值与实际值相符的个数所占的比例,具体的公式为

$$A = \text{Accuracy} = (a+d)/(a+b+c+d) \tag{3.14}$$

而精度或精准率(precision)是指在所有预测未违约的样本中,实际值也是未违约的个数所占的比重,具体的公式为

$$P = \text{Precision} = a/(a+c) \tag{3.15}$$

召回率(recall)是指在所有实际值未违约的样本中,预测值也为未违约的样本所占的比重,具体的公式为

$$R = \text{Recall} = a/(a+b) \tag{3.16}$$

可以看出,精确率和召回率是一对矛盾的度量指标。一般地说,精确率高的时候,召回率往往偏低。由于精准率、召回率呈现出信息利用不足的问题,又出现了预测准确程度的指标另一个指标——$F_1$。$F_1$ 是精确率 $P$ 和召回率 $R$ 的调和平均值,能够在一定程度上综合反应精确率和召回率的分类性能,具体定义为:

$$F_1 = \frac{2PR}{P+R} \tag{3.17}$$

现实的信用数据集中主要由"正常"的样本组成,只有一小部分"异常"的即违约样本。而且"弃真"和"纳伪"所产生的代价是不同的,将异常例子错误分类为正常例子(即"纳伪")的成本通常远高于反向错误("弃真")的成本。在信用风险评估中,"弃真"的概率被称为第一类错误,而"纳伪"的概率被称为第二类错误。

第一类错误的计算公式为

$$第一类错误 = b/(a+b) \tag{3.18}$$

第二类错误的计算公式为

$$第二类错误 = c/(c+d) \qquad (3.19)$$

在信用风险评估中,应该尽量降低第二类错误,从而有效降低投资者的风险。

一般的信用风险评估模型都是用混淆矩阵来判别模型的预测精确度,而混淆矩阵的判别依据是由不同模型所设定的阈值所决定的。一般而言,Logistic 模型通常采用 0.5 作为阈值判别标准。

### 3.3.2 一致性指数

一般地,用生存分析模型来预测企业或者个人借款者信用违约风险时,通常也会将 0.5 作为预测的阈值。实际上,用 0.5 做分析预测的阈值并没有那么合适。以企业为例,如果生存率大于 0.5 为正常企业,小于 0.5 为风险企业,又由于企业的成立年限不一,因此,有可能一个企业生存时间较短,尚未出现违约情况,而另一个企业生存时间较长,出现了违约情况。这会很大程度地影响仅以 0.5 的生存率为阈值的模型的预测精确度。但如果直接用 R 语言中的 OIsurv 程序包进行预测,预测新数据的值就会相对缺乏正规性。

C-index,即 concordance index,被称为一致性指数,最早是由 Frank 和 Harrell 于 2001 年提出。Cox 模型原本是大量用于医学中对样本个体生存时间的预测,而非一开始就用于预测精确度的,因而专门基于 Cox 模型的特性制订了 C-index,并且将其用于评判 Cox 模型预测准确率和真实样本的差异情况。然而,如 Logistic 回归模型等,往往是通过 0.5 的阈值设置来评估模型的预测准确率,因此,为了便于比较,对 Cox 模型也加入 0.5 阈值的评判方法,并且在阈值判别的基础上加入 C-index 来进行更严格的验证。

C-index 的计算步骤主要有四步。首先是将所有的样本都进行相互配对,再删除配对组合中存在的两个样本都尚未违约,或者一个样本企业 a 上市时间短于配对组合中另一个样本 b,且样本企业 a 尚未出现违约现象。此时所剩下的配对样本集合数为 $A$;另外再把集合 $A$ 中预测与实际结果相一致的集合数量记为 $B$,那么 C-index 指标即 $B/A$。

从上述方法可以看出 C-index 的取值区间为 $[0.5, 1]$(任意配对中,一致性与不一致性的概率为 0.5),因此 0.5 为完全不一致,该模型没有预测作用,而 1 为完全一致。C-index 为 0.5～0.7 时,该模型表现出较低的准确度,0.7～0.8 为中等准确度,而高于 0.8 则为较高的准确度。

### 3.3.3　其余评价指标

评价评估模型精确度的指标还有许多,比如 ROC(receiver operating characteristic)、K-S 图(Kolmogorov-Smirnov chart)等。

ROC 曲线实际上是从混淆矩阵所衍生的图形,并且 ROC 评定模型精度的方法是比较 ROC 曲线与参考线的偏离程度,如图 3.6 所示。

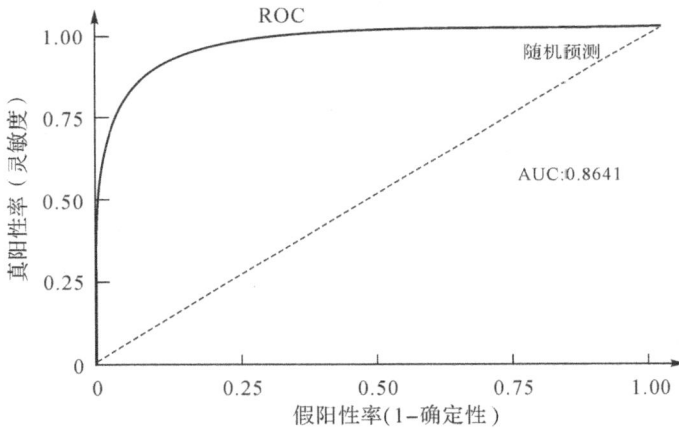

图 3.6　ROC 曲线

K-S 图主要用于衡量正负类样本的区分程度。若将总样本严格按照正负两类分成两大样本,那么 K-S 值为 100,而如果随机区分正负类样本,那么 K-S 值为 0,所以分类模型的取值均在[0,100]区间,因此,K-S 值越大,模型的预测结果就越好。

本书主要使用混淆矩阵来说明模型预测的准确度,有时会借助其他的评价指标辅助说明。

# 4 基于人人贷平台的个人借款者
## 信用风险指标体系的建立

  随着我国居民生活水平的提高以及金融体制改革的加快,人们的消费观发生了很大的转变,提前消费(信贷消费)开始进入人们的生活。据中国支付清算协会的数据,个人消费信贷规模不断扩大,2020 年第二季度,我国人均银行卡持有量达到 6.18 张,其中,信用卡人均持有量 0.54 张,消费信贷已经渗透到居民的日常生活。信贷消费方式的作用体现在,一方面可以让消费者通过信贷获得当期满足感,提高生活幸福指数,同时拉动消费,促进国内经济的发展;另一方面,金融机构可以根据消费者的需求设定不同的信贷业务,这有助于改善金融机构的资产结构,提高产品的多样化,增加金融市场的稳定性。

  然而,随着信贷消费的快速发展,一系列的违约事件也随之发生,加上中国市场缺乏监管、法律不够完善,借款人不还款的现象越来越严重,银行的信用卡不良率在上涨。图 4.1 显示了一些主要的上市商业银行 2016—2020 年中报披露的信用卡不良率。

  随着互联网金融在国内的快速发展,特别是 P2P 网络借贷平台的出现,对个人借款者而言,增加了一个借款渠道,随之也出现了一些问题。图 4.2 显示了 2018 和 2019 年中国 P2P 网贷平台所经历的大量倒闭现象。由于 P2P 借贷的高风险性,2020 年,国家全面清退了 P2P 网贷平台。这就充分表明了我国对个人借款者的监管还不够完善,逆向选择和道德风险仍然存在。

  基于此背景,在消费信贷领域,排除个人信贷的高风险人群、降低由于

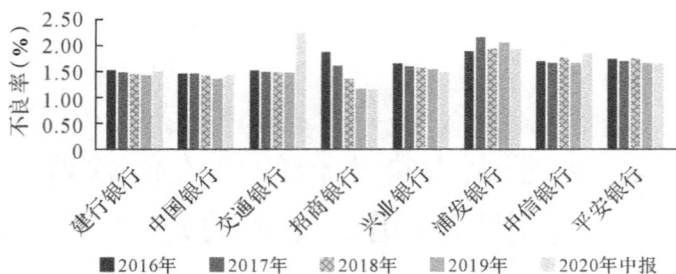

图 4.1　2016—2020 年各大上市银行的信用卡不良率

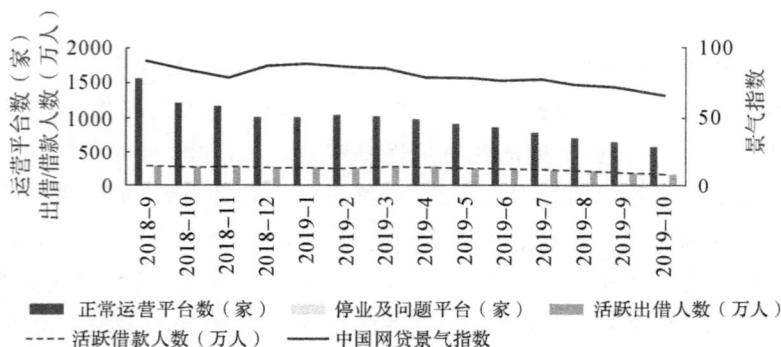

图 4.2　2018—2019 年中国网贷平台的现状

借款者违约带来的损失就显得尤为重要,这是本书研究个人借款者的信用风险评估的意义所在。

在国内,个人借款者主要来源于银行客户,如信用客户,但由于银行信用卡数据难以获得,尤其是银行信用卡数据,在进行实证分析时只能选用大数据。而借贷大数据最容易获得的就是 P2P 平台的数据。因此,在研究个人借款者的信用风险评估时,数据主要来源于代表性的国内 P2P 网络借贷平台——人人贷,研究样本是人人贷中的个人借款者的借贷数据。

下面首先介绍一下人人贷,以此为基础,构建大数据背景下的个人借款者的信用风险评估指标体系。

# 4.1 人人贷借贷平台

## 4.1.1 平台的整体运行状况

人人贷是友信金服旗下的互联网金融平台,成立于 2010 年,虽然相对于国内其他 P2P 平台起步稍晚,但凭借其专业化的发展最终成为国内互联网金融的领军企业,最早完成了银行的资金存管,是 2020 年以前国内影响力最大的 P2P 网贷服务平台。人人贷主打个人借贷,信息披露比较透明,会公布每季度的相关运营数据,方便出借人了解平台的运行状况,及时预测和判断风险。人人贷始终坚持小额分散,于 2016 年 2 月完成银行资金托管,是早期完成银行资金托管的平台之一,在 2020 年 6 月被清退出局。

人人贷平台项目的资金由民生银行托管,可以为投资者提供 100% 的本金保障。平台主打个人信贷业务,采取线上审核和线下审核相结合的方式进行风控,其中线上审核需要借款者提供详细的自身信息,比如年龄、婚姻、收入、房产等,线下审核则由平台风控人员对借款者的相关证件进行核查,比如信用报告、身份证明等。

与国内其他 P2P 平台相比较,人人贷在披露借款者信息方面更为透明。人人贷每季度还会公布平台上的相关运行数据,方便投资者及时了解平台每季度的营业状况,对潜在的信用风险进行预测和规避。经过八年的专业运营,人人贷的业务已经覆盖了全国 30 余个省份、近两千多个地区,为超过两百万的用户提供精准服务。截至 2018 年 12 月,平台累积成交金额已经超过了 748.52 亿元,同比增长 81.51%,连续四年蝉联中国网贷评价体系最高级的 P2P 网络借贷平台。平台借款者的地域分布见图 4.3,生活城市呈近似正态分布,且借款者主要集中在三线及以上城市,其中又以二线以上城市居多。地域分布数据说明 P2P 平台的实际用户以都市化程度较高的群体为主。对应的违约状况的数据表明,违约借款人中一线和二线城市的借款者占比相对较低,各占 8.99% 和 15.45%,说明都市化程度较高的借款者群体自身约束能力更强,具有相对更低的违约风险。

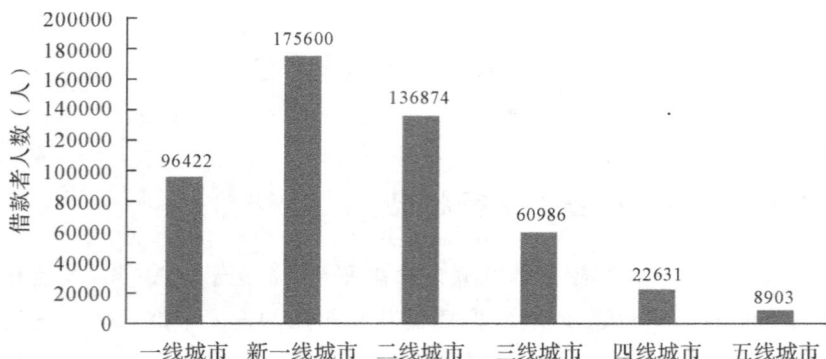

图 4.3　人人贷借款者地域分布

针对人人贷的借贷规模，截至 2018 年 6 月，平台的注册用户累计超过 2600 万人，人均出借金额 8.58 万元，人均出借笔数 19.19 笔，其中出借笔数超过 50 笔的投资者占比超过 1/4，累计出借笔数最多的人出借高达 48305 笔。图 4.4 展示了人人贷出借人的出借笔数分布，也表明人人贷平台深受投资者的偏好。

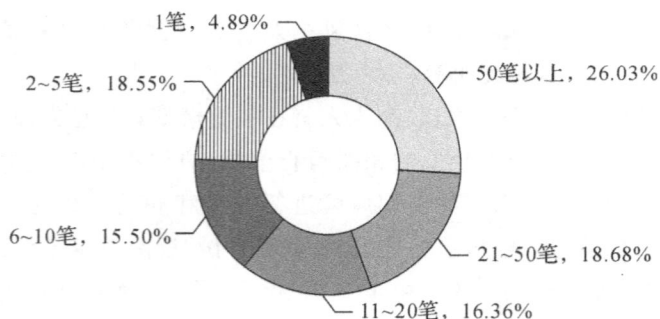

图 4.4　出借人笔数分布

人人贷平台的借款人所发布的借款金额最小为 1000 元，最多为 300 万元，均值为 7.54 万元，表明平台借款者主要还是以小微贷为主。借款期限最短为 3 个月，最长为 48 个月，平均为 30 个月，以中短期为主。借款利率最低为 5%，最高为 24.4%，平均 10.73%。该利率为投资者的回报率，也是借款者的成本。除此之外，借款者还要支付平台相应的服务费，可见 P2P 平

台的借款成本要远高于传统金融信贷市场。表4.1展示了人人贷平台上借
款标的的特征。

**表 4.1　标的特征的描述性统计**

| 变量 | 最小值 | 最大值 | 平均值 |
|---|---|---|---|
| 借款金额(元) | 1000 | 300 万 | 7.54 万 |
| 借款期限(月) | 3 | 48 | 30 |
| 借款利率(%) | 5.00 | 24.40 | 10.73 |

## 4.1.2　人人贷平台个人借款者特征及其违约情况分析

人人贷中个人借款者所提供的信息包括了传统金融借贷行业中的一些
指标,如性别、年龄、婚姻等,也包含了一些专门针对P2P行业的借款者所设
定的一些指标,如审核信息、信用评级等。本部分的数据均截至 2018 年
12 月。

与国内传统金融借贷市场相同,性别方面人人贷也以男性借款者居多,
占比 66.75%,超过总借款者人数的 2/3,其中发生违约的借款人中男性占
比 86.56%,表明传统金融借贷行业中男性借款者违约风险高于女性借款
者的现象在人人贷中依然存在。婚姻方面,已婚借款者人数稍多于未婚和
离异群体,占比 61.56%;违约借款人中已婚占比相对较少,占比 38.49%,
表明人人贷中已婚的借款者由于经济来源来自夫妻双方,具有相对更高的
偿债能力。

平台借款者的地域分布见图 4.3。在违约借款者中一线和二线城市的
借款者占比相对较低,各占 8.99% 和 15.45%,说明都市化程度较高的借款
者群体自身约束能力更强,具备相对更低的违约风险。

年龄分布方面,人人贷借款人主要集中在 45 岁以下的青年群体,占比
87.98%;接着是 45～60 岁的中年群体,占比 11.75%;60 岁以上老年群体
占比最少为 0.27%,说明 P2P 平台的借款者分布趋于年轻化,这也迎合了
互联网金融这一新兴金融模式的特点;同时违约借款人中青年借款者占比
91.67%,表明金融实力相对较弱的青年借款者群体违约风险更高。值得注

意的是,有 99.24％的借款者没有提供学历证明,表明人人贷平台的借款者更倾向于隐瞒自己的真实学历水平。表 4.2 给出了人人贷借款者的工作年限分布,1 年及以下工作经验的借款者人数最高,占比超过 35％;其他几个时间段的人数大致相同,分布较为均匀;已发生违约的借款人中 5 年及以上的借款者人数最少,占比 7.8％,说明人人贷中工作相对稳定的借款者具有较低的违约风险。

表 4.2　工作年限统计

| 工作年限 | 比率(％) | 违约借款者中占比(％) |
| --- | --- | --- |
| 5 年及以上 | 21.24 | 7.83 |
| 3～5 年 | 20.01 | 21.39 |
| 1～3 年 | 23.61 | 38.33 |
| 1 年及以下 | 35.14 | 32.45 |

　　信用评级是人人贷平台专门针对平台借款者设立的指标,根据借款人在注册时所提交的信用审核资料,将借款人分成 7 个信用等级,由高到低分别是 AA、A、B、C、D、E、HR。其中 AA 为信用评级的最高级,代表着极低的违约率,同时这类借款人所发布的标的资产通常接受的利率也较低;HR则代表信用评级的最低级,其对应的借款者潜在的违约风险也较其他信用等级更高,所以该等级的借款者在发布借款时需要提供更高的利息来弥补投资者所承担的风险。各信用评级的分布如表 4.3 所示,在违约借款人中信用评级最低的 HR 级借款者占据绝大多数,占比 73.17％。

表 4.3　信用评级统计

| 信用评级 | 比率(％) | 违约借款者中占比(％) |
| --- | --- | --- |
| AA | 0.20 | 0.61 |
| A | 95.51 | 1.08 |
| B | 0.13 | 1.05 |
| C | 0.23 | 2.33 |
| D | 0.87 | 10.84 |
| E | 0.72 | 10.93 |
| HR | 2.34 | 73.17 |

就中国国情而言,房贷、房产、车贷以及车产是关系借款人信用风险的重要因素。对于人人贷平台的借款者,拥有房产和未拥有房产的借款者人数大致相同,各占 50%,而违约借款人中拥有房产的借款者人数较少,占比 48%,表明拥有房产的平台借款者由于自身金融实力相对较强而具备较低的违约风险;拥有房贷的借款者相对较少,占比 25%;违约借款人中拥有房贷的借款者占比 18.99%。由于人人贷平台的资金在银行托管,一旦发生违约将影响借款者在银行的征信记录,表明拥有房贷的借款者由于违约成本较高而具备相对更低的违约风险。平台借款人中购置车产的占比 33.24%;违约借款人中没有车产的借款者群体由于金融实力较弱而具有较高的违约风险,占比 64.71%;拥有车贷的借款者人数较少,仅占比 8.49%。与房贷相同,拥有车贷的借款者由于违约成本较高而具备相对更低的违约风险,在违约借款人中仅占比 7.9%。

审核信息也是人人贷专门针对 P2P 平台的借款者设立的指标,平台采取线上审核和线下审核相结合的方式。表 4.4 列出了平台借款者线下审核的分布情况。借款者提供的审核资料数目为 3~13 个,其中提供 9~12 个审

表 4.4　借款者线下审核统计

| 审核数(个) | 比率(%) | 违约借款者中占比(%) |
| :---: | :---: | :---: |
| 3 | 0.02 | 0.28 |
| 4 | 0.04 | 0.73 |
| 5 | 0.12 | 1.96 |
| 6 | 0.30 | 4.37 |
| 7 | 0.68 | 13.30 |
| 8 | 0.51 | 9.37 |
| 9 | 74.36 | 16.88 |
| 10 | 2.64 | 39.32 |
| 11 | 0.30 | 2.61 |
| 12 | 20.59 | 11.71 |
| 13 | 0.44 | 0.01 |

核资料的借款者占比相对较高,已发生违约行为的借款者中提供较多审核信息资料的借款者占比相对更高,表明可能存在劣质借款者通过积极提供对自己有利的信息来获得投资者青睐的现象。

## 4.2　个人借款者信用风险指标体系的建立

由于目前针对零售个人借款者信用风险评估的研究在指标选取上缺乏一个统一的理论基础,本书采用零售信用风险研究的常用方法,在以往学者研究的基础上渐进式地增加一些影响因子,以此来构建个人借款者的信用风险评估指标体系。笔者借鉴学者们以往的研究并在理论分析的基础上,结合人人贷平台所提供的借款人信息,从微观和宏观两个层面来构建个人借款者的信用风险评估指标体系。

### 4.2.1　微观指标

在微观指标的选取上,本书既包括了传统金融借贷机构所采用的指标,如性别、年龄、婚姻等,又加入了 P2P 平台特有的一些指标,如审核信息数、信用评级以及借款人描述性信息。具体的微观指标选取见表 4.5。

影响借款人信用风险的微观指标主要有两大类:一类是借款人特征指标,包含借款人个人特征(性别、年龄、婚姻、学历、都市化程度、工作年限、审核信息数)、金融实力(房产、车产、房贷、车贷、收入水平、信用评级)和努力程度(借款人描述性信息);另一类是标的特征指标,包括借款金额、借款利率和借款期限等,如表 4.5 所示。下面通过定性分析各个指标与个人借款者信用风险的关系来为微观指标的赋值。

针对借款人个人特征指标,受国家的传统文化以及不同的人文历史影响,对于 P2P 网络借贷服务行业是否存在性别歧视,目前仍然没有完全确切的定论。已有研究发现,美国的 P2P 网络借贷服务市场中存在男性性别歧视,虽然投资者对男性借款人期待更高的借款利率,但女性借款人更容易获取借款(Barasinska 和 Schäfer,2014);德国的 P2P 网络借贷服务市场中并没

表 4.5 微观指标及其赋值

| 变量 | | 符号 | 赋值 |
|---|---|---|---|
| 借款人特征指标 | 借款人个人特征 性别 | Gender | 0 表示女性;1 表示男性 |
| | 年龄 | Age | 0 表示 45～60 岁的中年借款人;1 表示 60 岁以上的老年借款人;2 表示 45 岁以下的青年借款人 |
| | 婚姻 | Marriage | 0 表示已婚;1 表示未婚、丧偶或离异 |
| | 学历 | Graduation | 0 表示有学历证明;1 表示没有学历证明 |
| | 都市化程度 | City Score | 1 表示一线城市;2 表示二线城市;3 表示三线城市;4 表示四线城市;5 表示五线及以下城市 |
| | 工作年限 | Work Years | $[0, +\infty)$ |
| | 审核信息数 | Audit Num | $[0, +\infty)$ |
| | 金融实力 房产 | Has House | 0 表示拥有房产;1 表示不拥有房产 |
| | 车产 | Has Car | 0 表示拥有车产;1 表示不拥有车产 |
| | 房贷 | House Loan | 0 表示没有房贷;1 表示拥有房贷 |
| | 车贷 | Car Loan | 0 表示没有车贷;1 表示拥有车贷 |
| | 收入水平 | Salary | $[0, +\infty)$ |
| | 信用评级 | Credit Level | 1～7 分别代表信用评级 AA 级至 HR 级 |
| 标的特征指标 | 努力程度 描述性信息 | Effort Degree | $[0, +\infty)$ |
| | 借款金额 | Amount | $[0, +\infty)$ |
| | 借款利率 | Interest | $[0, +\infty)$ |
| | 借款期限 | Months | $[0, +\infty)$ |

有发现显著的性别歧视现象。针对中国国情,以往的传统金融借贷市场中一般认为男性借款者的违约概率相对女性借款者更高,因此本书将男性借款者和女性借款者分别赋值为 1 和 0。

是否存在年龄歧视,目前的研究已经得出了比较一致的结论,即相比较青年和老年借款者来说,其余年龄段的借款人更容易获取贷款。有研究发现,尽管老年借款者违约率并不高,但其支付的标的资产利率通常高于平均水平 14 个百分点,而青年借款者往往被认为是违约风险较高的群体,不受投资者青睐(Loureiro 和 Gonzalez,2015)。为此,笔者将 45 岁以下青年借款人赋值为 2,45~60 岁中年借款人赋值为 0,60 岁以上老年借款人赋值为 1。

已婚借款者经济收入来源于夫妻双方,因此偿债能力相对于单个借款者更强,违约风险更低,因此本书将未婚、丧偶或离异的借款者赋值为 1,已婚的借款者赋值为 0。已有研究发现,高学历借款人具有更强的自我约束能力,其违约风险显著低于受教育程度低的借款者,并且投资者在出借时对教育程度上的判断存在一定的偏误(廖理等,2015),因此,将拥有学历证明的借款人赋值为 0,其余赋值为 1。还有研究发现,国内 P2P 网贷行业中的个人借款人违约风险受其居住城市发达程度的影响,都市化程度越高的借款人通常情况下发生违约的可能性较小(陈霄等,2013),因此,将一至五线及以下城市分别赋值为 1~5。一般而言,借款人的违约风险与其工作年限、审核信息数量以及薪资水平为负相关关系。

通常情况下,借款人的金融实力越强,其偿债能力越高,违约风险越低。为此,将有无房产、车产分别赋值为 0 和 1;将有无房贷、车贷分别赋值为 1 和 0;借款人平台信用评级由高到低依次赋值为 1~7。

借款者在 P2P 平台发布借款信息时,可以选择性地填写借款人描述性信息。借款人的自我描述可以告知投资者更多的个人信息以及借款目的,意图展现出自己与其他借款人的不同之处,以期获取投资者的青睐。已有研究发现,借款人通过提供借款人描述性信息可以显著降低借款成本,但并不一定能增加借款成功率(彭红枫等,2016)。为此,笔者通过对借款人描述性信息的字数进行量化,作为努力程度指标,探讨其对借款人违约风险的影响机制。

就标的资产特征指标而言,通常情况下,P2P 网络借贷平台会根据借款者的借款用途、信用纪录等为其发布的借款项目指定一个固定的借款利率以供投资者进行投资。一般而言,标的资产的借款利率过高会增加借款者的还款负担,故本书预期平台借款者违约风险与借款利率呈负相关关系;越高的借款金额会削弱平台借款者的金融实力,增加其违约风险,因此预期借款人违约风险与标的资产金额正相关;借款期限越长,会导致借款人还款的不确定性增加，预期借款期限越长，其违约可能性越大。

## 4.2.2　宏观指标

以往针对个人借款者的信用风险评估研究主要从微观层面来选择影响指标，忽略了外生的宏观经济环境对平台借款者信用风险的影响。已有研究表明，在借款者风险评估指标体系中纳入宏观经济变量可以提高信用评估模型对违约率的预测准确性（Bellotti 和 Crook，2009）；Breeden 和 Thomas（2008）在其信用风险评估模型中纳入了一些宏观经济指标，如国内生产总值、利率、失业率和房价等，发现这些变量与个人借款者的违约风险具有一定的相关性；Bellotti 和 Crook（2012）也通过研究发现银行利率、房价等是解释英国信用卡账户违约风险的重要指标。因此，笔者在国外相关研究的基础上，从中国的实际国情出发，在评估指标体系中纳入了 9 个可能影响 P2P 平台借款人信用风险的宏观经济变量，并进一步分析了这些变量对借款人信用风险的影响机制。

（1）居民消费价格指数（CPI）：衡量居民家庭所购买消费品价格水平变动的一项宏观经济指标，代表了宏观经济的周期性风险，是用来反映居民家庭购买消费商品和服务的价格水平变动情况的指数。通常情况下，在 P2P 平台借款人所发布项目的借款利率固定的情况下，通货膨胀一方面会导致债务的贬值，从而减轻借款人的债务负担，但同时其所引起的货币贬值也会在一定程度上削弱平台个人借款者的金融实力，增加违约风险。因此，CPI 对平台个人借款者违约风险的具体影响机制还不能够完全确定。

（2）市场基准利率：在金融市场上起普遍参照作用的利率，其他的利率水平或金融资产的价格均可根据这一基准利率水平来进行确定。市场基准利率是利率市场化的重要先决条件之一，作为普遍公认的基准利率水平，为利率市场化条件下融资者衡量融资成本、投资者衡量投资收益以及管理者对宏观经济进行调控提供参考，具体分为市场基准存款利率（IR）和市场基准贷款利率（LIR）。市场基准存款利率的提升，可能会导致 P2P 平台借款人相对于其可支配收入的利息还款增加，因而导致 P2P 平台借款人的违约风险增高。同时，这也可能增加平台某些特定群体中借款人的违约风险，高收入的借款者在利率上升后相对于低收入的借款者具备更加稳定的偿债能力,违约风险相对更低。市场基准贷款利率对 P2P 平台借款人的影响则与之相反。因此,本书预期当市场基准存款利率上升、市场基准贷款利率下降时,借款人的违约风险上升。

(3)采购经理人指数(PMI):一项综合的经济指标,它概括了国家整体的制造业、就业的情况及整体物价表现,对国家活动的监测和预测具有十分重要的作用。通常情况下,当 PMI 值大于 50 时,说明宏观经济正处于增长期;反之则处于衰退期。一般而言,经济处于上升周期时,投资者净资产储备充足,借款人可能会为了获取更多贷款而保持良好的信用记录,从而降低其违约的风险。因此,预期 PMI 值越大时,P2P 平台借款人的违约风险越低。

(4)经济景气指数(ECI):一项来源于对企业景气调查的经济指标,是西方市场发达经济国家所建立的一项统计调查制度,反映了整体经济的运营情况和企业的生产经营状况,并能够对未来经济的发展变化趋势作出预测。与采购经理人指数的影响机制相同,经济上行时借款人可能会降低违约概率,因此,预期 ECI 越高,P2P 平台借款人的违约风险越低。

(5)国房景气指数(CERCI):以我国房地产开发投资为基准指标,选取了房地产投资、资金、面积、销售等有关的指标编制而成,是综合反映我国房地产业发展变化整体趋势和变化程度的指数体系,CERCI 的上涨反映了国家经济状况总体上行。在房地产行业处于上升周期时,一方面房价上涨会导致 P2P 平台借款人财富增加,降低了借款人的违约风险;另一方面也会增加借款人相对于当前收入的房贷债务支出,提高其违约风险。因此,CERCI 对于借款人违约概率的影响是不确定的。

(6)失业率(URI):指一定时期满足所有就业条件的劳动人口中没有工作的劳动人口数字,是一项衡量一段时间内失业人口所占劳动总人口比率的经济指标,旨在衡量整体社会中闲置的劳动产能。失业率与宏观经济的增长率具有负相关的关系,其增加是经济疲软的信号。失业率上升可能会增加 P2P 平台借款人的违约风险,与在职的平台借款人相比,通常情况下失业人员在失业率上升时的偿债能力更低,其违约风险较高。因此,预期失业率的增加会引起 P2P 平台借款人违约风险的上升。

(7)消费者信心指数(CCI):一个反映社会中消费者信心强弱的指标,概括反映并量化了消费者对于当前社会整体的经济形势、经济前景、收入水平、收入预期以及消费者心理状况的评价和主观感受,是一项能够对社会的整体经济走势和消费趋向进行预测的先行指标。就 P2P 平台借款人而言,如果这种信心和预期与其个人收入增长保持一致,那么消费者信心指数的上升可能会降低其违约风险。因此,预期 CCI 越高,P2P 平台借款人的违约风险越低。

(8)广义货币供应量(M2):指狭义货币供应量 M1 加上银行单位存款、银行个人储蓄以及证券公司的客户存款得到的一项经济指标,概括并反映了金融市场中的货币供给量和消费者的还款能力。闫妍等(2012)研究发现,货币供应量是影响产品成交额变动的重要因素。较高的货币供应量意味着借款人可能具有更高的偿债能力。因此,预期 M2 越高,P2P 平台借款人的违约风险越低。

表 4.6 列出了中国 2010 年 11 月至 2018 年 6 月宏观经济指标的描述性统计结果,其中所有宏观经济变量均采用月度数据。在 2010 年 11 月至 2018 年 6 月期间,广义货币供给量和消费者信心指数的波动幅度最大,其次是国房景气指数、经济景气指数和采购经理人指数,其他的变量变化较平稳,其中居民消费价格指数波动最小。

表 4.6　中国 2010 年 11 月至 2018 年 6 月宏观月度数据描述性统计

| 符号 | 宏观经济变量 | 最小值 | 平均值 | 标准差 | 最大值 |
| --- | --- | --- | --- | --- | --- |
| CPI | 居民消费价格指数 | 1.008 | 1.030 | 0.010 | 1.070 |
| IR | 市场基准存款利率 | 1.50 | 2.45 | 0.73 | 3.50 |
| LIR | 市场基准贷款利率 | 4.35 | 5.41 | 0.80 | 6.56 |
| ECI | 经济景气指数 | 92.42 | 97.33 | 3.53 | 104.10 |
| PMI | 采购经理人指数 | 49.00 | 51.14 | 1.42 | 55.80 |
| CERCI | 国房景气指数 | 92.43 | 97.88 | 3.91 | 105.89 |
| CCI | 消费者信心指数 | 97.00 | 105.68 | 5.62 | 123.90 |
| URI | 失业率 | 3.90 | 4.26 | 0.37 | 5.10 |
| M2 | 广义货币供应量(万亿) | 62.56 | 116.88 | 34.19 | 172.91 |

至此,本章为个人借款者信用风险评估建立起了信用风险评估的指标体系,后文会根据具体使用的评估方法和样本数据对评估指标做简单的调整,但总体的思路不变。

# 5 基于生存分析的个人借款者
信用风险评估及压力测试

本章利用生存分析方法来评估个人借款者的信用风险。为了说明生存分析方法的适用性，还使用了传统信用评估方法——Logistic 回归模型——对同一样本的数据对个人借款者信用风险进行预测，并与生存分析的结果进行了对比，比较其精确程度，说明生存分析方法的优势。在本章的最后，利用蒙特卡洛模拟改进传统的压力情境生成方法，并结合离散逻辑生存分析模型，对极端经济情境下个人借款者的违约风险进行压力测试。

本章使用的是来自人人贷平台的借款数据，是作者通过自编 Python 爬行算法搜集的，约有 120 万笔借款者数据，时间跨度从 2011 年 11 月至 2018 年 6 月。

## 5.1 Cox 模型和压力测试

关于 Cox 模型，前文已进行了详细的论述，这里不再赘述。下面主要介绍本章使用的压力测试方法。

由于生存分析方法可以对随时间变化的宏观经济变量进行建模，这也就构成了压力测试的基础。本章将针对个人借款者的整体违约率进行压力测试：首先，针对训练集数据，利用离散时间逻辑生存分析模型来构建压力测试的基础模型；接着，在宏观经济数据历史分布的基础上，利用蒙特卡洛模拟法模拟宏观经济变量来生成可能的经济情境；最后，将模拟的宏观经济变量和测试集数据带入模型,计算出借款人整体违约率的损失分布,并以风险价值和预期缺口来构成压力测试的衡量指标对结果进行评估。主要使用的方法如下。

(1)离散时间的逻辑生存分析模型

对于本章收集的 P2P 平台借款人的账户数据,具体包含如下信息:$a_i$ 表示账户 $i$ 的开户日;$d_{it}$ 表示账户 $i$ 在开户后时刻 $t$ 的状态(1 表示违约,0 表示没有违约);$w_i$ 表示一系列的静态变量,包括借款人特征指标和标的资产指标,与时间 $t$ 无关;$z_{it}$ 表示宏观经济变量,依赖于时间 $t$。在同一时间点上,所有账户的宏观经济变量取值是相同的,即对于任意两个开户日期分别为 $a_i$ 和 $a_j$ 的账户 $i$ 和 $j$,如果 $a_i+t=a_j+s$,那么 $z_{it}=z_{js}$。账户开户后直到时间 $t$,每个账户 $i$ 的违约概率为

$$P_{it} = P(d_{it} = 1 \mid d_{is} = 0; s < t, w_i, z_{a_i+t-l})$$
$$= F(\alpha_t + w_i^{\mathrm{T}} \beta_1 + z_{i(t-l)}^{\mathrm{T}} \beta_2) \tag{5.1}$$

其中 $\alpha_t$ 为时间 $t$ 的固定效应,$\beta_1$、$\beta_2$ 为待估参数。对于函数 $F(x)$,本书采用 Logit 模型 $F(x)=1/(1+\mathrm{e}^{-x})$,因此离散时间逻辑生存分析模型也可以看作是面板数据上的逻辑回归。该模型是一个离散的逻辑生存模型,可以使用逻辑回归的标准最大似然估计法来估计。在时刻 $t$,借款人 $i$ 的生存概率 $\hat{S}_i(t)$ 为

$$\hat{S}_i(t) = \prod_{s=1}^{t} (1 - P_{is}) \tag{5.2}$$

通常情况下,在给定日期 $c$ 前保持开放的 $N$ 个账户的违约率为

$$D_c = \frac{1}{N} \sum_{i=1}^{N} d_{i(c-a_i)} \tag{5.3}$$

因此,总体账户的期望违约率为

$$E(D_c) = \frac{1}{N} \sum_{i=1}^{N} P_{i(c-a_i)} \tag{5.4}$$

这样 $E(D_c)$ 与 $D_c$ 的差值就给出了信用评估模型性能的预测指标。在压力测试中,通常关注的是给定的违约率的分布,即违约率的累计概率分布为

$$P(D_c \leqslant y \mid \theta) = \int_z P(D_c \leqslant y \mid \theta, z) p(z) \mathrm{d}z \tag{5.5}$$

其中 $p(z)$ 为经济条件 $z$ 下的密度函数。

（2）风险价值和预期缺口

风险价值（VAR）指在一定置信水平下，某一特定的投资组合价值在未来特定时期内的最大可能损失，置信水平 $1-q$ 下的 VAR 由最小值 $V_q$ 给出

$$P(D_c \leqslant V_q \mid \theta) \geqslant q \tag{5.6}$$

由于风险价值是在正常情况下捕获异常情况，而压力测试是在异常情况下捕获损失，两者之间存在联系，但非线性或损失分布厚尾的情况下会出现明显的差异（BIS，2005）。因此本书也将预期缺口（expected shortfall，ES）作为压力测试的衡量指标。ES 是指给定违约率分布高于 $q$ 分位的期望均值，即

$$S_q = E(D_c \mid \theta, D_c \geqslant V_q)$$
$$= \frac{1}{1-q} \sum_{l=NV_q}^{N} \frac{l}{N} P(D_c = l/N \mid \theta) \tag{5.7}$$

除了宏观经济风险因素之外，还需要将数据中相对于模型的噪声作为评估违约率的一个风险因素，因为这些会影响结果的分布情况。因此，引入残差项 $\varepsilon_{it}$（独立于其他解释变量），$\varepsilon_{it}$ 通过从函数 $F(x)$ 重复采样生成，服从标准 logit 分布

$$d_{it}^* = I(\alpha_t + \boldsymbol{w}_i^{\mathrm{T}} \beta_1 + \boldsymbol{z}_{i(t-l)}^{\mathrm{T}} \beta_2 + \varepsilon_{it} > 0) \tag{5.8}$$

其中 $I$ 是示性函数。将式（5.8）带入式（5.5），得到基于宏观经济变量 $z$ 和残差 $\varepsilon$ 的借款人整体违约率

$$\hat{D}_c(z, \varepsilon) = \frac{1}{N} \sum_{i=1}^{N} I(\alpha_{c-a_i} + \boldsymbol{w}_i^{\mathrm{T}} \beta_1 + \boldsymbol{z}_i^{\mathrm{T}} \beta_2 + \varepsilon_{it} > 0) \tag{5.9}$$

故有

$$P(D_c \leqslant y \mid \theta, z) = P(D'_c(\theta, z, \varepsilon) \leqslant y \mid \theta, z)$$
$$= \int_{\varepsilon} I(D'_c(\theta, z, \varepsilon) \leqslant y) p(\varepsilon) \mathrm{d}\varepsilon$$

其中 $p(\varepsilon)$ 为残差项的密度函数，将其代入式（5.5）得到违约概率的累积分布

$$P(D_c \leqslant y \mid \theta) = \int_{\varepsilon, z} I(D'_c(\theta, z, \varepsilon) \leqslant y) p(\varepsilon) p(z) \mathrm{d}z \tag{5.10}$$

（3）蒙特卡洛模拟

Jorion（1996）研究表明，蒙特卡洛模拟方法是一种参数化的方法，按照数据的历史分布来随机地模拟生成信用风险的影响因子，是迄今衡量风险

价值 VAR 最有效的方法。对于模拟次数 $m$，$z'_j$ 和 $\varepsilon'_j(j=1,2,\cdots,m)$ 分别是从 $p(z)$ 和 $p(\varepsilon)$ 的分布随机产生的，并且使得模拟的违约率按升序排列，即对于所有的 $h \leqslant j$，都有 $D'_c(z'_h,\varepsilon'_h) \leqslant D'_c(z'_j,\varepsilon'_j)$。因此，根据蒙特卡洛模拟，式(5.10)近似为

$$P(D_c \leqslant y \mid \theta) \approx \frac{1}{m} \sum_{j=1}^{m} I(D'_c(\theta,z,\varepsilon) \leqslant y) \tag{5.11}$$

从风险价值的定义和模拟的违约率排序来看，有

$$V_q = D'_c(z'_{[mq]}, \varepsilon'_{[mq]}) \tag{5.12}$$

同理，式(5.7)转化为

$$S_q = \frac{1}{1-q} \int_{\varepsilon,z} \left[ \sum_{l=NV_q}^{N} \frac{l}{N} P\left(D'_c(\theta,z,\varepsilon) = \frac{l}{N} \mid \theta\right) \right] dz d\varepsilon$$

$$= \frac{1}{1-q} \int_{\varepsilon,z} D'_c(\theta,z,\varepsilon) I(D'_c(\theta,z,\varepsilon) \geqslant V_q) p(z) p(\varepsilon) dz d\varepsilon \tag{5.13}$$

因此

$$S_q \approx \frac{1}{m(1-q)} \sum_{j=[mq]}^{m} D'_c(z'_j, \varepsilon'_j) \tag{5.14}$$

其中残差项 $\varepsilon$ 服从标准 logit 分布，宏观经济变量取值来自这些变量的历史分布，但它们不一定服从正态分布，因此，本章使用 BOX-Cox 转换将每个宏观经济变量转换为近似正态分布

$$x^* = \begin{cases} \dfrac{(x+k)^\lambda - 1}{\lambda}, & \lambda \neq 0 \\ \ln(x+k), & \lambda = 0 \end{cases} \tag{5.15}$$

其中 $k$ 是允许 $x$ 为负值的固定参数，$\lambda$ 是对变换后的值进行最大似然估计得出的参数。

## 5.2　基于生存分析的个人借款者信用风险评估分析

### 5.2.1　数据来源及预处理

本章实证分析中的微观数据来自人人贷平台，通过自编 Python 爬行算法搜集了约 120 万笔借款者数据，时间从 2011 年 11 月至 2018 年 6 月，相应的宏观经济数据来自东方财富 Choice 数据库。

在信用风险研究领域有关违约的定义有很多种，本书参照巴塞尔协议 Ⅱ 的定义，如果借款人逾期后三个月及以上仍未进行还款，将其定义为违约。以往在使用静态信用评分方法时考虑个人借款者在一定的时间范围内违约，通常为 12 个月或 18 个月，生存分析方法通过纳入时间依存变量而摆脱了这种限制，因此，相比较以往所采用的静态信用风险评估方法，生存分析具有更强的适用性。尽管如此，为了比较生存分析和 Logistic 回归两者的预测效果，本章定义在 12 个月内发生违约行为的 P2P 平台借款人为劣质借款人，反之则为优质借款人，从而对使用的数据集进行分类。

利用分层抽样对总样本按 7∶3 的比例划分为训练集和测试集，针对原始数据中微观指标的少量缺失值，分别对连续性变量和离散型变量采用平均值法和众数法进行填补。由于在构建模型时并不一定需要自然分布的原始数据（Weiss 和 Provost，2003），故针对训练数据集中违约和非违约的数据不平衡问题，采用过采样方法解决，即对训练集中相对较少的违约数据进行随机复制，使得训练集中的违约借款人和正常借款人数据之比达到1∶1。

### 5.2.2　基于生存分析的个人借款者信用风险评估

本章的实证分析采用了 R 语言的 OIsurv、MASS、tidyverse 包以及 Python 的机器学习框架 sklearn 完成，通过对训练集样本数据的解释力以及模型针对预测数据集的预测准确率来评估最优的模型。由于 Cox 生存分析模型中包含基础风险函数$h_0(t)$，其仅与时间 $t$ 有关，所以很难直接确定每

个宏观经济变量对平台借款人违约率的具体影响,可以通过取对数得到风险函数的边际效应

$$\log h(t, X(t), \beta) = \log h_0(t) + \beta \cdot X(t)$$

风险对数 $\log h(t, X(t), \beta)$ 与 $X(t)$ 线性相关,因此每个宏观经济变量对风险函数的边际效应为

$$\gamma_j = \beta_{(j)} \tag{5.16}$$

其中 $\beta_{(j)}$ 为模型中宏观经济变量 $Y_j$ 的估计系数,每个宏观经济变量的相对重要程度利用该变量对借款者违约风险的边际效应的绝对值与其在研究期间的标准差来衡量。

表 5.1 列出了包含宏观经济变量的 Cox 生存分析模型的参数估计结果,其中利用逐步回归方法删除一些多余的变量。微观指标方面,婚姻情况(Marriage)、工作年限(Work Years)、房产(Has House)以及审核信息数(Audit Num)作为多余的变量而没有被纳入模型中。针对借款人特征,男性 P2P 平台借款人违约风险要大于女性借款人,表明尽管 P2P 平台相比较传统金融机构更平等地对待借款者,但是中国传统金融信贷行业中存在的性别歧视在 P2P 网络借贷服务行业中依然存在。平台借款人的信用评级越好,其违约风险越低,表明信用评级对评估 P2P 平台借款人的违约风险起着至关重要的作用;薪资水平与平台借款者的违约风险负相关,表明在中国 P2P 网贷行业中,收入水平较高的借款者表现出相对更好的信用行为;拥有学历证明的借款者违约风险相对更高,表明教育并没有对借款者的违约风险起到抑制作用。与预期不同,拥有房贷的平台借款人具备相对更低的违约风险,这是符合中国国情的,通常国内的贷款购房者主要集中在收入相对稳定的群体,一旦发生违约会严重影响其信用记录,违约成本较高。拥有车产及没有车贷的平台借款人具备较强的金融实力,违约风险相对更低。青年和老年借款者违约风险相对较高,表明中国的 P2P 网络借贷市场中存在年龄歧视问题。值得注意的是,提供更详细描述性信息的借款者具备更高的违约风险,究其原因,劣质借款人善于运用欺骗性和客观性强的词语来获得投资者的青睐,使得出借者不能很好地识别借款描述背后的风险。平台借款人都市化程度越高,其违约风险越低,表明都市化程度较高的借款人自我约束能力相对更强。

  表 5.1 同样说明,针对标的资产特征,借款金额与违约风险显著正相关,表明较高的借款金额在还款过程中容易导致借款者的财务状况恶化,削弱其偿债能力,与预期相同。借款利率与平台借款人的违约风险呈正相关关系,这是由于在 P2P 网络借贷服务行业中利率较高的项目往往由信用评级较低的借款者发布,本身就具备较大的违约风险;同时,高利率又会进一步加大借款者的还款负担,很可能会导致其被迫发生违约行为。与预期不同,标的资产借款期限与违约风险负相关,表明较长的还款期限会降低借款者的还款压力,从而减小其违约风险。

表 5.1  包含宏观经济变量的 Cox 扩展模型的参数估计

| 变量 | 系数 $\beta_i$ | $\exp(\beta_i)$ | $se(\beta_i)$ | 稳健性 | $z$ | $Pr(>|z|)$ |
|---|---|---|---|---|---|---|
| Gender | 0.090264 | 1.094463 | 0.02281 | 0.019921 | 4.531 | 5.87e-06 *** |
| Credit Level | 0.279576 | 1.322569 | 0.00583 | 0.005491 | 50.918 | <2e-16 *** |
| Salary | −0.042924 | 0.957984 | 0.006098 | 0.005687 | −7.548 | 4.43e-14 *** |
| Graduation | −0.145474 | 0.864613 | 0.023001 | 0.020415 | −7.126 | 1.04e-12 *** |
| House Loan | −0.237695 | 0.788443 | 0.023418 | 0.020738 | −11.462 | <2e-16 *** |
| Has Car | 0.082639 | 1.08615 | 0.019058 | 0.017016 | 4.857 | 1.19e-06 *** |
| Car Loan | 0.177435 | 1.19415 | 0.029943 | 0.028723 | 6.177 | 6.51e-10 *** |
| Age | 0.064943 | 1.067098 | 0.007344 | 0.006455 | 10.061 | <2e-16 *** |
| Effort Degree | 0.028814 | 1.029233 | 0.005642 | 0.005162 | 5.582 | 2.37e-08 *** |
| City Score | 0.025574 | 1.025904 | 0.005229 | 0.004532 | 5.643 | 1.67e-08 *** |
| Amount | 0.083226 | 1.086787 | 0.004904 | 0.004058 | 20.509 | <2e-16 *** |
| Interest | 0.166572 | 1.181248 | 0.007853 | 0.007193 | 23.157 | <2e-16 *** |
| Months | −5.605893 | 0.003676 | 0.041626 | 0.100639 | −55.703 | <2e-16 *** |
| CPI | −0.077705 | 0.925237 | 0.011959 | 0.010937 | −7.105 | 1.20e-12 *** |
| ECI | 0.15818 | 1.171377 | 0.023916 | 0.021772 | 7.265 | 3.72e-13 *** |
| PMI | −0.035893 | 0.964744 | 0.014843 | 0.013503 | −2.658 | 0.00786 ** |
| CERCI | 0.253024 | 1.287915 | 0.025092 | 0.021496 | 11.771 | <2e-16 *** |
| CCI | −0.171752 | 0.842188 | 0.021471 | 0.019539 | −8.790 | <2e-16 *** |
| M2 | 0.043658 | 1.044625 | 0.021021 | 0.018128 | 2.408 | 0.01603 * |

注: *、**、*** 分别表示在 10%、5%、1% 水平下显著。

在宏观指标方面,市场基准存款利率(IR)、市场基准贷款利率(LIR)和失业率(URI)作为多余的变量而没被纳入模型中。表 5.2 列出了各个宏观经济变量的边际效应、预期符号以及相对重要程度。

表 5.2　宏观经济变量的相对重要程度

| 变量 | 边际效益 | 预期符号 | 标准差 | 相对重要性 |
|------|---------|---------|--------|-----------|
| M2 | 0.043658 | — | 34.19 | 1.49267 |
| CERCI | 0.253024 | ? | 3.91 | 0.98932 |
| CCI | −0.171752 | — | 5.62 | 0.96525 |
| ECI | 0.15818 | — | 3.53 | 0.55838 |
| PMI | −0.035893 | — | 1.42 | 0.05097 |
| CPI | −0.077705 | ? | 0.01 | 0.00078 |

表 5.2 表明,广义货币供应量(M2)是相对最重要的宏观经济指标,接着依次为国房景气指数(CERCI)、消费者信心指数(CCI)、经济景气指数(ECI)、采购经理人指数(PMI)以及居民消费价格指数(CPI)。值得注意的是,与预期情况不同,广义货币供应量(M2)与 P2P 平台借款者的违约风险呈正相关的关系,表明当金融市场中的货币供应量增加,即货币政策相对宽松时,信贷规模的增加导致 P2P 借贷服务市场更加难以为风险资产进行定价,使得劣质借款者挤出优质借款者,导致违约风险提高。国房景气指数(CERCI)对平台借款者的违约风险有两种影响机制:一方面房价的上涨可能会导致 P2P 平台借款人的金融实力增加,降低其违约风险;另一方面也可能导致借款者房贷债务支出增加,增大其违约的可能性。实证结果表明,国房景气指数(CERCI)与 P2P 平台借款人的违约风险正相关,说明房价上涨引起的借款人相对于当前收入的房贷债务支出要大于其金融实力的增加,从而提高其违约风险。

与预期相同,消费者信心指数(CCI)越高,P2P 平台借款人的违约风险越低,说明当消费者对社会整体的经济形势、经济前景、收入水平、收入预期的主观感受趋于良好时,会对其可能发生的违约行为起抑制作用。经济景气指数(ECI)与借款人违约风险呈正相关关系,表明在经济上行时期,借款者的违约风险会随之增加,与预期情况相反,说明在宏观经济上行时,由于国内的投资者净资产储备更为充足,使得 P2P 平台中的劣质借款人可以凭借较高的借款利率和不实的个人信息更容易获取借款,同时还会将平台的部分优质借款者挤出借贷市场。与预期分析相同,采购经理人指数(PMI)与借款者违约风险呈负相关关系。对于居民消费价格指数(CPI),通常通货膨胀对于 P2P 平台借款者的信用风险有两种影响机制:①由于 P2P 平台发布的标的资产往往为固定利率,故通货膨胀导致的货币贬值会进一步导致债务的贬值,从而在一定程度上减轻了借款人的债务负担;②通货膨胀引起的物价上涨也一定程度上削弱了借款人的偿债能力。实证结果中 CPI 的边际效应为负,表明居民消费价格指数(CPI)越高,P2P 平台借款者违约风险越低,这意味着通货膨胀给借款人带来的收益的好处要大于其削弱借款人偿债能力的程度。

表 5.3  不包含宏观经济变量的 Cox PH 模型的参数估计

| 变量 | 系数 $\beta_i$ | $\exp \beta_i$ | $se \beta_i$ | $z$ | $Pr(>|z|)$ |
|---|---|---|---|---|---|
| Gender | 0.073978 | 1.076783 | 0.013175 | 5.615 | 1.96e-08*** |
| Credit Level | 0.385313 | 1.470075 | 0.003167 | 121.674 | <2e-16*** |
| Salary | −0.01904 | 0.98114 | 0.003538 | −5.381 | 7.39e-08*** |
| Graduation | −0.13266 | 0.875763 | 0.013402 | −9.898 | <2e-16*** |
| House Loan | −0.157497 | 0.85428 | 0.013734 | −11.467 | <2e-16*** |
| Has Car | 0.114793 | 1.121641 | 0.011215 | 10.236 | <2e-16*** |
| Car Loan | 0.205642 | 1.228313 | 0.018562 | 11.079 | <2e-16*** |
| Age | 0.008601 | 1.008638 | 0.004317 | 1.992 | 0.0463* |
| Effort Degree | 0.019391 | 1.01958 | 0.003965 | 4.891 | 1.00e-06*** |
| City Score | 0.016926 | 1.01707 | 0.003056 | 5.538 | 3.06e-08*** |
| Amount | 0.095406 | 1.100105 | 0.004214 | 22.64 | <2e-16*** |
| Interest | 0.027306 | 1.027682 | 0.004868 | 5.609 | 2.03e-08*** |
| Months | −4.179446 | 0.015307 | 0.024889 | −167.921 | <2e-16*** |

注:* 和 *** 分别表示在 10% 和 1% 水平下显著。

为了进行对比,表5.3列出了不包含宏观经济变量的 Cox PH 生存分析模型的估计结果,可以看出,与包含时间依存变量的 Cox 生存分析模型的结果(表5.2)相比,并没有显著差异。婚姻情况(Marriage)、工作年限(Work Years)、房产(Has House)以及审核信息数(Audit Num)同样作为多余的变量而没被纳入模型中,其余的借款人特征和标的特征变量都作为重要变量纳入到模型中。

### 5.2.3　基于 Logistic 回归的信用风险评估

在以往的信用风险研究领域,Logistic 回归模型是最常采用的信用风险评估模型,因此,为了对模型的预测精度进行比较,我们利用同样的训练集数据进行实证分析。表5.4列出了 Logistic 模型得到的变量的参数估计结果。

表 5.4　Logistic 模型的参数估计

| 变量 | 估计值 | 标准误差 | $z$ | $Pr(>|z|)$ |
|---|---|---|---|---|
| (Intercept) | $-1.751167$ | 0.099535 | $-17.593$ | $<2e-16$ *** |
| Gender | 0.231728 | 0.033434 | 6.931 | 4.18e-12 *** |
| Marriage | $-0.326434$ | 0.030337 | $-10.76$ | $<2e-16$ *** |
| Credit Level | 0.549939 | 0.014823 | 37.101 | $<2e-16$ *** |
| Salary | $-0.036169$ | 0.010611 | 3.409 | 0.000653 *** |
| Work Years | $-0.220532$ | 0.014397 | $-15.318$ | $<2e-16$ *** |
| Graduation | $-0.837878$ | 0.046541 | $-18.003$ | $<2e-16$ *** |
| Has House | 0.182909 | 0.03386 | 5.402 | 6.59e-08 *** |
| House Loan | $-0.201585$ | 0.03958 | $-5.093$ | 3.52e-07 *** |
| Has Car | 0.486355 | 0.032868 | 14.797 | $<2e-16$ *** |
| Car Loan | 0.174082 | 0.050863 | 3.423 | 0.000620 *** |
| Age | 0.082933 | 0.012955 | $-6.402$ | 1.54e-10 *** |
| Effort Degree | 0.11187 | 0.01172 | $-9.545$ | $<2e-16$ *** |
| City Score | 0.082951 | 0.008775 | 9.453 | $<2e-16$ *** |
| Audit Num | $-0.282106$ | 0.01507 | $-18.72$ | $<2e-16$ *** |
| Amount | 0.211872 | 0.014828 | 14.288 | $<2e-16$ *** |
| Interest | 0.748665 | 0.020358 | 36.775 | $<2e-16$ *** |
| Months | $-0.960411$ | 0.015934 | $-60.273$ | $<2e-16$ *** |

注:*** 表示在 1% 水平下显著。

　　从表5.4可以看出,进入评估模型的变量全部为借款人特征指标和标的的特征指标,宏观经济变量等时依变量无法纳入模型。表5.4的结果表明,所有的微观指标都被纳入模型,且均在1‰水平下显著。也就是说,所有的评估指标都含有一些必要的个人借款者信用风险的信息,没有指标被模型作为冗余变量删除,这是与前面的Cox模型的评估结果存在显著差异。

　　表5.4参数估计结果显示,各个风险评估指标的参数估计与表5.3和表5.1的结果相比,没有明显差异。婚姻情况(Marriage)、工作年限(Work Years)、房产(Has House)以及审核信息数(Audit Num)等指标在Cox模型的信用风险评估中被作为多余的变量而没被纳入模型中,而在Logistic回归模型的评估中却依然作为评估指标被纳入模型中。

## 5.2.4　个人借款者信用风险的预测精度

　　利用测试集数据,以及表5.1、表5.3和表5.4的参数估计结果,得到个人借款者的生存概率,对个人借款者的违约风险进行预测。这时需确定一个阈值,若得出的生存概率大于这个值被判断为优质借款人,否则为劣质借款人。对于Cox模型,从式(3.6)可知,时间$t$的生存概率可由从借款开始到时间$t$这一段连续时间上基于风险值的积分得出,其中风险值通过式(3.8)计算。为了简单,阈值均选择0.5。各个模型计算得到的预测结果如表5.5所示。表5.5的结果表明,与逻辑回归模型相比,包含宏观经济变量的Cox生存分析模型的总体预测精度为90.12%,高于Logistic回归模型的87.47%,并且犯第二类型错误的概率仅为4.71%,低于Logistic回归模型的9.74%。第二类型错误指的是将劣质借款人判定为优质借款人,即以坏为好,而第一类型的错误则正好相反。对于信用风险评估而言,犯第二类型错误后给投资者所带来的风险要远远大于犯第一类型错误的,因此,在信用风险评估中,要尽可能地避免第二类型错误。表5.5的结果充分说明,包含宏观变量的Cox模型相比较Logistic回归模型来说起到了显著的改善效果,表明其在个人借款者信用评估上具备更高的风险识别能力,而不包含宏观经济变量的Cox PH模型的预测结果与Logistic回归模型的相比差异不大。从总体预测精度看,Cox PH模型的预测精度为83.65%,低于Logistic

回归模型的 87.47,但其犯第二类型错误的概率为 9.72％,相比较 Logistic 模型的 9.74％起到了一定的改善效果。这进一步说明了将宏观经济变量纳入评估指标的 Cox 生存分析模型会极大地改善信用风险评估的结果,适用性更强,而不能简单地得出结论,动态的 Cox 模型比静态的 Logistic 回归模型在个人借款者信用风险评估中更加有用。

表 5.5　各个模型的预测精度

| 模型 | 预测精度（％） | | |
| --- | --- | --- | --- |
| | 总体预测精度 | 第一类错误 | 第二类错误 |
| Cox 扩展模型 | 90.12 | 87.47 | 83.65 |
| Logistic 回归模型 | 5.17 | 2.79 | 6.63 |
| Cox PH 模型 | 4.71 | 9.74 | 9.72 |

## 5.3　个人借款者信用风险的压力测试

本节将对人人贷的个人借款者的整体违约率进行压力测试。首先,针对训练集数据利用离散时间逻辑生存分析模型来构建压力测试的基础模型;接着,在宏观经济数据历史分布的基础上,利用蒙特卡洛模拟法模拟宏观经济变量来生成可能的经济情境;最后,将模拟的宏观经济变量和测试集数据带入模型,计算得出借款人整体违约率的损失分布,并以风险价值和预期缺口作为压力测试的衡量指标对结果进行评估。由于 2016 年之后人人贷平台中借款者每月的整体违约情况很不稳定,为保证压力测试过程中历史数据回测的真实性,本节剔除了训练集中 2015 年 1 月之后的数据,剔除了测试集中 2015 年 1 月之前的数据,并利用压力测试中所估计的违约率与整体违约率中值的比率来表示损失分布。

### 5.3.1　基于离散时间逻辑生存分析的评估结果

包含宏观经济变量的离散时间逻辑生存模型中各因素对平台借款者违约风险影响进行实证分析,通过逐步回归来选择进入模型的解释变量,确保消除变量之间的相关性,得到的实证结果如表 5.6 所示。

表 5.6　包含宏观经济变量的 Cox 扩展模型的参数估计

| 变量 | 估计值 | 标准误差 | $z$ | $\Pr(>|z|)$ |
|---|---|---|---|---|
| (Intercept) | 67.75655 | 8.42101 | 8.046 | 8.55e-16*** |
| Gender | 2.04222 | 0.1364 | 14.973 | <2e-16*** |
| Marriage | −0.21243 | 0.05089 | −4.174 | 2.99e-05*** |
| Credit Level | 0.9145 | 0.02475 | 36.947 | <2e-16*** |
| Salary | −0.05508 | 0.03436 | −1.603 | 0.10892 |
| Graduation | −0.73445 | 0.14031 | −5.234 | 1.65e-07*** |
| House Loan | −0.53949 | 0.1024 | −5.269 | 1.38e-07*** |
| Amount | 0.20121 | 0.05685 | 3.54 | 0.000401*** |
| City Score | 0.0608 | 0.02833 | 2.146 | 0.031859* |
| Audit Num | −0.19941 | 0.01796 | −11.101 | <2e-16*** |
| CPI | −100.51812 | 10.93688 | −9.191 | <2e-16*** |
| ECI | 0.12141 | 0.05618 | 2.161 | 0.030697* |
| PMI | −0.39286 | 0.09318 | 4.216 | 2.49e-05*** |
| CERCI | 0.22148 | 0.06306 | 3.512 | 0.000444*** |
| CCI | −0.13718 | 0.01823 | −7.524 | 5.31e-14*** |
| URI | 0.94357 | 0.11525 | −8.187 | 2.68e-16*** |

注:* 和 *** 分别表示在 10% 和 1% 水平下显著。

表 5.6 的结果表明,个人借款者违约率的整体水平与主要宏观经济指标存在显著的相关关系。居民消费价格指数(CPI)与平台借款者违约风险呈负相关关系,即 CPI 越高,平台借款者的违约风险越低,表明通货膨胀给

P2P 网贷平台借款者带来的收益的好处,要大于其削弱行业借款人偿债能力的程度。经济景气指数(ECI)与平台借款者违约风险呈正相关关系,这意味着在宏观经济上行时,P2P 网贷平台借款者的违约风险提高,说明由于经济上行时期投资者净资产充足,信贷市场中劣质借款人对优质借款人发生挤出,从而引起违约率升高。采购经理指数(PMI)与平台借款者违约风险呈负相关关系。国房景气指数(CERCI)与平台借款者违约风险正相关,表明当房地产行业处于上升周期时,楼市泡沫引起的消费者购房压力增加以及房贷债务支出增加会引起 P2P 网贷平台借款者违约风险上升。消费者信息指数(CCI)与平台借款者违约风险负相关,说明当平台借款者整体对当前经济形势信心较强时,违约风险降低。失业率指数(URI)与平台借款者违约风险呈正相关关系,意味着在失业率较高时,借款者偿债能力更低,违约风险更高。

为了对比,本节建立了不包含宏观经济变量的 Cox PH 模型。表 5.7 列出了不包含宏观经济变量的离散时间生存模型的估计结果,通过逐步回归选择进入模型的变量与包含宏观经济变量的模型相同,并且各变量的边际效应方向也与包含宏观经济变量的 Cox 模型的一致,且均在 5% 的显著水平下通过检验。

表 5.7　不包含宏观经济变量的 Cox PH 模型的参数估计

| 变量 | 估计值 | 标准误差 | $z$ | $\Pr(>|z|)$ |
|---|---|---|---|---|
| Gender | 2.06274 | 0.13821 | 14.925 | <2e-16 *** |
| Marriage | −0.1994 | 0.04827 | −4.131 | 3.61e-05 *** |
| Credit Level | 0.87865 | 0.02368 | 37.112 | <2e-16 *** |
| Salary | −0.09855 | 0.03362 | −2.931 | 0.00338 ** |
| Graduation | −0.7191 | 0.1405 | −5.118 | 3.09e-07 *** |
| House Loan | −0.59722 | 0.09855 | −6.06 | 1.36e-09 *** |
| Amount | 0.29909 | 0.06325 | 4.728 | 2.26e-06 *** |
| City Score | 0.08792 | 0.0276 | 3.186 | 0.00144 ** |
| Audit Num | −0.23792 | 0.01645 | −14.464 | <2e-16 *** |

注:* 、** 、*** 分别表示在 10%、5%、1% 水平下显著。

接着,利用测试集对建立的模型进行检验,结果见表 5.8 和图 5.1。从表 5.8 可以看出,含宏观经济变量的模型在预测整体违约率时,比不含宏观经济变量的模型具备更好的效果,估计违约率与真实值平均绝对差异的精度提高了 35% 以上。

表 5.8　测试集估计违约率与真实值的平均绝对差异

| 模型 | 估计违约率与真实值平均绝对差异 |
| --- | --- |
| 含宏观经济变量 | 0.0951 |
| 不含宏观经济变量 | 0.1501 |

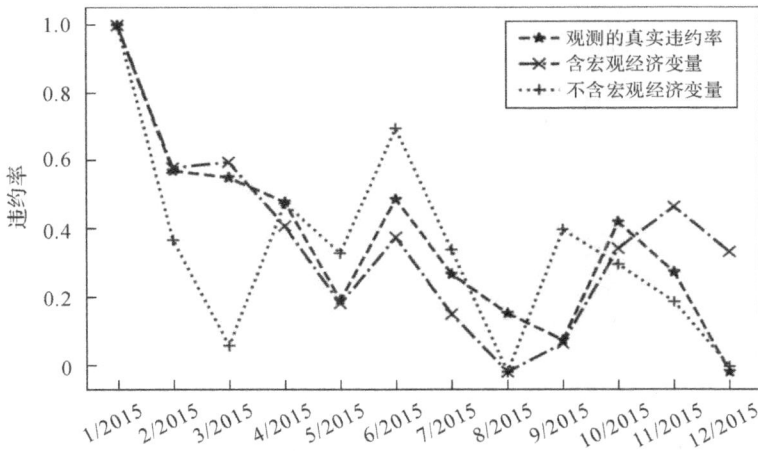

图 5.1　两种 Cox 模型每月估计违约率及真实违约率

图 5.1 给出了两个模型对测试集数据估计的每月的违约率以及观测到的真实违约率。可以发现,尽管平台借款者整体的真实违约率存在一定的波动,但整体趋势是明显下行的,表明政府对我国 P2P 网贷平台行业的一系列监管政策取得了显著的成效。不包含宏观经济变量的模型虽然表现出了整体的下行趋势,但相较真实违约率波动程度更大,且在三月和九月趋势与真实违约率相反,与真实情况拟合程度较低。包含宏观经济变量的模型的波动程度和整体趋势与真实违约率拟合程度更高,且表现出了整体的下行

趋势,说明包含宏观经济变量的模型与实际吻合程度更高。

## 5.3.2　个人借款者的整体违约率分布

本节对测试集上的违约概率的损失分布进行估计,用估计的违约率与包含宏观经济变量的生存分析模型所计算出违约率中值的比率来表示损失分布,违约率分布在模拟 25000 次之后趋于稳定,最后得到的违约概率的损失分布如图 5.2 所示。图 5.2 中也给出了 99% 置信水平下风险价值 VAR 和预期缺口 ES 的统计结果。

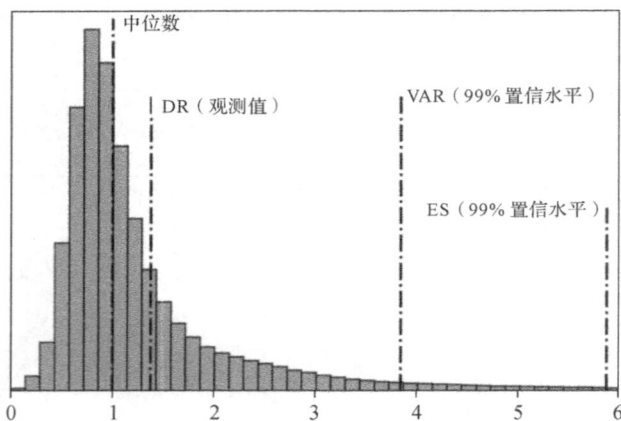

图 5.2　估计违约率的损失分布

图 5.2 表明,个人借款者整体违约率的损失分布为右偏分布,体现了信用风险具有损失和收益不对称的基本特征,说明尽管宏观经济的波动对借款人信用风险收益有一定的积极影响,但也有着相当程度的负面影响,导致极端违约事件发生的概率相对正态分布情况下的取值更大。同时,该时期观测到的实际违约率位于分布的中间位置,接近于中值,表明该时期并不代表极端情境下的违约率,符合 2015 年我国宏观经济整体稳定的情况。在 99% 置信水平下的预期缺口为 5.88,表明在最恶劣的 1% 的极端经济情境下,预期的个人借款者违约率是正常情况下的 5.88 倍,同时该水平下给出的 VAR 为 3.85,即违约的最大损失值为正常情况的 3.85 倍。由于风险价值是在正常情况下捕获异常情况,而压力测试是在异常情况下捕获损失,两

者之间在非线性或损失分布厚尾的情况下会出现明显的差异(BIS,2005),因此,用风险价值作为压力测试指标可能趋于保守,不足以反映极端情况,预期缺口是用于压力测试更合理的指标。有关违约率损失分布的描述性统计见表 5.9。

表 5.9    违约率损失分布的描述性统计

| 模型 | 风险价值<br>(VAR) | 预测缺口<br>(ES) | 实际观测违约率<br>(DR) |
| --- | --- | --- | --- |
| 包含宏观经济变量的离散时间生存模型 | 3.85 | 5.88 | 1.35 |

与以往学者针对英美等发达国家零售信用数据进行压力测试研究的结果相比,极端经济情境下中国借款者整体违约风险相对较高。Rösch 和 Scheule(2008)针对美国零售信用卡数据进行信用风险的压力测试,得出 VAR 是平均值的 2.31 倍;Bellotti 和 Crook(2014)利用英国信用卡数据进行压力测试后,发现 1%极端情境下的违约率是正常情况下的 2.43 倍。究其原因,是由于美英等发达国家经过上百年的市场经济发展,征信系统起步更早,体系也相对更为完善,而我国市场化征信体系建设刚刚起步,特别是本章的数据来源于人人贷 P2P 借贷平台的借款人的数据,而 P2P 行业在国内兴起时较晚,行业金融风险相对于传统金融借贷行业更高,尚未形成完善的征信体系。尽管 P2P 行业整体的整改已经取得了实质性的进步,但细究之下,部分平台采用技术创新手段规避监管,底层资产披露不详,超额发标的问题仍然突出,导致 P2P 平台借款人整体的信用风险仍然维持在一个较高的水平,因此,在极端宏观经济情境下,中国 P2P 平台个人借款者的整体违约风险要高于相应情况下西方发达国家零售借款者的整体违约水平。这也是中国金融监管者于 2020 年全面取缔 P2P 网贷平台的主要原因。

## 5.4    本章小结

本章利用生存分析的 Cox 模型对个人借款者的信用风险进行研究,数据来源于国内人人贷平台的个人借款数据,并将宏观经济变量纳入借款者信用风险评估指标体系,对比分析了生存分析方法和 Logistic 回归模型在中国 P2P 平台借款者信用风险评估上的适用性。在此基础上,利用离散逻辑生存分析模型对 P2P 平台借款人数据进行建模,使用蒙特卡洛模拟来生成整个账户的违约率的分布,并通过计算风险价值和预期缺口进行压力测试。

本章的主要研究结论是:

(1)生存分析模型与 Logistic 回归相比具有较强的竞争力。相比较传统的信用风险评估方法——逻辑回归,生存分析通过纳入了宏观经济变量在预测 P2P 平台借款人违约风险上具有较强的竞争力,特别是针对第二类错误的预测精度起到了显著的改善。这些宏观经济变量很难被纳入到 Logistic 模型中,因为宏观经济环境会对借款者的信用风险产生影响,在不同时间点上同一借款者的还款倾向可能截然相反。因此,将生存分析和宏观经济指标引入到 P2P 平台借款人信用风险预警来,动态地反映借款者信用风险的变化规律,可以为更加科学地构建有效的且适合我国国情的个人借款者信用风险评估模型提供一个有益的思路,从而进一步规范国内 P2P 网络借贷服务市场。

(2)宏观经济变量是个人借款者信用风险的重要影响因子。在目前金融机构使用的信用风险评估模型中,宏观经济变量起着十分有限的作用,需要检验宏观因素对金融信贷市场中违约风险的影响。通过在模型中纳入随着时间变化的宏观因素,可以动态追踪借款者的违约规律,更好地对借款人的违约风险进行评估。本书得出的结论列出了几个符合中国国情的宏观经济指标,如广义货币供应量、国房景气指数、消费者信息指数以及经济景气指数,通过在信用评估中实时纳入这些指标,可以更好地对借款人违约风险进行动态评估。研究结果表明,就中国国情而言,广义货币供应量、国房景气指数、消费者信心指数以及经济景气指数是相对比较重要的几个指标。

(3)在 1‰极端经济情境下,中国 P2P 平台借款者的整体违约率是正常情况下的 5.88 倍,高于发达国家水平。纳入宏观经济变量改善了模型对违约率的预测精度,在总体预测水平上的作用更加显著,这是因为宏观经济变量影响着整体违约率,而不仅仅是个人级别账户的违约风险。通过构建动态的离散时间逻辑生存分析模型对中国 P2P 平台人人贷的借款人违约率进行压力测试,利用逐步回归方法筛选出不相关的几个宏观经济变量,使得它们可以相对独立地生成模拟值以构成压力测试的情境,进而利用蒙特卡洛模拟建立估计违约率的损失分布,减少传统情景生成方法中的主观因素。结果表明,1%极端经济情境下预期的借款人违约率是正常情况下的 5.88 倍,高于发达国家的预期水平。通过分析发现,极端经济情境带来的借款人违约风险的增加不容忽视,这也是本章研究的重要意义所在。当前中国整体经济依然保持中高速增长的态势,极端经济情境发生的可能性很小,但各监管部门应该防患于未然,努力构建良好的互联网金融环境,防范和化解金融领域的系统性风险。

# 6 基于 Lasso-Cox 模型的个人借款者信用风险评估研究

在个人借款者的信用风险评估中，最重要的是建立信用风险评估指标体系以及选择合适的评估方法。学者们在以往研究中常使用 Logistic、SVM、决策树等静态方法进行实证研究。这些静态方法各有优缺点，最大的缺点是只能判别个人借款者在一定的期限（如 12 个月或 18 个月）内是否违约，无法评估借款者什么时候违约。

本章的研究目的在于不仅发现影响个人借款者违约的重要影响因素，同时要定量分析借款者在什么时候违约而不是在一定的期限内是否违约，因此在方法的选择上，动态的生存分析方法是最好的选择。与传统静态评估方法相比，生存分析方法可以有效利用删失（censored，在本书特指在研究期间未发生违约的样本）数据，且扩展的生存分析模型可以纳入时间变量，并且预估每个时点个人借款者违约的可能性。因此，相对于静态模型，生存分析方法对个人借款者违约的预测更有优势。

另外，从学者们的研究中也可以发现，在评估个人借款违约时，选取的评估指标会对最终的评估结果产生很大的影响。在众多的特征信息中如何筛选出准确反映个人借款者信用风险的有效指标，已成为建立信用风险评估指标体系的关键所在。常用的筛选方法有主成分分析法、Lasso 等。方匡南等（2014）的研究表明，Lasso 方法筛选的预测变量较向前逐步回归法和向后逐步回归法都能获得更好的预测结果，因此本章拟采用 Lasso 方法来建立有效的个人借款者信用风险的评估指标。

向晖（2011）将单一模型和混合模型进行对比，发现混合模型的预测的精度、稳健性、解释性等都优于单一模型。Lasso 和生存分析模型具有以下两个特点：①Lasso 和 Cox 模型具有一定互补性,Cox 模型易造成欠拟合问题,而 Lasso 正好能解决多重共线性和拟合问题;②两个模型都可以解决非线性问题,且二者对数据的假设要求条件都较低。因此,将 Lasso 和 Cox 模型相结合构建新的评估方法,有可能大大提高模型的预测精度,提高模型的整体可解释性,或许会为信用评估模型以及评估指标的选择提供新思路。

## 6.1 评估模型——Lasso-Cox 模型

由于大数据存在数据量大和冗余变量的特点,本章将首先采用基于偏似然估计原理的 Lasso 方法对借款者违约的评估指标进行筛选,充分考虑了自变量对因变量的影响,准确判断信用风险评估指标对个人借款者的信用风险是否存在显著影响;接着利用所选出的特征自变量再结合扩展的 Cox 预测进行个人借款者的信用风险预测,即创新性地使用了 Lasso-Cox 模型,定量分析个人借款者的违约特征。Lasso-Cox 模型不仅可以降低信用风险评估指标的维度,还可以极大地提高预测的精度。将该方法应用于个人借款者信用风险评估中,是本书的一个创新点。

Lasso 方法是由 Tibshirani 于 1996 年提出的。Lasso 方法的核心思想是通过不断调整参数 λ 的值,使得模型中自变量小的参数估计值逐渐收敛到 0,从而实现自变量个数的精简,以便于提高评估的速度和结果。刘丹和郑少智(2016)尝试将 Lasso 方法引入 Cox 模型中,即在 Cox 模型的偏似然函数中加入惩罚项 $\lambda \sum_{j=1}^{d} |\beta_j|$,通过不断调整压缩回归系数绝对值的和,同时不断调整惩罚系数 λ,从而实现模型变量的筛选,同时保证估计参数的连续性和稳定性。

因此基于 Lasso 原理的 Cox 模型变量系数 $\beta^{\text{Lasso}}$ 的估计为

$$\beta^{\text{Lasso}} = \arg \min_{\beta} \left\{ -\frac{1}{n} \sum_{i=1}^{n} \delta_i \left[ \beta^T x_i - \right. \right.$$

$$\left. \left. \ln \left\{ \sum_{j=1}^{n} I(\bar{T}_j \geqslant \bar{T}_i) \exp(\beta^T x_j) \right\} \right] \right\} + \lambda \sum_{j=1}^{d} J(\beta_j) \qquad (6.1)$$

为了提高变量选择的效果,需要对参数 $\lambda$ 进行调整,本书采用十折交叉验证方法来确定调和参数 $\lambda$。

交叉验证法首先把数据分成数量大致相等的 $K$ 份。用其中的 $K-1$ 份的数据拟合模型 $f^k$,然后计算当 $f^k$ 用于最后一份数据时的预测误差。令 $k=1,2,\cdots,K$,重复上述过程,最后汇总 $K$ 个模型的预测误差。实践中常常令 $K=10$,这就是所谓的十折交叉验证。

十折交叉验证的预测误差可以表示为

$$CV(f) = \frac{1}{N} \sum_{i=1}^{n} L(y_i, f^{k(i)}(x_i)) \qquad (6.2)$$

其中 $k(i)$ 是表示 $N$ 个样本中观测 $i$ 属于第 $k(k=1,2,\cdots,K)$ 份数据的指示函数,$f^k$ 表示使用剔除第 $k$ 份数据后拟合的模型。

假定拟合了一组含有调和参数的模型表示为 $f^k(x,\lambda)$,定义为

$$CV(f,\lambda) = \frac{1}{N} \sum_{i=1}^{n} L(y_i, f^{k(i)}(x_i,\lambda)) \qquad (6.3)$$

那么 $CV(f,\lambda)$ 就是一条随 $\lambda$ 的变化而变化的检验误差曲线,找到使其最小的 $\lambda$,就是 Lasso-Cox 回归模型的调和参数

$$\hat{\lambda} = \arg \min CV(f,\lambda) \qquad (6.4)$$

在经过十折交叉验证得出估计的 $\hat{\lambda}$ 值后,根据式(6.1)可以得出 $\beta^{\text{Lasso}}$ 的估计值,又可以根据式(3.8)得出被观察样本在 $t$ 时刻发生违约的概率,即

$$h(t \mid x) = h_0(t) \exp(X^T \beta^{\text{Lasso}}) \qquad (6.5)$$

## 6.2 个人借款者信用评估指标选择及数据来源

### 6.2.1 模型设计

本节选择的个人借款者信用风险评估指标在第 4 章的基础上稍作调整。根据李杰和刘露(2018)对个人借款者信用风险的研究,个人借款者的基本情况、资产情况、工作情况、信用情况和借款信息都会对其未来的违约状况产生影响,因此本章的具体评估指标和赋值见表 6.1。可以看出,评估

指标的数据分为数值型数据和非数值型数据,数值型数据的赋值就是其实际值,而连续的字符(如婚姻状况)通常分为"波段",然后将每个"波段"替换为二进制虚拟变量。

表 6.1　信用风险评估指标体系及其数据处理

| 类别 | 指标 | 相关赋值说明 | 类别 | 指标 | 相关赋值说明 |
|---|---|---|---|---|---|
| 基本情况 | 性别($x_1$) | 男性:1;女性:0 | 信用情况 | 信用等级($x_{11}$) | HR:6;E:5;D:4;C:3;B:2;A:1;AA:0 |
| | 年龄($x_2$) | 0:45～60 岁;1:60 岁以上;2:<45 岁 | | | |
| | 婚姻状况($x_3$) | 已婚:0;离异或未婚:1 | | 信用分数($x_{12}$) | 标准化处理 |
| 工作情况 | 公司规模($x_4$) | ≤10:3;11～100:2;101～500:1;>500:0 | 借款信息 | 借款金额($x_{13}$) | 标准化处理 |
| | 工作年限($x_5$) | 1 年以下:3;1～3 年:2;3～5 年:1;5 年以上:0 | | 借款利率($x_{14}$) | 实际值 |
| | 收入($x_6$) | <1001:6;1001～2000:5;2001～5000:4;5001～10000:3;10001～20000:2;20001～50000:1;>50000:0 | | 剩余期限($x_{15}$) | 标准化 |
| | | | | 借款期限($x_{16}$) | 标准化 |
| 资产情况 | 房产($x_7$) | 有房:0;无房:1 | 宏观信息 | CPI($y_1$) | 月动态数据 |
| | 车产($x_8$) | 有车:0;无车:1 | | ECI($y_2$) | 月动态数据 |
| | 房贷($x_9$) | 无房贷:0;有房贷:1 | | URI($y_3$) | 月动态数据 |
| | 车贷($x_{10}$) | 无车贷:0;有车贷:1 | | CERCI($y_4$) | 月动态数据 |

## 6.2.2　数据来源及处理

由于银行个人借款者信用卡还款数据的不可获得,本章的数据仍然来自 P2P 网络借贷平台中处于领军企业人人贷的个人借款者数据。通过 Python 爬虫,获取了人人贷个人借款者数据共 1048575 个样本,其中未违约人数为 1035133,违约人数为 13442。从该分布可以看出违约事件的分布不均衡,未违约事件占很大比例往往会影响在实际预测过程中预测的精确程度。基于 Weiss 和 Provost(2003)得到的、数据可非自然分布的研究结论,我们将对样本数据进行 1∶1 的平衡处理。在违约案例 13442 组的基础上,随机筛选了 13442 组正常样本对数据进行平衡处理。样本的描述性统计分析见表 6.2。

表 6.2 样本的描述性统计

| 指标 | 平均值 | 众数 | 最大值 | 最小值 |
|---|---|---|---|---|
| 年龄 | 36.75 | 32 | 77 | 21 |
| 信用等级 | 5.32 | 6 | 6 | 0 |
| 信用分数 | 53.83 | 20 | 245 | −99 |
| 借款金额(万) | 4.70 | 1 | 300 | 0.3 |
| 借款期限(月) | 14 | 12 | 48 | 1 |
| 剩余期限(月) | 6.96 | 0 | 41 | 0 |
| 利率(%) | 14.23 | 15.00 | 24.40 | 8.00 |
| 收入(元) | >50000:8.8%;20001∼50000:10.2%;10001∼20000:13.4%;5001∼10000:27.4%;2001∼5000:36.9%;1001∼2000:3.3%;<1001:0% | | | |
| 公司规模(人) | >500:23.9%;101∼500:17.9%;11∼100:39.6%;≤10:1.9% | | | |
| 工作年限(年) | >5:26.1%;3∼5:20.8%;1∼3:40.6%;<1:12.5% | | | |
| 房产情况 | 有房:47.25%;无房:52.75%　有房贷:15.13%;无房贷:84.87% | | | |
| 车产情况 | 有车:32.33%;无车:67.67%　有车贷:6.21%;无车贷:93.79% | | | |
| 性别 | 男:85.43%;女性:14.57% | | | |
| 婚姻状况 | 已婚:57.15%;未婚:42.85% | | | |

## 6.3 个人借款者信用风险的评估结果

本节采用十折交叉验证,在违约案例 13442 样本的基础上,随机筛选了 13442 个非违约样本。其中 1/10 的数据,即随机选择 1344 个违约样本和

1344 个非违约样本组成测试集,其余的 12098 个违约和 12098 个未违约样本随机均匀分布在 9 个训练集中,利用训练集的数据进行 Lasso 变量选择和模型的参数估计。

### 6.3.1 Lasso 模型确立的信用风险评估指标

本节首先对 16 个静态指标进行了相关性检验,具体结果见表 6.3。从表 6.3 可以发现,一些指标间存在着近 0.7698 的高度线性相关性。若不进行降维处理,不仅会降低模型的运行效率,也会使实证结果出现过拟合现象,影响模型的精确度。因此,需要对个人借款者的信用风险评估指标进行筛选。

Lasso 模型是通过构造惩罚函数来达到精简模型的效果,将一些呈现共线性或者与因变量没有相关性的冗余变量,通过设置其回归系数为 0 的方式剔除,保留自变量子集简练且收缩的优点。基于此,本书首先通过 Lasso 筛选出对个人借款者信用风险影响显著的评估指标,再应用 Cox 模型对个人借款者信用风险进行预测,得到个人借款者信用风险的评估结果。

图 6.1 是利用训练集的数据拟合出来的 $\alpha$ 和 Lasso 回归系数的关系。可以看出,当 $\alpha$ 过小时,模型会因为过于灵活而出现过度拟合的状态;反之,当 $\alpha$ 取值过大时,模型会因其过强的正则化而无法识别数据中的复杂性,会出现欠拟合现象。因此,需要基于模型选择一个最适合的 $\alpha$ 值。

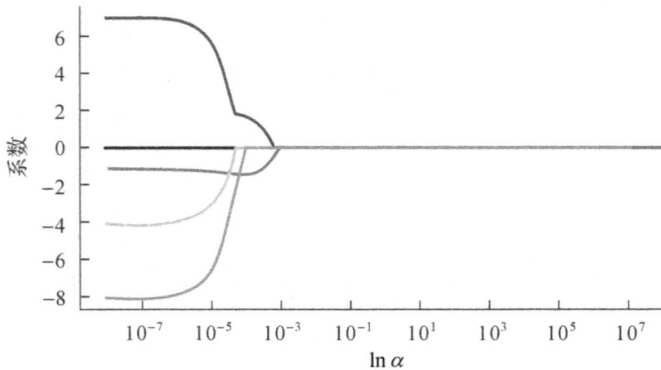

图 6.1  $\alpha$ 和 Lasso 回归系数的关系

表 6.3　各信用风险评估指标的相关关系

| | $X_1$ | $X_2$ | $X_3$ | $X_4$ | $X_5$ | $X_6$ | $X_7$ | $X_8$ | $X_9$ | $X_{10}$ | $X_{11}$ | $X_{12}$ | $X_{13}$ | $X_{14}$ | $X_{15}$ | $X_{16}$ |
|---|---|---|---|---|---|---|---|---|---|---|---|---|---|---|---|---|
| $X_1$ | 1 | | | | | | | | | | | | | | | |
| $X_2$ | -0.03*** | 1 | | | | | | | | | | | | | | |
| $X_3$ | 0.03*** | -0.44*** | 1 | | | | | | | | | | | | | |
| $X_4$ | 0.08*** | -0.22*** | 0.20*** | 1 | | | | | | | | | | | | |
| $X_5$ | -0.06*** | 0.18*** | -0.17*** | 0.77*** | 1 | | | | | | | | | | | |
| $X_6$ | -0.06*** | 0.11*** | -0.11*** | -0.13*** | 0.06*** | 1 | | | | | | | | | | |
| $X_7$ | -0.01 | -0.3*** | 0.25*** | 0.21*** | -0.19*** | -0.18*** | 1 | | | | | | | | | |
| $X_8$ | 0.02** | 0.42*** | 0.31*** | 0.13*** | -0.14*** | 0.09*** | 0.18*** | 1 | | | | | | | | |
| $X_9$ | -0.01* | -0.26*** | 0.34*** | -0.03*** | -0.01 | 0.02 | 0.14*** | 0.26*** | 1 | | | | | | | |
| $X_{10}$ | 0.01* | 0.08*** | -0.13*** | -0.01 | 0.05*** | -0.02 | 0.09*** | -0.11*** | -0.44*** | 1 | | | | | | |
| $X_{11}$ | 0.02*** | -0.21*** | 0.29*** | 0.15*** | -0.17*** | -0.11*** | 0.41*** | 0.18*** | 0.27*** | -0.14*** | 1 | | | | | |
| $X_{12}$ | 0.01** | 0.02*** | 0.08*** | 0.004 | 0.01*** | 0.07*** | -0.17*** | -0.02 | -0.09*** | 0.12*** | -0.37*** | 1 | | | | |
| $X_{13}$ | -0.01** | 0.16*** | -0.11*** | -0.10*** | 0.05*** | 0.11*** | -0.26*** | -0.10*** | -0.10*** | 0.02*** | -0.18*** | 0.05*** | 1 | | | |
| $X_{14}$ | 0.04*** | -0.05*** | 0.12*** | 0.26*** | -0.27*** | 0.08*** | 0.14*** | 0.12*** | 0.05*** | -0.06*** | 0.08*** | -0.04*** | 0.07*** | 1 | | |
| $X_{15}$ | -0.04*** | -0.09*** | 0.06*** | 0.16*** | -0.41*** | 0.10*** | 0.13*** | 0.11*** | 0.02*** | -0.07*** | 0.12*** | -0.03*** | 0.17*** | 0.30*** | 1 | |
| $X_{16}$ | -0.07*** | -0.01* | -0.04*** | -0.11*** | -0.05*** | -0.04*** | 0.04*** | -0.03*** | 0.01 | 0.01*** | 0.06*** | -0.01 | 0.06*** | -0.01* | 0.51*** | 1 |

其中，*** 是指在 1%的条件下显著；** 是指在 5%的条件下显著；* 是指在 10%的条件下显著。

从图 6.1 可以看出，最合适的 $\alpha$ 取值在 $10^{-5}$ 和 $10^{-3}$ 之间。基于此 $\alpha$ 值，模型最终筛选了 7 个静态的个人借款者信用风险评估指标，分别是：信用分数、信用等级、年龄、利率、借款期限、剩余期限以及收入。具体经 Lasso 筛选建立的个人借款者信用风险评估有效指标体系见表 6.4。

表 6.4　经 Lasso 筛选的个人借款者信用风险评估有效指标体系（不含宏观经济指标）

| 类别 | 指标 | 相关赋值说明 |
|---|---|---|
| 基本情况 | 年龄（$x_2$） | 0：45～60 岁；1：60 岁以上；2：<45 岁 |
| 工作情况 | 收入（元；$x_6$） | <1001：6；1001～2000：5；2001～5000：4；5001～10000：3；10001～20000：2；20001～50000：1；>50000：0 |
| 借款信息 | 剩余期限（$x_{15}$） | 标准化 |
| | 借款期限（$x_{16}$） | 标准化 |
| 信用情况 | 信用等级（$x_{11}$） | HR：6；E：5；D：4；C：3；B：2；A：1；A：0 |
| | 信用分数（$x_{12}$） | 标准化 |

表 6.4 的结果表明，经 Lasso 筛选后个人借款者信用风险的评估指标大大减少，这在一定程度上会提升信用风险评估的速度，在实际应用时更加适用。但可以成为个人借款者信用风险的有效评估指标体系的前提条件是不能降低评估结果准确性，这一问题将通过后面评估结果的预测精度来进一步加以说明，具体参见各模型的评估结果表 6.9 和表 6.10。

## 6.3.2　Lasso-Cox PH 模型的参数估计及其检验

根据 Lasso 模型筛选的 7 个变量，在不考虑宏观经济变量的情况下，也就是使用 Cox PH 模型即利用式（6.1），得到的参数估计值如表 6.5 所示。

由表 6.5 知，7 个变量均通过显著水平为 5% 的显著性检验（其中 6 个变量通过 1% 的检验）。信用分数、信用等级、年龄、利率、借款期限对违约的影响是负相关的，剩余期限与违约呈正相关，这与预期一致；而收入水平与违约状态呈正相关，原因是样本群的收入大部分集中于中低收入，因此违约概率被稀释，导致高收入违约概率反而升高。

表 6.5  **Lasso-Cox PH 模型的参数估计**

| 变量 | 符号 | 系数 $\beta_i$ | $\exp\beta_i$ | $\mathrm{se}\beta_i$ | $P$ 值 | 显著性 |
|---|---|---|---|---|---|---|
| 信用分数 | $x_1$ | $-0.49$ | 0.61 | 0.01 | $<0.005$ | *** |
| 信用等级 | $x_2$ | $-0.27$ | 0.76 | 0.11 | 0.02 | ** |
| 年龄 | $x_3$ | $-0.08$ | 0.93 | 0.01 | $<0.005$ | *** |
| 借款利率 | $x_4$ | $-0.08$ | 0.92 | 0.01 | $<0.005$ | *** |
| 借款期限 | $x_5$ | $-34.18$ | 0 | 0.47 | $<0.005$ | *** |
| 剩余期限 | $x_6$ | 33.57 | 3.79e+14 | 0.47 | $<0.005$ | *** |
| 收入水平 | $x_7$ | 0.03 | 1.03 | 0.01 | $<0.005$ | *** |

注:*** 和 ** 分别表示在 1% 和 5% 水平下显著。

在考虑利用生存分析模型时,应该首先确定该模型是否适合信用风险评估的问题,这是由于任何模型都有前提假设或者必须满足某些条件。因此,在使用模型之前,必须验证使用的数据与模型是否匹配,也就是应该先检验模型对数据的适用性。

许多方法都可以实现这一目的。本书通过似然比检验方法进行,检验结果如表 6.6。其中,原假设为 $H_0: \beta_i = 0$,备择假设为 $H_1:$ 存在 $\beta_i \neq 0$。表 6.6 的结果显示,模型整体的显著性 Sig. $= 0.000 < 0.05$,因此拒绝原假设,接受备择假设,可以利用该模型对个人借款者的信贷数据进行评估分析。

表 6.6  **Lasso-Cox 模型的 Omnibus 检验**

| 一2 对数似然 | 总体得分 | | | 从上一步进行更改 | | | 从上一块进行更改 | | |
|---|---|---|---|---|---|---|---|---|---|
| | 卡方 | 自由度 | 显著性 | 卡方 | 自由度 | 显著性 | 卡方 | 自由度 | 显著性 |
| 193863.39 | 14619.63 | 7 | 0.000 | 45662.25 | 7 | 0.000 | 45662.25 | 7 | 0.000 |

### 6.3.3  Lasso-Cox 模型的参数估计及其检验

已有的研究表明,宏观经济情况也能在一定程度上影响借款者的违约概率。而扩展的 Cox 模型(extended Cox model)是有时间依赖的模型,可以很好地反映宏观动态变量对个人借款者信用风险的动态影响。加入宏观变量后的有效评估指标共有 11 个变量,表 6.7 表明所有变量均通过显著水平为 1‰的显著性检验,说明模型有很强的说服力。

表 6.7　Lasso-Cox 模型的回归系数及其显著性

| 变量 | 符号 | 系数 $\beta_i$ | $\exp\beta_i$ | $\mathrm{se}\,\beta_i$ | P 值 | 显著性 |
|---|---|---|---|---|---|---|
| 信用分数 | $x_1$ | −0.164 | 1.007 | 0.001 | 0.000 | *** |
| 信用等级 | $x_2$ | −0.164 | 1.178 | 0.010 | 0.000 | *** |
| 年龄 | $x_3$ | 0.006 | 1.006 | 0.001 | 0.000 | *** |
| 利率 | $x_4$ | −0.163 | 0.849 | 0.005 | 0.000 | *** |
| 借款期限 | $x_5$ | −2.610 | 0.074 | 0.074 | 0.000 | *** |
| 剩余期限 | $x_6$ | −0.087 | 0.918 | 0.002 | 0.000 | *** |
| 收入水平 | $x_7$ | −0.071 | 0.932 | 0.007 | 0.000 | *** |
| 失业率 | $x_8$ | 0.583 | 1.791 | 0.155 | 0.000 | *** |
| 居民消费指数 | $x_9$ | 13.337 | 61.987 | 2.175 | 0.000 | *** |
| 经济景气指数 | $x_{10}$ | −3.854 | 47.181 | 0.800 | 0.000 | *** |
| 国防景气指数 | $x_{11}$ | −4.307 | 0.013 | 1.052 | 0.000 | *** |

注:*** 表示在 1‰水平下显著。

从表 6.7 可以看出,信用分数、信用等级、利率、借款期限、剩余月数、收入、经济景气指数、国房景气指数对违约的影响是呈负相关的,年龄、失业率、居民消费指数与违约呈正相关。其中,信用分数、信用等级、利率、借款期限、收入、国房景气指数、失业率与违约率的关系是符合预期的,剩余月数与违约率在此时与违约率呈正相关,则可能与宏观经济因素有关,如宏观政策的利好消息,会使得居民的实际收入上涨,进而降低违约率。居民消费指数与违约率的关系主要与通货膨胀有关,在本节中与违约率呈现正相关则说明通货膨胀使货币的购买力降低,增加借款人的还款压力进而增加违约可能性。

表 6.8 说明了 Cox 模型与相关数据之间的匹配程度,结果显示模型整体的显著性为 0.000,小于 1‰,因此拒绝原假设,接受备择假设,可以利用该模型对个人借款者的信贷数据进行评估分析。

表 6.8 Lasso-Cox 模型系数的 Omnibus 检验

| 一2 对数似然 | 总体得分 | | | 从上一步进行更改 | | | 从上一块进行更改 | | |
|---|---|---|---|---|---|---|---|---|---|
| | 卡方 | 自由度 | 显著性 | 卡方 | 自由度 | 显著性 | 卡方 | 自由度 | 显著性 |
| 220570.062 | 17338.391 | 11 | 0.000 | 33404.615 | 11 | 0.000 | 33404.615 | 11 | 0.000 |

### 6.3.4 各模型的预测结果分析

在预测分析中,评估模型有可能将优质借款人误判为劣质借款人(第一类错误)或者将劣质借款人误判成优质借款者(第二类错误),这都会影响到优质借款者的权益或者侵害投资者的权益,因此,第一类错误率和第二类错误率也与模型的预测效果息息相关。为了说明模型的预测效果,本节也计算了测试集上 Logistic 模型的评估结果。在不考虑宏观因素影响的情况下,Logistic、Cox PH 和 Lasso-Cox PH 模型各个模型的预测结果如表 6.9 所示。

表 6.9 不含宏观指标的各模型的预测结果

| 实际 \ 预测 | Logistic | | Cox PH | | Lasso-Cox PH | |
|---|---|---|---|---|---|---|
| | 0 | 1 | 0 | 1 | 0 | 1 |
| 0 | 1126 | 218 | 1234 | 110 | 1325 | 19 |
| 1 | 215 | 1129 | 129 | 1215 | 95 | 1249 |
| 总体预测精度 | 83.89% | | 91.11% | | 95.76% | |
| 第一类错误率 | 16.22% | | 8.18% | | 1.41% | |
| 第二类错误率 | 16.00% | | 9.60% | | 7.07% | |

表 6.9 表明,与 Logistic 回归模型相比,Cox PH 模型的预测精确度总体高达 91.11%,远高于 Logistic 模型。在 Cox PH 模型与 Lasso-Cox PH 模型相比较时,通过 Lasso 对冗余变量进行筛选,Lasso-Cox PH 模型精度大于将全部指标都纳入模型的 Cox 模型,并且经过 Lasso 处理后模型的第一类错误率和第二类错误率都大大下降了;Lasso-Cox PH 模型犯第一类错误的概率仅有 1.41%,犯第二类错误的概率也由 Cox PH 摸型的 9.60% 下

降为 7.07%，这说明利用 Lasso 进行变量处理是十分必要的，可以建立个人借款者信用风险评估的有效指标体系。

　　本节继续讨论宏观变量的影响，各模型的评估结果见表 6.10。表 6.10 显示了 Logistic 回归、扩展的 Cox PH 和 Lasso-Cox PH 模型在含宏观变量时的预测结果。因为 Logistic 模型为静态回归模型，为了同步考虑宏观变量对其评估结果的影响，把每一笔借款数据的起始借款日期的宏观月度数据纳入模型，以一个静态的样本来进行实证建模，而 Cox PH 模型、Lasso-Cox PH 模型则是借助整个借款期间的宏观月度数据来进行动态建模。从实证的结果可以看出，无论是经典的 Logistic 模型，还是 Cox PH 模型、Lasso-Cox PH 模型，加入宏观变量后其预测准确度都有一定程度的提升；Logistic 模型和 Cox PH 模型相比，总体来说 Cox PH 模型呈现更高的准确度，因此，Cox PH 模型在判断个人借款者是否违约具有更好的表现；Cox PH 模型与 Lasso-Cox PH 相比，可以看出经过 Lasso 变量选择后的 Lasso-Cox PH 模型的预测效果得到了更好的提升。并且，在 Lasso 处理变量后，模型的第一类错误率和第二类错误率都下降了，尤其是 Lasso-Cox PH 模型的第二类错误率接近于 0，模型的优度得到进一步提升。

表 6.10　含宏观经济指标的各评估模型的预测结果

| 实际 ＼ 预测 | Logistic | | Cox PH | | Lasso-Cox PH | |
|---|---|---|---|---|---|---|
| | 0 | 1 | 0 | 1 | 0 | 1 |
| 0 | 1167 | 177 | 1234 | 110 | 1325 | 19 |
| 1 | 148 | 1196 | 70 | 1274 | 11 | 1333 |
| 总体预测精度 | 87.91% | | 93.30% | | 98.88% | |
| 第一类错误率 | 13.17% | | 8.18% | | 1.41% | |
| 第二类错误率 | 11.01% | | 5.21% | | 0.82% | |

# 6.4　本章小结

本章利用人人贷平台借款者的借款数据和个人信息建立信用风险评估指标体系,并利用不同的模型进行模拟实验,对 Lasso-Cox 模型和 Cox 模型、Cox 模型和 Logistic 模型对人人贷借款者的违约概率进行评估,得到的预测结果表明,Cox 模型的预测准确率高于 Logistic 模型的预测准确率,而将 Lasso 模型和 Cox 模型结合构造的 Lasso-Cox 模型,通过 Lasso 模型先将评估指标进行筛选,再利用 Cox 模型进行评估,得到了 95.76% 的预测准确率,预测精度大幅度提升。最后,将动态的宏观变量也纳入到评估指标中,结果表明,在加入 4 个宏观变量后,各模型的预测效果都有很好的提升,并且 Lasso-Cox 模型的预测准确度高达 98.88%。我们得到如下的结论:

(1)动态的 Cox 模型在信用风险评估中预测精度更高。在评估指标一致时,Logistic 模型的第一类错误率和第二类错误率都是高于 Cox 模型的,且 Cox 模型能将不同的时间点的违约状况考虑进模型,能根据不同时点的基准生存函数得到不同时点的生存率,预测精度更高。

(2)Lasso 方法能很好地识别信用风险评估指标中的重要变量,可以筛选有效的评估指标,减少数据收集的工作量和评估的计算工作量。对于 P2P 个人借款者来说,他们的信息是高维度的,有数十个相关指标,因此有些变量的相关性就很高,会出现过拟合现象而降低模型的精确性。因此,经过 Lasso 模型对变量进行筛选后的 Cox 模型预测精度远高于不进行指标处理的 Cox 模型。

(3)宏观变量是个人借款者信用风险的影响因素,有助于提升信用风险评估模型的预测精度。从表 6.9 和表 6.10 的结果可以看出,加入宏观变量的模型预测结果都得到了提升,在考虑宏观变量的条件下,Lasso-Cox 模型预测准确率高达 98.88%,这无疑是一个更加有效的评估结果。这也在一定程度上说明宏观变量能够增加信用风险评估的准确性,进一步说明该类变量在个人借款者信用风险评估中是非常重要的信用风险评估指标。

# 7 基于 LGB-BAG 模型的个人借款者信用风险评估

为了与动态的 Cox 评估方法进行比较,本章将探讨使用集成机器学习方法来评估个人借款者的信用风险。集成机器学习方法有多种,在本书的第 3 章介绍了一部分。本章将建立新的集成学习模型——LGB-BAG 模型进行个人借款者信用风险评估。

## 7.1 评估方法——LGB-BAG 模型

在基分类器相互独立的前提下,李航(2012)在推导 Hoeffding 不等式的过程中发现,随着集成中学习器数目的增加,集成的错误率会呈指数级下降,最后趋向于零。Bagging 通过重新选取训练集增加分类器集成的差异度,提高泛化能力,减少过拟合的风险。

本章将构建新的评估模型,称为 LGB-BAG。LGB-BAG 是以 LightGBM(基于决策树和 Boosting)为基分类器,以 Bagging 为集成学习方法构建而成,是一种基于决策树、结合了 Boosting 和 Bagging 的机器学习算法。Bagging 可以减少模型的方差,Boosting 能够有效降低模型的偏差,因此,从理论上讲,LGB-BAG 既可以减少模型的方差,又可以有效降低模型的偏差。

LGB-BAG 算法具体如下:重复 $T$ 次,每次从大小为 $m$ 的训练样本集中随机放回地抽取 $m$ 个样本,用基分类器 LightGBM 进行训练。利用相同的方法得到 $T$ 个基分类器,并得到一个分类函数序列 $h_1(x), h_2(x), \cdots,$

$h_T(x)$,最后的分类函数 $H(x)$ 采用投票的方法,将票数最多的类标确定为该样本的预测类标。对未知样本 $x$ 进行分类时,每个基分类器得到一个分类结果,$T$ 个基分类器进行投票,将票数最多的类标确定为样本 $x$ 的预测类标。LGB-BAG 算法的流程如图 7.1。

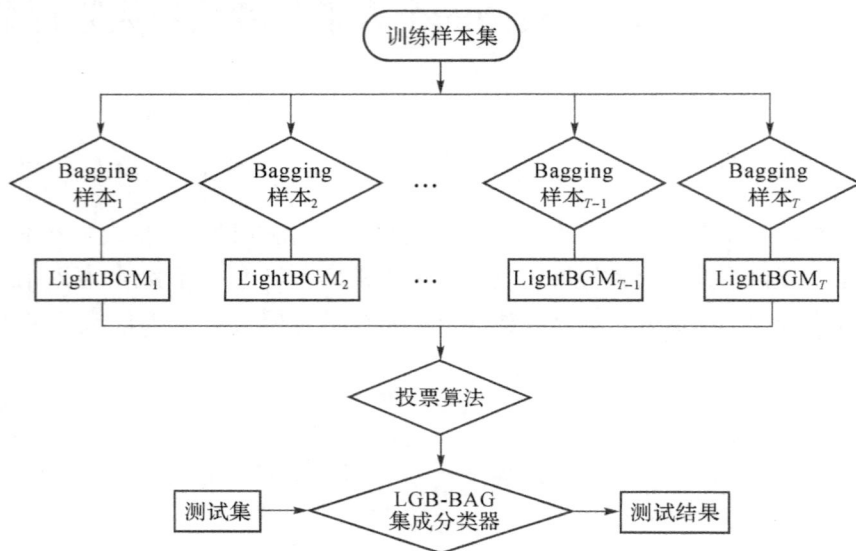

图 7.1　LGB-BAG 的算法流程

　　LGB-BAG 算法具体描述为:

输入:训练集 $D(x) = \{(x_1,y_1),(x_2,y_2),\cdots,(x_m,y_m)\}$ ;

　　　算法 Bagging 和 LightGBM;

　　　训练轮数 $T$。

过程:

　　1. For $t=1,2,\cdots,T$

　　2. 对训练集 D 使用自主采样法,有放回地随机抽取 $m$ 个样本,创建样本集 $D_t$;

　　3. 使用样本集 $D_t$ 和算法 LightGBM 训练,得到基分类器 $h_t(x)$。

输出:$H(x) = \mathrm{argmax} \sum_{t=1}^{T} h_t(x)$

> 使用集成分类器 $H(x)$ 对未知样本 $x$ 进行分类：
>
> 　　1. 未知样本 $x$ 进行分类时，每个分类器 $h_t(x)$ 得到一个分类结果，$T$ 个分类器进行投票，将票数最多的类标确定为样本 $x$ 的预测类标；
>
> 　　2. 采用投票算法输出分类结果 $H(x) = \mathrm{argmax} \sum_{t=1}^{T} h_t(x)$。

## 7.2　个人借款者信用风险评估的研究流程

运用 LGB-BAG 模型对个人借款者进行信用风险评估是一个系统性的决策问题。为了达到较好的评估效果，需要对评价指标进行科学合理的处理以及赋值。因此，对个人借款者信用风险评估的研究流程为：评估指标选取，数据预处理，数据分析，模型设计，衡量指标选择。

### 7.2.1　评估指标选取

在大数据信息化时代，每一条信息都传递着重要的信用价值，而对于个人借款者，每一条信息都在反映个人借款者的信用风险状况。由于本章使用的评估方法是 LGB-BAG 模型，属于静态评估方法，不能处理动态的数据，因此本章关于个人借款者评估指标的选择需要在第 4 章建立的评估指标体系的基础上略有调整。我们增加了公司规模这个影响个人借款者还款能力的重要因素，去除了学历、都市化程度、借款人描述性信息和审核信息数等定性描述性指标，还增加了三个借款信息指标——借款次数、成功次数和剩余期限，这三个因素有可能会直接影响个人借款者的还款能力。这样，本章使用的个人借款者具体的评估指标以及赋值见表 7.1。

### 7.2.2　数据来源及预处理

（1）样本采样

由于指标选取的变化，本章的数据也略有变更，使用 Python 网络爬虫程序爬取人人贷平台上个人借款者的实际交易数据。经处理后的数据集中,共有 1048575 个样本,其中未违约人数为 1035133,违约人数为 13442,二者的比例是 77∶1。由于原有的数据量过于庞大,因此本书使用随机选取的方法,以 0.05 的比例,随机选出 52429 个样本,其中未违约人数为 51769,违约人数为 660,二者的比例是 78∶1。具体的样本分布情况见表 7.2。

**表 7.1 个人借款者信用风险评估的指标体系及其赋值**

| 类别 | 指标 | 变量缩写 | 赋值说明 |
|------|------|----------|----------|
| 基本信息 | 性别 | gender | 男:0;女:1 |
| | 年龄(岁) | age | 实际值 |
| | 婚姻状况 | marriage | 其他:0;已婚:1 |
| 工作状况 | 公司规模(人) | officeScale | ≤10:0;11~100:1;101~500:2;>500:3 |
| | 工作年限 | workYears | 1 年以下:0;1~3 年:1;3~5 年:2;5 年以上:3 |
| | 收入(元) | salary | ≤1000:0;1001~2000:1;2001~5000:2;5001~10000:3;10001~20000:4;20001~50000:5;≥50000:6 |
| 房车信息 | 房产 | hasHouse | 无房:0;有房:1 |
| | 车产 | hasCar | 无车:0;有车:1 |
| | 房贷 | houseLoan | 有房贷:0;无房贷:1 |
| | 车贷 | carLoan | 有车贷:0;无车贷:1 |
| 信用认证 | 信用评级 | creditLevel | HR:0;E:1;D:2;C:3;B:4;A:5;AA:6 |
| | 信用分数 | sumCreditPoint | 实际值 |
| 借款信息 | 借款金额 | borrowAmount | 实际值 |
| | 借款次数 | totalCount | 实际值 |
| | 成功次数 | successCount | 实际值 |
| | 借款利率 | interest | 实际值 |
| | 剩余期限 | leftMonth | 实际值 |
| | 借款期限 | month | 实际值 |

表 7.2 随机选取前后的样本分布情况

| | 正常样本数(个) | 违约样本数(个) | 总样本数(个) |
| --- | --- | --- | --- |
| 处理前 | 1035133 | 13442 | 1048575 |
| 处理后 | 51769 | 660 | 52429 |

（2）数值型指标的标准化

将逾期的客户标记为 1，未逾期的客户标记为 0。所有数值型的数据标准化，使其服从标准正态分布，以防止不同数据的数值大小对模型的影响。

（3）指标缺失数据的填充

共有四个指标有缺失值：officeScale、workYears、salary、marriage，其中 marriage 的缺失率最少，为 3.17％；officeScale 的缺失率最大，为 17.59％。4 个指标的缺失率都较高，且数据量很大，如果简单删除指标会造成有效信息的缺失。考虑到这 4 个变量全都是非数值型变量，我们采用 CART 算法来填充缺失值。使用的信用风险评估指标一共有 18 个，直接使用其余 14 个指标的数据，对 4 个缺失数据的指标（分别作为因变量）的缺失值进行预测并填充。

## 7.2.3 数据分析

（1）相关性分析

对数据集中的各个特征进行相关性检验，结果显示，变量的特征之间的相关性并不高，无需使用主成分分析法等方法对其进行降维，因此可以直接输入模型进行训练。

（2）部分指标的分布

年龄和性别一直受到信用风险评估专家学者的关注，这里简单分析一下这两个指标的分布情况，以说明这两个变量与个人借款者信用的相关性。对于个人借款者的年龄 age 的分布状况，结果如图 7.2。从年龄分布看，借款人无论违约或不违约，多集中于 30 岁左右，而且明显呈现右偏态的情况。对性别 gender 分析的结果如图 7.3，发现男性违约率明显高于女性很多。这也符合大众的认知。

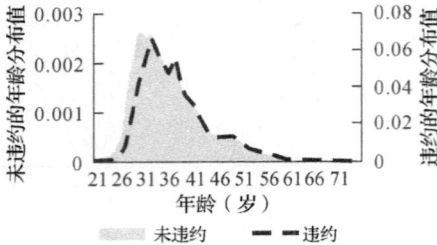

图 7.2　借款人的年龄分布

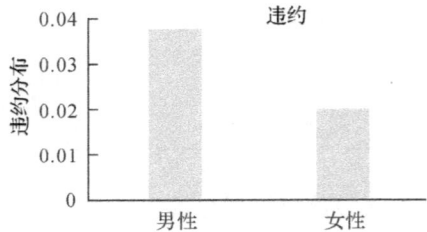

图 7.3　性别与违约分布

（3）描述性统计分析

表 7.3 是信用风险评估的一些主要指标的描述性统计分析，以给读者一个直观的感知。借款金额的均值是 3.9741 万元，最大值 900 万元，但中位数仅 8000 元，说明借款的数额不大；从借款利率看，均值为 12.053%，中位数为 12%，最大值为 24.4%，说明借款的利率还是偏高的；从借款期限看，均值 22.981 月，最小值为 1 个月，最大值是 48 个月，中位数是 24 个月，说明个人借款期限属于中短期水平。

表 7.3　主要指标的描述性统计信息

| 变量 | 均值 | 标准差 | 最小值 | 中位数 | 最大值 |
| --- | --- | --- | --- | --- | --- |
| 借款金额（元） | 39741.736 | 65018.794 | 0.000 | 8000.000 | 9000000.000 |
| 信用分数 | 92.982 | 83.637 | 0.000 | 67.000 | 3220.000 |
| 借款利率（%） | 12.053 | 2.592 | 3.000 | 12.000 | 24.400 |
| 剩余期限（月） | 14.420 | 11.653 | 0.000 | 12.000 | 48.000 |
| 借款期限（月） | 22.981 | 11.774 | 1.000 | 24.000 | 48.000 |

## 7.2.4　模型设计

本实验基于机器学习方法，通过个人借款者的信息来检验集成学习算法的预测性能以及基分类器对集成预警性能的影响。LightGBM 是一种基于决策树和 Boosting 的模型；随机森林（Random Forest）是一种基于决策树和 Bagging 的模型；选择集成学习算法 Bagging 和基分类器 LightGBM

构建了 LGB-BAG 模型，说明 LGB-BAG 模型是一种基于决策树、结合 Boosting 和 Bagging 两种集成学习方法的模型。

本节设置对模型的结果有重大影响的几个超参数。三个模型都是基于决策树的模型，三个模型当中决策树的个数 $N$ 是非常重要的一个超参数；此外，LGB-BAG 中，基学习器 LightGBM 的个数 $M$ 也是非常重要的超参数。在本次实验中，对比不同的 $N$，分别设置为 $10, 50, 100, 200, 500, 800,$ $1000, 1200, 1400, 1600, 1800, 2000, 2200$；而 LGB-BAG 的 $M$ 依次设置为 $2,$ $5, 10$。为了避免随机性对结果的影响，使用了 5 折交叉检验，并取 $F_1$ 的平均值。

本节的实验是通过 Python 中的 sklearn 和 lightgbm 包实现的。

## 7.2.5 判别评估效果的衡量指标选择

在第 3 章中已经讨论了判别评估方法准确程度的指标。对于二分类问题，可以将样本根据真实的类别和分类器预测类别组合划分。得到二分类问题的混淆矩阵，见表 3.2 所示。

通常预测分类器准确程度的指标有准确率、精准率、召回率等。在普通的二分类问题中，准确率是衡量分类器性能最常见的指标，但是这种指标只是一种简单的衡量。正如上文所提到的，在不平衡问题当中，即使将所有样本分成负类，准确率依然很高。在不平衡分类问题的判别中，通常不能直接使用准确率。准确率的定义见式（3.14）；精确率表示在所有预测为正类的样本中，实际正类样本所占的比例，见式（3.15）；召回率表示在所有实际为正类的样本中，预测正类样本所占的比例，见式（3.16）。可以看出精确率和召回率是一对矛盾的度量。一般地说，精确率高的时候，召回率往往偏低。

由于精确率、召回率呈现出信息利用不足的问题，因此本节采用 $F_1$ 来衡量预测模型的准确程度。$F_1$ 的计算见式（3.17）。它是精确率和召回率的调和平均值，能够在一定程度上综合反映精确率和召回率的分类性能。

为了验证文章提出的模型的分类效果，需要将 LGB-BAG 和 LightGBM、随机森林的 $F_1$ 的均值和方差进行比较，查看是否确实有提升的效果。

## 7.3  个人借款者信用风险评估的实验结果和分析

本章使用 5 折交叉检验(在给定的建模样本中,拿出大部分样本(训练集)进行建模,用已经建立的模型对小部分样本(测试集)进行预测分析),对 LGB-BAG 模型和 LightGBM、随机森林的 $F_1$ 均值和 $F_1$ 方差进行比较,以确定各个模型在信用风险预测的准确程度。表 7.4 显示了 LGB-BAG 模型在不同 $N$ 值和 $M$ 值情况下的 $F_1$ 均值和 LightGBM、随机森林的 $F_1$ 均值。

表 7.4  不同 $N$ 值下各个模型的 $F_1$ 均值

| $N$ 值 | LGB-BAG ($M=2$) | LGB-BAG ($M=5$) | LGB-BAG ($M=10$) | LightBGM | 随机森林 |
|---|---|---|---|---|---|
| 200 | 0.68869 | 0.69682 | 0.68588 | 0.69899 | 0.67868 |
| 500 | 0.68942 | 0.69640 | 0.69220 | 0.69903 | 0.68828 |
| 800 | 0.69658 | 0.70637 | 0.69816 | 0.69746 | 0.68403 |
| 1000 | 0.69966 | 0.69107 | 0.68484 | 0.69601 | 0.68468 |
| 1200 | 0.70097 | 0.69161 | 0.70197 | 0.69436 | 0.6803 |
| 1400 | 0.69571 | 0.70259 | 0.69725 | 0.69319 | 0.68509 |
| 1600 | 0.69052 | 0.69871 | 0.69896 | 0.69348 | 0.69073 |
| 1800 | 0.69715 | 0.70695 | 0.70506 | 0.69255 | 0.68781 |
| 2000 | 0.70077 | 0.71123 | 0.71175 | 0.69202 | 0.67645 |
| 2200 | 0.70363 | 0.70729 | 0.69928 | 0.69134 | 0.68283 |

由表 7.4 的结果可知:

(1)在 $N$ 较小的时候,LGB-BAG 的 $F_1$ 均值不能稳定地大于 LightGBM 和随机森林的 $F_1$ 均值,其值会随着 $N$ 的增加产生波动;

(2)但是当 $N$ 增大到一定程度的时候,即 $M=2$ 以及 $N \geqslant 1800$,$M=5$ 以及 $N \geqslant 1400$,$M=10$ 以及 $N \geqslant 1200$,LGB-BAG 的 $F_1$ 均值都会稳定大于其余两种模型 $F_1$ 均值;

（3）随着 $M$ 的增大，$N$ 的临界点随之降低（$N$ 分别为 $1800,1400$，$1200$），即 $M$ 增大后，LGB-BAG 的 $F_1$ 均值能更早地、稳定地大于其余两种模型的 $F_1$ 均值；

（4）随着 $M$ 的增加，LGB-BAG 的最大 $F_1$ 均值也增加，即 $M=2,5,10$ 时，LGB-BAG 的最大 $F_1$ 均值分别为 $0.70363,0.71123,0.71125$，且三种 LGB-BAG 的最大 $F_1$ 均值显然要大于其余两种模型的最大 $F_1$ 均值（分别为 $0.69903$ 和 $0.69073$）。

图 7.4—7.6 进一步给出 $M=2,N\geqslant1800;M=5,N\geqslant1400;M=10$，$N\geqslant1200$ 时 LGB-BAG 的 $F_1$ 均值和其余两种模型 $F_1$ 均值的对比图。

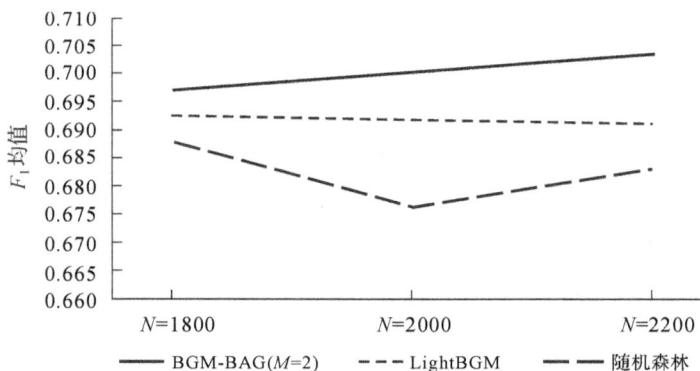

图 7.4　LGB-BAG($M=2$) 和其余两种模型的 $F_1$ 均值

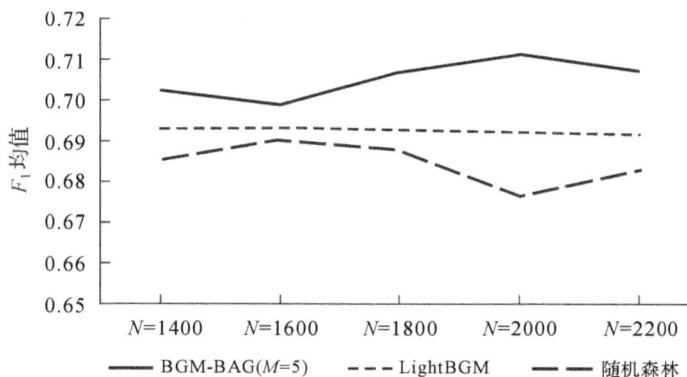

图 7.5　LGB-BAG($M=5$) 和其余两种模型的 $F_1$ 均值

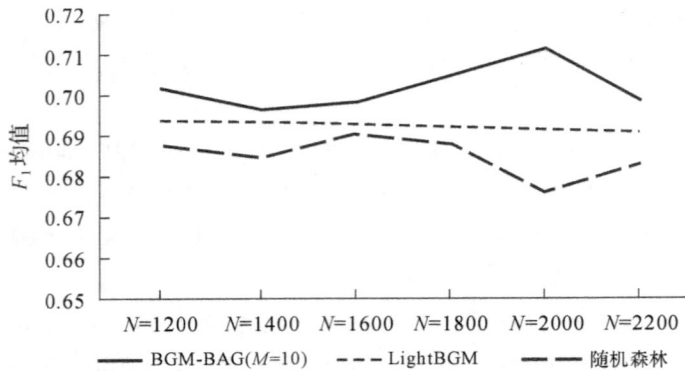

图 7.6　LGB-BAG($M=10$)和其余两种模型的 $F_1$ 均值

为了衡量模型预测结果的波动性,表 7.5 则显示了在不同 $N$ 值下 LGB-BAG 模型和 LightGBM、随机森林 $F_1$ 值的方差。

表 7.5　不同 $N$ 值下各个模型的 $F_1$ 方差

| $N$ 值 | LGB-BAG ($M=2$) | LGB-BAG ($M=5$) | LGB-BAG ($M=10$) | LightBGM | 随机森林 |
|---|---|---|---|---|---|
| 100 | 0.00068 | 0.00060 | 0.00126 | 0.00064 | 0.00117 |
| 200 | 0.00073 | 0.00108 | 0.00269 | 0.00081 | 0.00117 |
| 500 | 0.00104 | 0.00159 | 0.00079 | 0.00150 | 0.00191 |
| 800 | 0.00132 | 0.00055 | 0.00143 | 0.00162 | 0.00226 |
| 1000 | 0.00052 | 0.00110 | 0.00108 | 0.00159 | 0.00114 |
| 1200 | 0.00127 | 0.00123 | 0.00139 | 0.00158 | 0.00174 |
| 1400 | 0.00102 | 0.00126 | 0.00120 | 0.00173 | 0.00137 |
| 1600 | 0.00069 | 0.00059 | 0.00181 | 0.00190 | 0.00196 |
| 1800 | 0.00036 | 0.00173 | 0.00146 | 0.00233 | 0.00213 |
| 2000 | 0.00096 | 0.00102 | 0.00136 | 0.00225 | 0.00162 |
| 2200 | 0.00181 | 0.00202 | 0.00177 | 0.00216 | 0.00206 |

表 7.5 的实验结果说明:

(1)在 $N$ 较小的时候,LGB-BAG 的 $F_1$ 方差不能稳定小于 LightGBM

和随机森林的 $F_1$ 方差,随着 $N$ 的增加会产生波动;

（2）当 $N$ 增大到一定程度的时候,即 $M=2,N\geqslant200$;$M=5,N\geqslant800$;$M=10,N\geqslant500$,LGB-BAG 的 $F_1$ 方差都会稳定小于其余两种模型的 $F_1$ 方差;

（3）LGB-BAG 的方差趋势和 LightGBM 方差趋势很类似,可能是因为 LightGBM 是其基学习器的原因。

为了进一步说明问题,我们给出 $M=2,N\geqslant200$;$M=5,N\geqslant800$;$M=10,N\geqslant500$ 时 LGB-BAG 的 $F_1$ 方差和其余两种模型的 $F_1$ 方差对比图,如图 7.7—7.9。

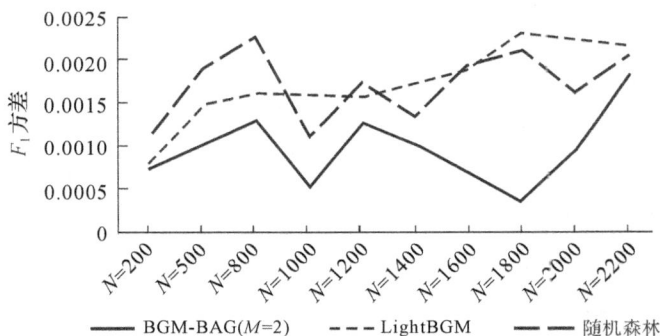

图 7.7　LGB-BAG($M=2$)和其余两种模型的 $F_1$ 方差

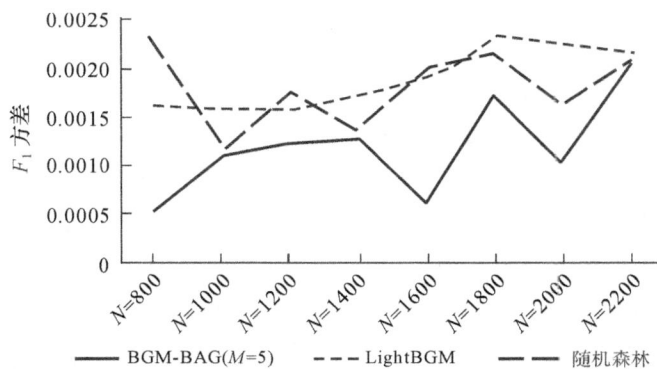

图 7.8　LGB-BAG($M=5$)和其余两种模型的 $F_1$ 方差

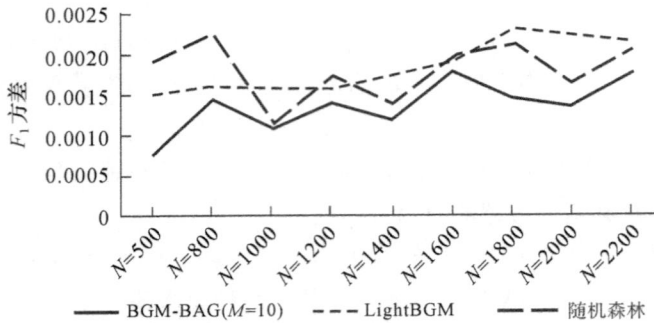

图 7.9　LGB-BAG($M$=10)和其余两种模型的 $F_1$ 方差

图 7.7—7.9 的结果都说明，在当 $N$ 足够大的时候，LGB-BAG 对个人借款者违约预测更优于 LightGBM 和 RF。LGB-BAG 对比 LightGBM，虽然两者都采用 Boosting，但是结合了 Boosting 和 Bagging 的 LGB-BAG 算法比单纯只用 Boosting 的 LightGBM 算法的预测效果更好；LGB-BAG 对比随机森林 RF，虽然两者都采用 Bagging，但是基础分类器的不同导致了最终分类效果的不同，结合了 Boosting 和 Bagging 的 LGB-BAG 算法要比仅用 Bagging 的随机森林算法的预测误差小。

## 7.4　本章小结

本章借鉴国内外信用风险评估研究，结合合理性、科学性等原则，根据人人贷网贷平台的特点，集合借款者的信息并结合计算机技术方法重新设计了借款人的信用风险评估体系。为了提高 P2P 网贷借款人违约预测的准确性，我们提出集成的 LGB-BAG 模型。LGB-BAG 使用 LightGBM 作为基学习器，借助 LightGBM 能够有效降低模型的偏差的优点，再借助 Bagging 可以减少模型的方差的优点，进一步降低预测的波动性（$F_1$ 方差），使得 LGB-BAG 模型具有较小的偏差与方差，进一步提高模型预测的效果。

利用 Python 网络爬虫程序抓取了人人贷个人借款者的实际交易数据进行实证研究。检验结果表明，当 $N$ 增大到一定程度的时候，LGB-BAG 的预测精度（$F_1$ 均值）要大于其他两个模型，而其方差要小于其他两个模型，证明了本书提出的 LGB-BAG 模型对个人借款者信用风险预测能力优于 LightGBM 和随机森林。

综上所述，基于大数据的背景，结合计算机技术和数学规划，利用借款者的各类信息进行集成学习来预测借款者的信用风险，可以得到很好的预测效果。这类方法可以广泛应用到个人借款者的信用风险评估中，有助于缓解因征信体系的缺乏以及对风险把控不力而导致的个人借款者的信用危机，建立健全我国的信用风险评估体系。

# 8 基于 Lasso-Logistic 模型的
个人借款者信用风险评估

    Logistic 回归模型是较为经典的一个传统信用风险预测模型,存在高稳定性、高可解释性、建模难度低的特点,但却只能判别个人借款者在一定的期限(如 12 个月或 18 个月)内是否违约,无法识别借款者什么时候违约。

    随着人们的消费观发生变化,个人消费信贷在提高消费者幸福指数和改善金融机构资产结构的同时,信用风险也逐步凸显。基于此背景,排除高风险借款人群,降低个人消费信贷违约风险,已成为消费信贷领域亟待解决的问题。

    本章的一大创新在于,在评估个人借款者的信用风险时,考察羊群效应对个人借款者信用风险的影响。在资本市场上,资本具有逐利性,当资本的出借人在决定投资某个项目时,很可能会模仿他人的选择,从而导致羊群效应。以往学者们的研究结果表明,羊群效应也是影响借款者信用风险的一个指标,但在评估个人借款者的信用风险时,还没有学者将其作为一个评估指标纳入到信用风险评估体系中。

    Bikhchandani 和 Sharma(2000)定义了股票市场的羊群效应并对其成因进行了阐述。伍旭川和何鹏(2005)探究了中国开放式基金市场上的羊群行为,发现存在较强的羊群效应且会对股票市场产生影响。廖理等(2015)使用 P2P 平台的数据证实了羊群效应的存在,且当借款信息不对称程度越高时,羊群效应越强,持续时间越短。张科和裴平(2016)进一步探讨羊群效应,并具体区分客观存在信息和描述性信息分别对羊群效应产生的影响。

    关于羊群效应与信用风险关系的研究,Herzenstein 等(2011)通过实证发现羊群效应有利于维护借贷双方利益的结论。Lee 和 Lee(2012)提取了韩国网贷平台的借款者数据,得出羊群效应(群体智慧较大)可以降低投资者风险。Mollick 和 Nanda(2015)根据美国 Kickstarter 平台的数据得出群体智慧可以预测专家意见。Baruch 等(2014)的研究表明,如果部分市场参与者具有独立观点,群体甚至能够对专家发布的错误信息加以修正。

综上所述,国内外学者关于信用风险评估方法以及股票市场中的羊群效应研究成果丰富,关于个人借贷的羊群效应的研究则主要集中在羊群效应是否存在的问题上,尚未出现将羊群效应纳入信用风险评估模型的研究,因此,建立一个体现群体智慧因素背景下能有效评估个人借款者信用风险的模型来预测个人借款者的违约风险是非常必要的和迫切的,有利于金融机构和监管机构管理和防范借款者的违约风险。本书创新性地将羊群效应作为个人借款者信用风险的一个评估指标,并且将 Lasso 和 Logistic 模型优势互补地创建 Lasso-Logistic 模型,用 Lasso 模型对评估指标进行筛选,剔除冗余变量,再利用 Logistic 模型对个人借款者的信用风险进行评估,是本章的主要研究内容和创新点。

## 8.1　评估模型——Lasso-Logistic 模型

Lasso-Logistic 回归模型是在普通 Logistic 回归模型的背景下,加入对参数的惩罚项来进行变量选择和回归参数估计。在本书的研究背景下,对于个人借款者是否会违约是一个二元分类因变量,可以用 0 和 1 来进行区分。由于存在多个评估指标,需要剔除冗余变量,Lasso 模型的特点符合本书的要求。

Lasso-Logistic 回归模型中的参数估计可以表示为

$$\min_{\beta_0}\left\{\sum_{i=1}^{n}\left[y_i(\beta_0+\beta^T x_i)-\ln(1+e^{\beta_0+\beta^T x_i})\right]-\lambda\sum_{j=1}^{p}\mid\beta_j\mid\right\} \quad (8.1)$$

Lasso-Logistic 回归模型中调和参数 λ 会直接影响到变量的选择结果。常用于选择调和参数的方法主要包括 Boostrap、交叉验证、广义交叉验证。本章采用十折交叉验证方法来确定调和参数 λ。

交叉验证法首先把数据分成数量大致相等的 $K$ 份,对于第 $k$ 份数据,用其他 $k-1$ 份的数据拟合模型 $f^k$,然后计算当 $f^k$ 用于预测第 $k$ 份数据时的预测误差。令 $k=1,2,\cdots,K$,重复上述过程,最后汇总 $K$ 个模型的预测误差。实践中常常令 $K=10$,也就是十折交叉验证。

十折交叉验证的预测误差可以表示为

$$CV(f) = \frac{1}{N}\sum_{i=1}^{n}L(y_i, f^{k(i)}(x_i)) \tag{8.2}$$

其中 $k(i)$ 是表示 $N$ 个样本中观测 $i$ 属于第 $k(k=1,2,\cdots,K)$ 份数据的指示函数,$f^k$ 表示使用剔除第 $k$ 份数据后拟合的模型。

假定拟合了一组含有调和参数的模型表示为 $f^k(x,\lambda)$,定义为

$$CV(f,\lambda) = \frac{1}{N}\sum_{i=1}^{n}L(y_i, f^{k(i)}(x_i,\lambda)) \tag{8.3}$$

那么 $CV(f,\lambda)$ 就是一条随 $\lambda$ 的变化而变化的检验误差曲线,找到使其最小的 $\lambda$,就是 Lasso-Logistic 回归模型的调和参数

$$\hat{\lambda} = \arg\min CV(f,\lambda) \tag{8.4}$$

在此基础上对应选取模型压缩后保留下来的自变量,得到 Lasso 模型确定的 Logistic 回归方程为

$$\ln\left(\frac{p}{1-p}\right) = \beta_0 + \sum\beta_j X_j = X^T\beta^{\text{Lasso}} \tag{8.5}$$

此时模型只包含 Lasso 筛选后的变量。

## 8.2 个人借款者信用风险评估指标体系及其赋值

本书第 4 章基于人人贷借款平台的数据,已经建立起了个人借款者信用风险评估的指标体系。由于本章要考虑羊群效应对个人借款者信用风险的影响,使用的时另一个网贷平台——微贷网的数据进行分析,因而采用的个人借款者信用风险评估的指标体系与前面的指标体系稍有差异,但区别不大。表 8.1 展示了使用的具体评估指标及其赋值。

事实上,本章的个人借款者信用风险的评估指标体系是根据微贷网数据的特点建立的。表 8.1 显示,本章的评估指标选取了个人借款者的特征包

表 8.1　个人借款者信用评估的指标及其赋值

| 变量 | 符号 | 解释 |
| --- | --- | --- |
| 违约情况 | $Y$ | $Y=1$ 表示违约客户；$Y=0$ 表示非违约客户 |
| 羊群效应 | $H$ | 在 $0\sim1$ 之间称为较强的羊群效应；在 $1\sim2$ 之间称为较弱的羊群效应 |
| 性别 | $X_1$ | $X_1=1$ 表示男性；$X_1=0$ 表示女性 |
| 年龄（岁） | $X_2$ | $x=(x-\min)/(\max-\min)$ |
| 婚姻状况 | $X_3$ | $X_3=0$ 表示已婚；$X_3=1$ 表示未婚 |
| 历史还清概率 | $X_4$ | $X_4=0$ 表示还清概率大于 $80\%$；$X_4=1$ 表示还清概率在 $60\%\sim80\%$；$X_4=2$ 表示还清概率小于 $60\%$ |
| 历史还清期数 | $X_5$ | 次数 |
| 待还清率 | $X_6$ | $X_6=0$ 表示待还清率小于 $20\%$；$X_6=1$ 表示待还清率在 $20\%\sim40\%$；$X_6=2$ 表示待还清率在 $40\%$ 以上 |
| 待还期数 | $X_7$ | 次数 |
| 历史逾期期数 | $X_8$ | $X_8=0$ 表示从未违约者；$X_8=1$ 表示违约 5 次以下；$X_8=2$ 表示违约 5 次及以上 |
| 借款利率 | $X_9$ | $x=(x-\min)/(\max-\min)$ |
| 借款金额 | $X_{10}$ | $x=(x-\min)/(\max-\min)$ |
| 借款期限 | $X_{11}$ | $x=(x-\min)/(\max-\min)$ |

括性别、年龄和婚姻状况；标的资产的特征包括借款利率、借款金额和借款期限；个人借款者的信用特征包括历史还清概率、历史还清期数、待还清率、待还期数和历史逾期数等。根据学者们的研究，羊群效应也是影响借款者信用风险的一个指标。羊群效应一方面体现着群体智慧，另一方面，盲目跟从也会增加投资者的风险性。因此本书将羊群效应纳入个人借款者信用风险评估的指标。关于羊群效应的界定和具体度量（赋值）见 8.3.2 的讨论。

表 8.1 指标的赋值是借鉴学者们的研究，将与违约率正相关的指标赋较大值，而将与违约率负相关的指标赋较小值。以往的研究结果表明，男性违约的可能性高于女性，因此本书将男性赋值 1，女性赋值 0。对于婚姻状况，一般来说，已婚人群收入来自夫妻双方，相对违约风险较低，因此将已婚

人群赋值 0,未婚或者离异人群赋值 1。历史还清期数和待还期数若仅考虑次数显然不合理,会出现如借款 3 次守约 2 次的借款人信用度等于借款 50 次守约仅 2 次的借款人的情况,故笔者将根据指标占借款总次数的百分比进行赋值。对于历史还清期数,也根据其在借款总次数中的占比进行赋值,还清概率在 80% 以上的赋值为 0,60%～80% 赋值为 1,60% 以下的赋值为 2。对于待还期数作同样的处理,待还清率在 20% 以下的赋值为 0,20%～40% 的赋值为 1,40% 以上的赋值为 2。历史逾期数则有所不同,逾期次数要比比率更能说明诚信度,从未违约说明信用度最高,因此从未违约的借款人赋值为 0,违约 5 次以下的赋值为 1,5 次及以上的赋值为 2。对于线性模型来说,数据归一化后,最优解的寻优过程明显会变得平缓,更容易正确地收敛到最优解,因此将年龄、借款利率、借款金额和借款期限进行标准化处理。

## 8.3　数据来源与评估结果

### 8.3.1　数据来源及处理

由于银行体系个人借款者的数据难以获取,因此本节选择微贷网平台上个人借款者的相关数据来进行实证分析。在该平台上,筹资者需要提交相关的个人信息以及相应的借款数额等信息;投资者可以对各个项目进行筛选评估,选择相对更有利的项目。每一笔借款的投资金额以及投资时间可以从该平台上获取。微贷网平台则会对筹资者所提供的信息进行审核,并且根据这些信息对筹资者进行信用评级。

本节利用 Python 爬虫抓取了 21176 个借款者的数据,其中存在 924 笔逾期数据。因为逾期数据远小于未逾期数据,数据间存在的极大不平衡性会影响样本预测的准确性。Weiss 和 Provost(2003)通过实证检验发现,数据并不一定需要自然分布,因此,为提高预测的精确度,本书采用“减少多数法”对样本数据进行平衡处理,最终确定的有效样本个数是 1850 个,其中包括 924 个逾期样本,926 个正常样本。

由于本节采用十折交叉验证(即将数据集分成 10 份,其中 9 份作为训练数据,1 份作为测试数据进行检验),因此测试集数据为 185 个,而其余数据均作为 9 份训练数据来进行训练;其中训练集中,违约样本 832 个,正常样本 833 个;测试集中违约样本 92 个,正常样本 93 个,确保数据满足平衡分布。

## 8.3.2　羊群效应的度量及描述性统计分析

通常意义上,羊群效应是指市场上那些没有获得全部信息或者没有成熟投资经验的投资者模仿其他投资者的现象。本书将羊群效应进一步定义为投资者的羊群效应体现着群体智慧,是理性的。由于研究目的的不同,不同的学者采取不同的方法来度量羊群行为。目前对个人借款平台羊群行为的测度方法主要有三种,如表 8.2 所示。

**表 8.2　羊群效应的测度方法**

| 种类 | 测度名称 | 羊群效应说明 |
| --- | --- | --- |
| 1 | 投资人投标份额 | 投资份额随时间的增加而增加 |
| 2 | 投资人投标速度 | 获得当前投标数量的平均时间减少 |
| 3 | 是否有后续投标 | 当前投标次数越多,获得后续投标的可能性越大 |

表 8.2 说明的羊群效应测度的第一种方法是根据投资人投标的份额大小来对羊群效应进行测度。如果随着时间的增加,一项投资标的的投资份额在增加,就说明该项目的投资存在羊群行为,且投标的份额随时间越来越大,那么羊群效应就越大。第二种方法是根据项目的投标速度来测度。如果当前投标次数增多而投资者所需要的平均投标时间却呈现减少状态,那么从侧面体现了存在羊群效应。第三种方法是根据后续投标来测度羊群行为。某项目当前获得的投标次数越多,那么从一定程度上显示着其他投资者对该项目的信任,后续投资者会将该因素作为是否投标的因素。

根据表 8.2 所阐述的羊群效应度量的第一种方法,投资人的投资份额能在一定程度上体现羊群效应,而这种度量方法与互联网借贷市场(本章的数据来源)的特点相符合。因此本节将根据每一笔投资份额的大小以及投资份额的累计值来计算项目借款总额随着时间的累计完成度,依此来度量羊群效应。具体的羊群效应的度量指标如图 1 和 2 所示。图中的纵轴表示累计完成的投资额,横轴表示随时间的投资进程。原点所对应的是对于该笔借款的开始时间。每一个矩形的高度即代表其对应时点的累计投资金额。每一个矩形的宽度代表一笔投资。图中所有矩形的面积之和被表示为 $\sum_{n=1}^{N} S_n$,三角形的面积表示为 $S_n$,仿照基尼系数的定义,本书将借款 $i$ 的羊群效应定义为

$$Herding_i = \sum_{n=1}^{N} \frac{S_n}{S_N} \tag{8.6}$$

$Herding$ 的取值范围为 0 到 2。$Herding$ 在 0 到 1 之间表示羊群效应较强,在 1 到 2 之间则表示羊群效应较小。$Herding$ 值越小,表示羊群效应越大。本节通过 $t$ 检验发现,在违约借款者之间的羊群效应值显著低于未违约借款的,即投资者对于未违约的借款会呈现出极强的羊群效应,这意味着羊群效应具有一定的信息量,符合预期。

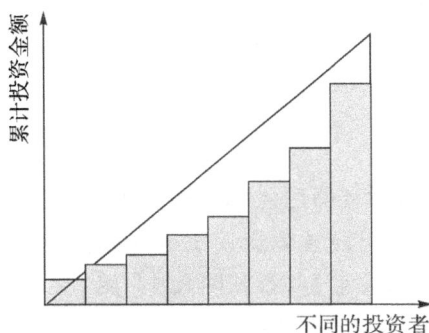

图 8.1 羊群效应较大

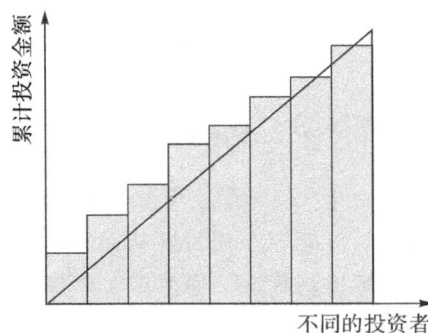

图 8.2 羊群效应较小

利用已经获取的个人借款者的相关数据,即有效样本 1850 个,其中包括 924 个逾期样本,对相关变量进行分析,得到的描述性统计结果见表 8.3。表 8.3 中样本的羊群效应均值为 1.43,中值为 1.29,也说明了羊群效应偏弱的特点,这也证实了未违约借款者的羊群效应值显著高于违约借款者的羊群效应值的特点,投资者对于未违约借款会呈现出强的羊群效应。

表 8.3　样本数据的描述性统计分析

| 指标 | 平均值 | 中值 | 最大值 | 最小值 |
|------|--------|------|--------|--------|
| 羊群效应 | 1.43 | 1.29 | 2.00 | 0.19 |
| 年龄（岁） | 35.45 | 34 | 67 | 20 |
| 历史还清期数 | 19.80 | 14 | 163 | 0 |
| 待还期数 | 6.63 | 4 | 36 | 1 |
| 历史逾期数 | 1.17 | 0 | 33 | 0 |
| 借款利率（%） | 6.93 | 6.00 | 11.50 | 2.80 |
| 借款金额（万元） | 7.62 | 5.37 | 40.00 | 0.30 |
| 借款期限（月） | 8.36 | 3 | 36 | 1 |
| 历史还清概率 | 0.55 | 0.75 | 0.98 | 0 |
| 待还清率 | 0.41 | 0.15 | 1.00 | 0.01 |
| 性别 | 男性：80.97%；女性：19.03% | | | |
| 婚姻状况 | 已婚：75.63%；未婚：24.37% | | | |

数据来源：微贷网

### 8.3.3　参数估计

　　由于 12 个信用风险评估指标对个人借款者信用风险的影响不同，且指标之间可能存在相关性从而影响评估结果，因此首先运用 Lasso 模型对评估指标进行筛选。通过相关软件进行十折交叉验证，得到图 8.3。图 8.3 上面部分的横坐标即模型经 Lasso 筛选得出的变量个数，下方的横坐标表示取值范围为（−8，−1），纵坐标表示模型在不同的 $\lambda$ 取值时模型的均方差。根据学者 Tibshirani(1996)研究，$\lambda$ 估计值取在图中两虚线之间的模型预测偏差波动幅度相对较小，建议选取使模型容易处理的 $\lambda$ 值。

　　图 8.4 显示了 Lasso 模型在不同 $\lambda$ 值时所选择变量的系数表现情况：为−8 时，对应自变量个数为 12；为−2 时，对应自变量个数为 1，即当取值变大时，惩罚项所筛选得出的自变量个数减少。图 8.4 显示，$\lambda$ 的取值在−4 和−8 之间时，筛选出来 8 个变量，删除的冗余变量是借款利率、年龄、历史

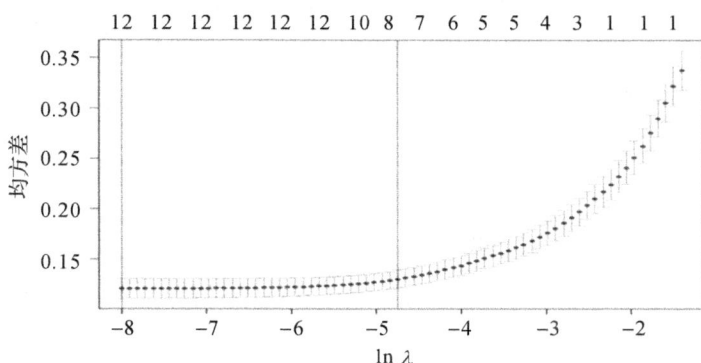

图 8.3 λ 与变量数目对应走势

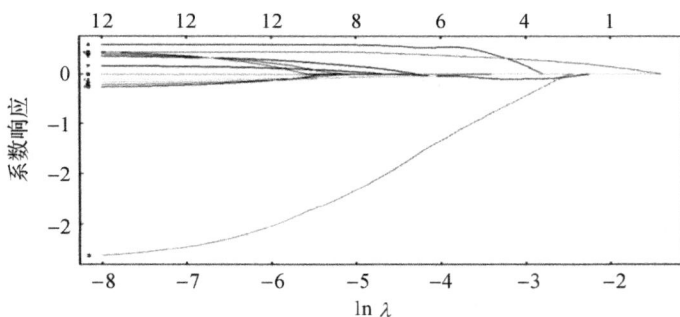

图 8.4 Lasso 系数解路径

还清概率和待还清率。

　　基于 Lasso-Logistic 模型得到的参数估计结果如表 8.4 所示。从表 8.4 可以看出,羊群效应和违约正相关,因为羊群效应越大(赋值越小),群体智慧越大,违约发生的机会越小,符合本书的预期;借款期限与违约风险负相关,这是因为平台对长期的借款审核更加严格,对借款者的信用等级要求更高,违约风险相对降低了;借款总额、性别与违约风险正相关,符合预期;婚姻状况与违约概率成正相关,这说明未婚人群违约情况多于已婚人群,符合预期;历史还清期数与违约负相关,这也在一定程度上证明了我们对还清率定义的必要性,因为历史还清期数多并不等同于历史逾期数少;待还期数与违约负相关,这与历史还清期数相同,仅考虑次数显然不合理,待还期数多,并不意味着违约风险高,更大可能是该借款者刚进行借款活动,而支付期还没到或者所需支付的次数不多;历史逾期数与违约概率成正相关,从历史的违约次数可以在很大程度上得出借款者的违约风险,符合本书预期。

表 8.4　Lasso-Logistic 模型参数估计结果

| 变量 | 相关系数 | $P$ 值 | 显著性 |
|---|---|---|---|
| 截距 | $-0.856712797$ | 0.00899 | *** |
| Herd($H$) | 0.105189057 | 0.02106 | ** |
| 借款利率($X_9$) | 0 | 0.27071 | — |
| 借款期限($X_{11}$) | $-2.100244214$ | 1.08e-06 | *** |
| 借款总额($X_{10}$) | 0.552054308 | 0.01434 | ** |
| 性别($X_1$) | 0.031015372 | 0.01944 | ** |
| 年龄($X_2$) | 0 | 0.47344 | — |
| 婚姻情况($X_3$) | 0.011228128 | 0.02801 | ** |
| 历史还清概率($X_4$) | 0 | 0.01876 | ** |
| 历史还清期数($X_5$) | $-0.005540455$ | 0.06364 | * |
| 待还清率($X_6$) | 0 | 0.17580 | — |
| 待还期数($X_7$) | $-0.059530126$ | 0.00116 | *** |
| 历史逾期数($X_8$) | 0.407674583 | <2e-16 | *** |

注:*** 、** 和 * 分别表示在 1%、5% 和 10% 水平下显著;系数为 0 表示在变量选择中,该变量被剔除。

因此,拟合后的公式为

$$Y = -0.8567 + 0.1052H - 2.1002X_{11} + 0.5521X_{10}$$
$$+ 0.0310X_1 + 0.0112X_3 - 0.0055X_5 - 0.0595X_7$$
$$+ 0.4077X_8 \tag{8.7}$$

陈中飞等(2019)的研究说明,中国互联网个人借贷平台对借款利率的定价存在问题,因此 Lasso 模型对其进行剔除是合理的;年龄作为冗余变量被剔除的原因是样本中借款者的年龄都集中在 30~40 岁,没有较大的区别;由于本书的数据中多数借款者都是初次借款,因此不需要根据历史的借款次数及月份对此次借款者的借款状态进行分类讨论,Lasso 模型对指标的筛选也是合理的。

### 8.3.4　预测能力分析

本节分别测试了在评估指标一致的情况下,Lasso-Logistic 模型和 Logistic 回归模型对违约的预测准确率,结果见表 8.5。

表 8.5　**Logistic 和 Lasso-Logistic 模型预测精度对比**

| 实际 \ 预测 | | Logistic | | Lasso-Logistic | |
|---|---|---|---|---|---|
| | | 0 | 1 | 0 | 1 |
| 训练集 | 0 | 807 | 26 | 831 | 2 |
| | | 96.88% | 3.12% | 99.76% | 0.24% |
| | 1 | 176 | 656 | 14 | 818 |
| | | 21.15% | 78.85% | 1.68% | 98.32% |
| 预测精度 | | 87.87% | | 99.04% | |
| 测试集 | 0 | 90 | 3 | 91 | 2 |
| | | 96.77% | 3.23% | 97.85% | 2.15% |
| | 1 | 25 | 67 | 4 | 88 |
| | | 27.17% | 72.83% | 4.35% | 95.65% |
| 预测精度 | | 84.86% | | 96.76% | |

从表 8.5 可以看出,使用 Logistic 模型,训练集的整体预测正确率为 87.87%,测试集准确率为 84.86%;而使用 Lasso-Logistic 模型,训练集准确率达 99.04%,测试集准确率达 96.76%,准确率都超过了 Logistic 模型。在个人借款者信用风险的实际评估中,如果实际借款者违约,但是预测结果是借款者未违约,也就是说有违约风险的不良借款人被识别为没有违约风险的优良借款人,它所带来的损害远大于将优良的借款者识别为不良借款者。因此,当模型将不良贷款者看成优质贷款者的概率越小,这个模型才具备对更优质借款人的识别能力。对于训练集,Lasso-Logistic 模型犯这类错

误的概率是 4.35％，远小于 Logistic 模型的 27.17％，因此，Lasso-Logistic 模型各方面都优于 Logistic 模型。

表 8.6 是在其他因素都不变的条件下，利用新建的 Lasso-Logistic 模型，通过添加或删除羊群效应这一指标，来判断群体智慧是否为个人借款者信用风险的主要影响因素，即能否提高预测的精确度。表 8.6 的结果表明，剔除了羊群效应指标后，Lasso-Logistic 模型的预测精度仅有 84.32％，与 Logistic 模型的预测结果类似，与添加羊群效应指标后的预测精度 96.76％ 相比，预测精度大大降低。再从第二类错误分析，剔除羊群效应的第二类错误率是 28.26％，意味着在近 3 个不良借款人中就有 1 人被判定为优质客户，风险极高，而添加羊群效应后，第二类错误降低为 4.35％，在 100 位不良借款人中只有不到 5 人被误判，大大降低了投资者的信用风险。这再一次证实了羊群效应，即群体智慧对违约风险的影响是不容忽视的。

**表 8.6　羊群效应对预测结果的影响**

| 实际＼预测 | | 剔除羊群效应 | | 存在羊群效应 | |
|---|---|---|---|---|---|
| | | 0 | 1 | 0 | 1 |
| 训练集 | 0 | 811 | 22 | 831 | 2 |
| | | 97.36％ | 2.64％ | 99.76％ | 0.24％ |
| | 1 | 184 | 648 | 14 | 818 |
| | | 22.12％ | 77.88％ | 1.68％ | 98.32％ |
| 预测精度 | | 87.63％ | | 99.04％ | |
| 测试集 | 0 | 90 | 3 | 91 | 2 |
| | | 96.77％ | 3.23％ | 97.85％ | 2.15％ |
| | 1 | 26 | 66 | 4 | 88 |
| | | 28.26％ | 71.74％ | 4.35％ | 95.65％ |
| 预测精度 | | 84.32％ | | 96.76％ | |

综上所述，Lasso-Logistic 模型在个人借款者的信用风险评估中，评估结果令人满意，并且该模型得出的各评估指标的经济意义，与文中理论分析的结果一致，进一步证明了本书选取的评估指标是合理的。微贷网上的借

款者信息中,性别、婚姻状况、借款金额、借款期限、历史还清期数、待还期数、历史逾期次数、

羊群效应这 8 个指标成了个人借款者信用风险重要的影响因素,同时 Lasso-Logistic 模型的结果为预测借款者信用风险提供了参考,减小了投资者的投资风险。

# 8.4  本章小结

本章立足于个人借款者,通过理论分析个人借款者信用风险的影响因素,选取了包括羊群效应、借款人的特征、借款人的信用特征以及标的资产特征等指标建立个人借款者的信用风险评估指标体系;借鉴 Lasso 模型和 Logistic 回归方法的优势,构建 Lasso-Logistic 模型来预测借款人的违约概率;然后利用微贷网平台借款者的数据进行实证分析,结果表明,Lasso-Logistic 模型在预测借款人的违约概率时确实优于一般的 Logistic 回归模型。本章的主要结论如下。

(1)Lasso 模型可以筛选出个人借款者信用风险评估的有效指标

个人借款者信用风险评估的指标较多,但有些指标是无效的、冗余的,只能增加评估的难度而不能改善评估的结果。本书利用 Lasso 对指标进行筛选,将初选的 12 个指标的评估体系降低为 8 个指标的评估体系,使得 Lasso-Logistic 模型的计算更加快捷。

(2)Lasso-Logistic 模型的预测精度高于 Logistic 回归模型

无论对训练集还是测试集,不管是对违约客户的预测还是正常客户的预测,Lasso-Logistic 的准确率都高于 Logistic 回归模型。利用 Logistic 模型进行评估,训练集的整体预测正确率为 87.87%,测试集的预测精度 84.86%;而利用本书构建的 Lasso-Logistic 模型,训练集准确率高达 99.04%,测试集准确率也高达 96.76%,准确率都大大超过了 Logistic 模型所预测的精度。进一步说明该模型在个人借款者信用风险评估中的适用性。

（3）羊群效应是影响个人借款者信用风险的重要指标

在建立个人借款者的信用风险评估指标体系时，本章创新性地考察了一个新的变量——羊群效应，根本原因在于：大数据时代，每个人都能够通过自己的努力去寻找一些重要信息来控制投资的风险，因此多数人就能得到不同的、有价值的信息，使得总体信息更偏于完全信息，这对于违约风险的预测是十分重要的。实证结果表明，在其他评估指标不变的条件下，利用 Lasso-Logistic 模型对测试集进行预测，含有羊群效应的模型预测借款者是否违约的整体预测精度高达 96.76%，远高于不考虑羊群效应的准确率 84.32%。而剔除了羊群效应的 Lasso-Logistic 模型的预测结果跟 Logistic 模型的相近。

# 9 基于 BP 神经网络的个人借款者信用风险评估

本章我们将使用另外一种传统的静态评估方法——BP 神经网络算法来评估个人借款者的信用风险，以满足金融创新背景下的信用评估的需求。为了说明评估结果的准确程度，通过与 Logistic 回归模型的评估效果进行对比，证明神经网络模型在个人借款者信用风险评估方面具有更大的优势。

## 9.1 评估模型——BP 神经网络模型

BP 神经网络由 Rumelhart、McCelland 等于 1986 年提出，是一种按误差逆传播算法训练的多层前馈网络。BP 神经网络具有输入层、隐含层、和输出层，层与层之间多采用全连接的方式，可被看成是一个从输入到输出的高度非线性映射（图 9.1）。

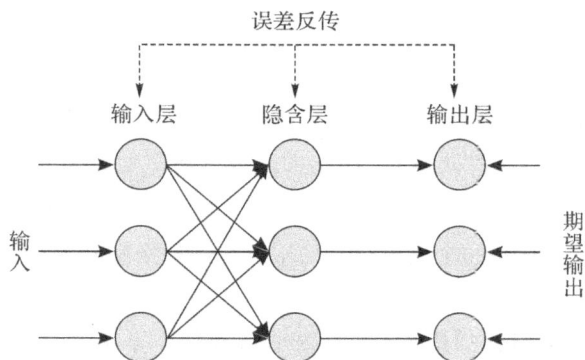

图 9.1 BP 神经网络结构图

BP 神经网络的误差反向传播算法基本思想是对一定数量的样本(输入和期望输出)进行学习,即将样本的输入送至网络输入层的各个神经元,经隐含层和输出层计算后,输出层输出对应的预测值,若预测值与期望输出之间的误差不满足精度要求,则从输出层反向传播该误差,从而对输入层和隐含层的进行权值和阈值进行调整,使得网络的输出值与期望值间的误差逐渐减少,直至达到精度要求。神经网络的训练过程即传播误差以及修正权值和阈值的不断迭代的过程。

用数学的方式 BP 神经网络模型可表示为

$$Y = g(V[g(W^\mathrm{T}X) + B_1] + B_2) \tag{9.1}$$

其中 $Y$ 代表输出向量,$X$ 是输入向量,$W$ 是输入层和隐层间连接权向量,$B_1$,$B_2$ 分别为隐层和输出层的阈值向量,$V$ 为隐层与输出层间连接权向量,$g$ 为传递函数。

BP 神经网络采用均方误差作为性能指数,对于每一个样本,将网络输出 $y_i$ 与目标输出 $t_i$ 进行比较,调整权重 $W$,$V$ 以及阈值 $B_1$,$B_2$,以使均方误差 $e$ 最小化

$$\min E(e^\mathrm{T}e) = \min E[(t - y)^\mathrm{T}(t - y)] \tag{9.2}$$

关于本章使用的传递函数 $g$,阈值 $B_1$,$B_2$,调整权重 $W$,$V$ 等,在下面实证分析时再加以说明。

## 9.2  个人借款者信用风险评估指标体系及其赋值

本书第四章基于人人贷借款平台的数据,已经建立起了个人借款者信用风险评估的指标体系。由于本章将使用的方法是 BP 神经网络,因此对个人借款者信用风险进行评估,将在原有的评估模型基础上,基于前面降维方法的讨论,选用其中有效的评估指标体系,以使 BP 神经网络方法的收敛性更快、更稳定。本章选择的个人借款者信用风险评估指标体系及赋值见表9.1。

与第 4 章的评估指标相比,本章增加了一个信用指标:学历。廖理等(2015)通过实证发现,学历越高,履约动力越强。本节利用了这一结果,若借款者学历为研究生以上取值为3,本科为2,大专为1,高中或以下取值为0。

表 9.1　个人借款者信用风险信用评级指标及赋值

| 指标 | 赋值 | | | |
|---|---|---|---|---|
| 年龄 | 30～55 岁:1 | 其他:0 | | |
| 性别 | 女:1 | 男:0 | | |
| 学历 | 硕士及以上<br>3 | 本科<br>2 | 大专<br>1 | 高中及以下<br>0 |
| 婚姻 | 已婚:1 | 其他:0 | | |
| 工作 | 企业主:2 | 工薪:1 | 个体户:0 | |
| 收入(元) | 5000 以下<br>1 | 5000～10000<br>2 | 10000～20000<br>3 | 20000～50000<br>4 | 50000 及以上<br>5 |
| 认证 | 实地认证<br>0.5/项 | 网络认证<br>0.1/项 | | |
| 房产 | 有:1 | 无:0 | | |
| 房贷 | 有:-1 | 无:0 | | |
| 车产 | 有:1 | 无:0 | | |
| 车贷 | 有:-1 | 无:0 | | |

由于使用的是人人贷的贷款数据,为了与实际更加相符,又增加了认证这一指标,因为愿意认证的借款者违约的可能更低,因此,如果通过网络认证,上传证件图片进行认证越多,即借款者愿意透露的个人信息越多,违约可能性越低,故每多一项认证加 0.1 分;实地认证通过上门面访进行,可信度更高,故实地认证分值为 0.5 分。有房产,取值为 1,无房产取值为 0。有房贷取值为 -1,无房贷取值为 0。有车产取值为 1,无车产取值为 0。有车贷取值为 -1,无车贷取值为 0。对于信用评级,人人贷共有 AA,A,B,C,D,E,HR 七种评级,根据笔者分析,仅有的若干 AA 级借款者明显为早期遗留的测试数据,剔除。B 级仅有 1 个、C 级仅 1 个、D 级仅 4 个,借款者数量极少,不具备代表性,剔除。借款者信用级别主要集中在 A,E,HR 三个级别。本章将A 级定义为优质客户取值为 1,E 和 HR 级客户即高风险借款者取值为 0。基本的指标与赋值与第 4 章的评估指标体系是一致的。

　　从指标的赋值情况看,与前面章节的赋值正好相反,因此本章为优质客户的信用值赋值为 1,高风险客户的赋值为 0,不会影响信用风险评估结果。

# 9.3 数据来源及样本

本章的个人借款者的数据均来自人人贷网络借贷平台。人人贷具有散标投资的特点,在散标投资栏目下罗列了散标信息及对应借款者的详细信息和评级,有薪金贷、生意贷、网商贷三种。笔者通过手工摘录方式从人人贷上共选取 145 个借款者信息及其对应的信用评级信息,其中 105 组用于训练神经网络,40 组用于测试 BP 网络预测效果。利用 BP 神经网络,年龄、性别、学历、婚姻状况、工作、收入、认证、房产、车产、房贷、车贷这 11 个信用评级指标作为其输入变量,输出层输出的则是个人借款者信用风险的评估结果。

本章的 145 个样本中,共有优质客户 70 人,高风险客户 75 人。105 个训练数据中有 48 个优质客户,57 个高风险客户;40 个测试数据中有 22 个优质客户,18 个高风险客户,这样样本的数据结构基本是平衡的,不会影响评估结果。

# 9.4 个人借款者的信用风险评估结果

## 9.4.1 BP 神经网络

本节在 MATLAB 2012 上实现 BP 神经网络模型。由于各指标间数量级存在差别,在运用神经网络模型进行训练与仿真前需要对数据进行归一化处理,将所有数据映射到[−1,1]区间内

$$x_k = (x_k - x_{\text{mean}})/(x_{\text{var}}) \tag{9.3}$$

根据 Kolmogorov 定理,三层的神经网络已经足以完成任意 $n$ 维到 $m$ 维映射,所以本节只设置一个隐层。关于隐层节点数的确认,一直是有争议的话题。大多研究人员的做法(如夏克文等,2005)是根据经验公式确定一个节点数范围,然后通过试错法来确认最优的节点数量

$$隐含层节点数 = \sqrt{输入元素个数 + 输出元素个数} + a \qquad (9.4)$$

其中 $a$ 为 1 至 10 间的整数。输入层对应 11 个变量,即 11 个节点,输出层设 1 个节点,输出值 1 代表优质客户,输出值 0 代表高风险客户。

首先用线性传递函数和梯度下降算法对 BP 神经网络隐层节点数进行 10 次试错实验,最大训练次数设置为 10000 次,对应节点数为 4~13 个。将 105 组训练集数据带入,结果见表 9.2。节点数为 12 个时,训练效率最高,故确定隐层节点数为 12 个。

表 9.2　不同隐层节点数的训练效果

| 节点数(个) | 迭代次数 | 拟合误差 | 节点数 | 迭代次数 | 拟合误差 |
|---|---|---|---|---|---|
| 4 | 6009 | 0.19622 | 9 | 3888 | 0.19622 |
| 5 | 6937 | 0.19622 | 10 | 8086 | 0.19622 |
| 6 | 3996 | 0.19622 | 11 | 2869 | 0.19622 |
| 7 | 4030 | 0.19622 | 12 | 1320 | 0.19622 |
| 8 | 2701 | 0.19622 | 13 | 1844 | 0.19622 |

再将 40 组测试数据带入训练好的网络,具体的预测效果见表 9.3,有两例将高风险客户误判成优质客户的情况。

表 9.3　BP 神经网络模型预测结果

| 预测 | 0.8355 | 0.9042 | 0.9605 | 0.8012 | 0.8154 | 0.1709 | 0.3032 | 0.4063 |
|---|---|---|---|---|---|---|---|---|
| 实际 | 1 | 1 | 1 | 1 | 1 | 0 | 0 | 0 |
| 预测 | −0.0770 | 0.5232 | 0.9520 | 0.8841 | 0.8749 | 0.8897 | 0.8037 | 0.9000 |
| 实际 | 0 | 0 | 1 | 1 | 1 | 1 | 1 | 1 |
| 预测 | 0.8172 | 0.4574 | 0.5871 | 0.2738 | 0.1465 | 0.1600 | 0.3575 | −0.3185 |
| 实际 | 1 | 0 | 0 | 0 | 0 | 0 | 0 | 0 |
| 预测 | 0.1373 | 0.2655 | 0.4874 | 0.4226 | 0.1470 | 0.0726 | 0.8154 | 0.8275 |
| 预测 | 0.9232 | 1.0099 | 0.8593 | 0.8933 | 0.8365 | 0.8749 | 0.9051 | 1.0507 |
| 实际 | 1 | 1 | 1 | 1 | 1 | 1 | 1 | 1 |

　　根据表 9.3 的结果，BP 神经网络模型信用风险评估的混淆矩阵见表 9.4。表 9.4 的结果表明，模型的总体预测精度为 95%，说明模型可以很好地识别个人借款者的违约风险，犯第一类错误的概率为零，即不会将优质客户拒之门外，而犯第二类错误的概率为 11.11%，这个值有点偏高，将高风险客户误作为优质客户发放贷款的概率是 11.11%，对投资者来说，投资的风险较高。

表 9.4　BP 神经网络的个人借款者信用风险评估结果

| 实际　　＼　　预测 | 优质 | 高风险 |
|---|---|---|
| 优质 | 22 | 0 |
| 高风险 | 2 | 16 |
| 总体预测精度 | 95% | |
| 第一类错误率 | 0% | |
| 第二类错误率 | 11.11% | |

　　为了进一步提高该模型评估精度，本节对使用不同传递函数的 BP 神经网络模型进行了训练，再对比预测值与预期值的均方误差（见表 9.5），结果表明正切传递函数的均方误差最小，仅为 0.0272，说明其预测效果最好。

表 9.5　传递函数效果表

| 传递函数 | 线性函数 | 对数函数 | 正切函数 |
|---|---|---|---|
| 均方误差 | 0.0598 | 0.1045 | 0.0272 |

　　接下来再对比不同训练算法的训练效率，常见的训练算法有梯度下降算法、动量梯度下降算法、动量梯度和自适应 LR 算法、拟牛顿算法、贝叶斯正则化算法、量化共轭梯度法、L-M 算法。将前文提及的 105 组训练数据逐一使用各个算法对神经网络进行训练，这一次最大训练次数减少到 1000。表 9.6 结果证明 L-M 算法效果最好，用最少的迭代次数达到了最小的拟合误差。这也符合理论上 L-M 算法适用于中小型数据的特征。

**表 9.6 训练函数效果表**

| 训练函数 | traingd | trainbfg | trainbr | traingdx | trainscg | trainlm | traingdm |
|---|---|---|---|---|---|---|---|
| 迭代次数 | 1000 | 75 | 29 | 242 | 40 | 14 | 1000 |
| 拟合误差 | 7.96E-02 | 4.41E-09 | 4.34E-09 | 2.54E-06 | 1.43E-07 | 2.77E-09 | 6.23E-02 |

**表 9.7 优化后的 BP 神经网络模型预测结果**

| 预测<br>实际 | 优质 | 高风险 |
|---|---|---|
| 优质 | 22 | 0 |
| 高风险 | 0 | 18 |
| 总体预测精度 | 100% | |
| 第一类错误率 | 0% | |
| 第二类错误率 | 0% | |

用优化后的 BP 神经网络模型对 40 组测试数据进行预测,具体结果见表 9.7。优化后的 BP 神经网络的信用风险预测的准确率达到 100%,第一类错误和第二类错误的概率都降低为 0。模型已达最优。

## 9.4.2 Logistic 回归方法

Logistic 回归模型运用在信用风险评估方面,具有计算强度低、预测准确率较高且结果稳定等优点,其原理是将样本数据带入 Logistic 回归模型,得到相应变量的系数,即完成了训练,再将测试数据带入训练完毕的模型中进行计算,得出信用评估结果。本节用同样的指标在 SPSS 软件上建立 Logistic 二元判别模型,用前文所采集的样本对模型进行训练,然后得出测试样本对应的信用评估结果。在建立 Logistic 模型前,为消除 11 个变量间的多重共线性,先进行主成分分析。这些变量通过了 KMO 和 Barlett 检验,结果见表 9.8。

得到的 4 个主成分分别是

$$F_1 = 0.491\,x_1 - 0.044\,x_2 - 0.506\,x_3 + 0.675\,x_4 + 0.557\,x_5 +$$
$$0.712\,x_6 + 0.374\,x_7 + 0.459\,x_8 - 0.336\,x_9 + 0.598\,x_{10} -$$
$$0.353\,x_{11}$$

$$F_2 = -0.037\,x_1 + 0.624\,x_2 + 0.18\,x_3 + 0.03\,x_4 - 0.107\,x_5 - 0.275\,x_6 ++ 0.447\,x_7 + 0.494\,x_8 - 0.692\,x_9 - 0.301\,x_{10} + 0.212\,x_{11}$$

$$F_3 = 0.071\,x_1 + 0.535\,x_2 - 0.48\,x_3 - 0.036\,x_4 - 0.144\,x_5 + 0.173\,x_6 ++ 0.476\,x_7 - 0.561\,x_8 + 0.282\,x_9 - 0.197\,x_{10} - 0.055\,x_{11}$$

$$F_4 = 0.302\,x_1 - 0.023\,x_2 - 0.118\,x_3 + 0.131\,x_4 + 0.506\,x_5 + 0.113\,x_6 - 0.243\,x_7 - 0.136\,x_8 - 0.028\,x_9 - 0.411\,x_{10} + 0.757\,x_{11}$$

用以上四个主成分进行 Logistic 回归模型,得到的参数估计结果见表 9.9。

**表 9.8　KMO 和 Barlett 检验**

| KMO | 近似卡方 | $df$ | Sig. |
|---|---|---|---|
| 0.628 | 195.117 | 55 | 0 |

**表 9.9　Logistic 回归模型的参数估计结果**

| | $B$ | S. E. | Wald | $df$ | Sig. | exp (B) |
|---|---|---|---|---|---|---|
| $F_1$ | 0.878 | 0.231 | 14.4 | 1 | 0 | 2.407 |
| $F_2$ | 1.445 | 0.378 | 14.64 | 1 | 0 | 4.243 |
| $F_3$ | 2.215 | 0.55 | 16.237 | 1 | 0 | 9.164 |
| $F_4$ | −1.352 | 0.435 | 9.677 | 1 | 0.002 | 0.259 |
| 常量 | −0.107 | 0.362 | 0.088 | 1 | 0.767 | 0.898 |

由于这里的常量并不显著,舍去,将 4 个主成分的系数带入模型,由此建立 Logistic 模型

$$P = 1/[1 + e^{-(0.878F_1 + 1.445F_2 + 2.215F_3 - 1.352F_4)}] \tag{9.5}$$

该模型在训练集中的分类结果如表 9.10 所示,总体的预测准确率为 89.5%,而预测高风险客户准确率为 91.2%,预测优质客户准确率为 87.5%,说明即使是使用训练集本身的数据,Logistic 回归模型误差还是比较大的。

表 9.10　Logistic 模型在训练集中的评估结果

| 实际＼预测 | 优质 | 高风险 |
|---|---|---|
| 优质 | 42 | 6 |
| 高风险 | 5 | 52 |
| 总体预测精度 | 89.5% | |
| 第一类错误率 | 12.5% | |
| 第二类错误率 | 8.8% | |

使用得到的 Logistic 模型进行预测。将 40 组测试数据带入模型,对于输出结果小于 0.5 的样本即判定为高风险客户,输出大于或等于 0.5 的样本即判定为优质客户,得到的评级结果见表 9.11。

表 9.11　Logistic 回归模型的预测结果

| 实际＼预测 | 优质 | 高风险 |
|---|---|---|
| 优质 | 16 | 6 |
| 高风险 | 2 | 16 |
| 总体预测精度 | 80% | |
| 第一类错误率 | 27.3% | |
| 第二类错误率 | 11.1% | |

表 9.11 的结果表明,Logistic 回归模型的整体预测精度仅有 80%,第一类错误的概率是 27.3%,即将"优质"客户误判为高风险客户的有 6 个,判断准确率为 72.7%,而第二类错误的概率也有 11.1%,说明将"高风险"客户误判为优质客户的判断准确率为 88.9%。预测结果远低于该样本在 BP 神经网络模型下的表现。

## 9.5　本章小结

本章根据人人贷网贷平台的特点设计了相应的借款者信用风险评估指标体系,利用该平台上的借款数据进行了 BP 神经网络模型和 Logistic 模型的实证分析。结果显示 BP 神经网络模型评估效果更好,在测试中准确度达到了 100%,对于预测值的拟合精度也很高,证明了利用 BP 神经网络来评估 P2P 网贷信用风险是可行的。

通过 Logistic 回归和 BP 神经网络可以看出,以往常用的信用风险评估方法主要是静态方法,通过利用一段固定时间内个人借款者的特征数据进行建模,进而对借款者的违约风险进行预测,通常只考虑了借款人在借款时的特征,模型中无法纳入随时间变化的动态变量,也就无法从动态的角度来研究个人借款者信用风险的变化。尽管已有学者将其他传统的统计机器学习算法应用在信用风险评估,并且得出与 Logistic 回归具有竞争性的预测精度,但提升幅度非常有限,且在模型纳入的指标上鲜有创新。在传统的金融借贷服务行业中,Logistic 回归依然是最被广泛采用的个人借款者信用风险评估方法。因此,本书对比分析了静态评估方法和动态的生存分析方法在零售信用风险评估中的适用性。

不足之处在于,BP 神经网络存在样本依赖问题,即该模型对真实映射的逼近程度以及泛化能力受训练样本影响,且该模型只能鉴别优质与高风险客户两种极端情况,与现实信用评估情景有差异。若训练大型神经网络,仍需要使用梯度下降等其他算法,训练效率及精度相应会有改变。同时,神经网络的结构、操作不透明,在训练时需要针对具体问题,通过不断尝试不同节点数量以及不同的传递函数来优化其性能。如何提高该神经网络模型信用评估精细化能力,即区分多个信用级别是后续研究的方向。

# 10 中小企业界定及现状分析

改革开放以来,中小企业已成为中国经济的重要力量,其发展对中国经济的未来发展起着至关重要的作用。截至 2018 年年底,全国中小企业总数已超过 4300 万,企业之间的竞争日趋激烈。在这场激烈的竞争中,解决中小企业融资难问题已经迫在眉睫。互联网背景下的 F2P 网络借贷一度被认为是解决中小企业融资难问题的有效途径,但有效识别中小企业借款者的信用风险,是科学管控与预防金融领域系统性风险的关键,也是促进金融生态系统可持续稳定发展的重要环节。

基于此背景,在大力扶持中小企业的发展进程中,有效排除高风险中小企业的借款者,降低由于企业违约带来的损失就显得尤为重要,这是本书研究中小企业借款者的信用风险评估的意义所在。

我们集中研究中小企业的信用风险评估问题,数据的主要来源有两种:,一种来源于上市的中小企业财务数据,一种来源于点融网借贷平台的中小企业的借贷数据,主要原因还是由于银行体系中小企业借贷数据不可获取。这也是本书研究的不足。

尽管从 2020 年开始 P2P 网络借贷平台被全面清退,但其借贷数据是真实可靠的,在研究金融零售领域的信用风险评估时,国外学者也多采用 P2P 网络借贷平台的借贷数据,因此,基于大数据的背景,本书在研究中小企业的信用风险评估时,借鉴国外学者的研究,选取点融网的借贷数据进行零售信用风险,不会影响评估结果。

# 10.1　中小企业的界定

通常意义上的中小企业,是指经营规模较小、拥有的固定资产较少,并且雇佣的员工数较少的企业,它主要包括中型企业、小型企业和微型企业。

早在20世纪末,随着中国经济体制的改革,一大批企业奔涌而出。进入21世纪后,在国家一系列政策出台扶持中小企业的成长后,该类企业得到了迅速的成长,并逐渐成为国民经济中不可或缺的一部分,为缓解国内就业压力添砖加瓦,为国内经济的平稳增长提供重要支撑。虽然中小企业的发展为我国经济的健康稳定发展作出了不可忽视的贡献,但由于该类企业在生产规模、资金、技术、员工素质等方面存在一定的局限,因此在获取贷款时较为困难且成本也偏高,不利于持续发展。

我国中小型企业通常具有以下三方面特征。

(1)规模小,数量多,经营范围广,发展不均衡

顾名思义,中小企业相对于大型公司来说,其规模相对较小。中小企业规模小和门槛低,因而遍布社会经济生产和生活的各个行业,经营范围十分广泛且数量众多。又因为该类企业分布和经营范围都较为广泛,所以经营发展的状态也大不相同。

(2)自主创新能力较弱

由于中小型企业的规模不大,因此可用资金相比大型公司来说更为匮乏,导致投入创新研发的资金较为局限。而资金的投入通常与创新成果的产出成正比,创新的产出跟未来的经济利益流入也成正比,因此相对于大公司对研发资金的大量投入,中小企业的产品会相对缺乏竞争力。

(3)经营方式灵活

中小企业规模较小,因此,相对于大型企业来说,它们能够更快转变发展方向以顺应经济发展趋势。比如当政策重大利好于某一产业,中小企业可迅速布局进入,或者当经济遭遇重大挫折,中小企业可以迅速停止经营以止损或者转向其他行业谋求发展。中小企业即便经营如此灵活,但由于自身缺陷的存在,在经营过程中将持续面临较高的信用风险。

根据以上所述的中小企业的特点,本书将规模较小、自主创新能力薄弱但经营方式灵活的企业定义为中小企业,该类企业的信用风险问题即为本书研究的主要对象。

## 10.2　中小企业信用风险的原因分析

中小企业因为经营规模较小,成立年限一般较短,所以拥有的固定资产总价值较小,且在经营过程中大概率尚未形成一条成熟的供销链,因此现金流并不稳定。而商业银行在选择贷款对象时往往倾向于规模更大、经营体系更完善的大型公司。因此,为了获得融资款项,中小企业往往要付出更高的成本,而经营利润往往会达不到预期,进而公司整体经营被高额成本所拖累。导致中小企业融资困难的原因主要有以下几点。

（1）自身原因

①中小企业自身对风险的抵御能力较弱

中小企业规模较小,一般处于企业的初创期,没有形成完善的经营体系,因此现金流来源也不够稳定,且缺乏足够的抵押资产,一旦遇到经营决策失误或者市场面临重大风格转向,就极易发生资金链断裂,违约风险急剧上升。

②中小企业财务信息系统不完善

一般地,中小企业大多处于初始成立阶段,故在财务处理上往往不够规范,并且中小企业往往会忽视对于利润资金的管理。另外,对于银行等能够提供资金的金融机构来说,中小企业的财务信息缺乏透明化。

③科研创新能力不足,员工素质较低

中小企业一般集中于劳动性密集行业,往往会忽视提高技术水平,并且相对于大型企业,中小企业对其员工素质水平要求较低,而人才和技术往往是支撑企业持续向好的关键因素。从如今市场对技术和人才的需求可知,只有企业注重对人才建设以及技术的跟进,摆脱对传统资源优势的高度依赖,才能在激烈的市场竞争中保持活力。

（2）外部环境问题

①股债等融资融券门槛高

股权融资，即通过 IPO 上市，从二级市场获得股权融资的过程。但2020 年以前，公司上市采用核准制，能够上市的公司往往要经历严格的审批，因此每年获批上市的公司数目也相对较少。通过新三板上市融资虽然较为容易，但是新三板在资本市场中的活跃度较低，因此很少有投资者愿意投资。虽然如今股票市场开通了创业板注册制，但是相对于中小企业在全国的分布数量来看，并不能从根本上解决中小企业融资困境。虽然通过债权融资也是一个融资途径，但是债券市场相对来说并没有股票市场受资金青睐，并且中小企业一般达不到债券发行的要求。因此，这两个融资渠道都不适合中小企业进行融资。

②银行惜贷现象加剧

外界评价商业银行贷款质量的指标主要是不良贷款率，为此，银行在选择贷款对象时往往会更加偏向于财务体系标准透明且有完善经营体系的大型企业。除此之外，中小企业在申请银行贷款时，往往所遭遇的限制更多，申请贷款的条件更为严苛，这就更加严重地限制了中小企业的发展空间。

③缺乏相应的信用风险管理的法律法规以及评估体系

限制中小企业融资的另一个主要原因在于信用管理体系的不足，商业银行等金融机构会谨慎地向中小企业提供贷款的主要原因在于缺乏相关的法律法规对信用违约的具体处罚措施，并且国内也没有形成较为完善的信用风险评估体系。

# 10.3　中小企业信用风险现状分析

中小企业为市场经济的良好运行做出了极大的贡献。因为中小企业在融资上的问题较为突出，国家也相应出台政策为其持续发展保驾护航，如央行以"几家抬"的思路来强化落实政府的扶植政策，缓解中小企业在融资方面所遇到的困境。尤其是 2020 年以来，为了应对疫情对中小企业的冲击，国家围绕减税、融资贷款、稳岗就业等方面出台了一系列政策。据统计，在政策的扶持下,银行业在 2020 年为中小企业的发展让利,不仅对该类企业的贷款实行本息延期,还加大了对该类企业的信贷投放量。

以 2020 年 7 月的数据来看,全国银行业 1—7 月份新发放的中小企业贷款平均利率为 5.93%,较 2017 和 2018 年平均利率值下降了近 0.8%。从贷款利率的均值演变也可以看出,政府对中小企业实行宽松的、大力度的融资支撑政策。尽管如此,中小企业的融资缺口还是非常大。据 2018 年世界银行所披露的数据来看,我国中小企业所存在的融资缺口已逼近 1.9 万亿人民币,因此中小企业普遍存在着较高的融资需求。

图 10.1 绘制了 2010 年 6 月至 2020 年 6 月总计 10 年的我国中小企业发展指数,数据来源于中国中小企业协会。从图 10.1 可以看出,自 2010 年以来,中小企业发展指数总体上呈现下行趋势,尤其是在 2020 年初,因为新冠疫情的暴发,中小企业发展指数在一季度一度下降至 82。虽然后续在国家政策的大力扶持下,中小企业发展指数缓步抬升,但是仍与 2019 年三季度的数值相距甚远,整体上中小企业的发展形势还是偏严峻。

虽然近年来国家对中小企业的扶持力度空前,但是中小企业的生产增速趋缓。以 2018 年 1—12 月的数据来看,全国规模以上中小企业利润总额同比增长 11.4%,增速较上年同期回落 1.5%。此外,现存的中小企业数量也在锐减。2018 年年末,全国规模以上中小企业数量为 36.93 万户,较 2017 年年末减少 6494 户,亏损面为 15.2%,较 2017 年放大 3.4%。2019

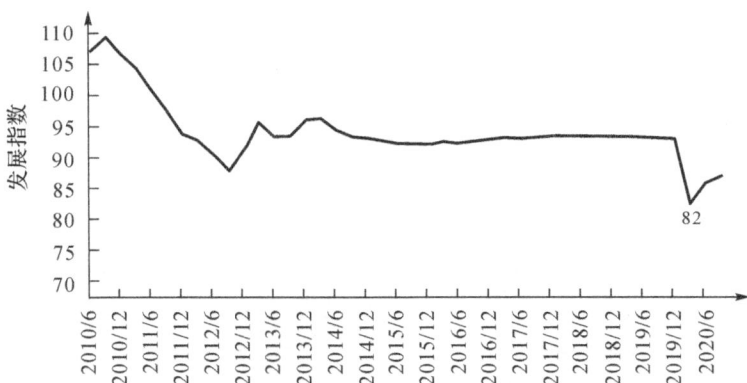

图 10.1　中小企业发展指数

数据来源:iFind、中国中小企业协会

年全国企业破产数量超 100 万家,其中近 90% 都为中小企业。而 2020 年初,为了防控疫情,大量企业停工停产,而租金、水电等费用却需要正常缴纳,这对于原本就缺乏充分运营资金的中小企业来说,更容易形成资金链的断裂,因此,2020 年上半年就有超 80 万家企业走向破产清算。

从中小企业的分布来看,大多数中小企业分布于传统行业或者在价值链的中低端,而伴随着高质量发展的持续推行,传统竞争优势逐渐弱化,中小企业将遭遇更多外部市场带来的冲击。另外,据 2018 年中国中小企业年鉴的数据可知,中小企业自成立之日起,存续时间超过 5 年的企业不超过 50%。从该数据也可以看出,中小企业面临较大的发展困境,并且在较为严峻的市场环境下,中小企业的违约风险会大幅增加。

中小企业面临较大的发展困境,能否获得融资成为其生存的根本。据 2019 年中国金融年鉴、银保监会的数据显示,中小微企业在各类金融机构的贷款占比均比较小,具体的结果见图 10.2。

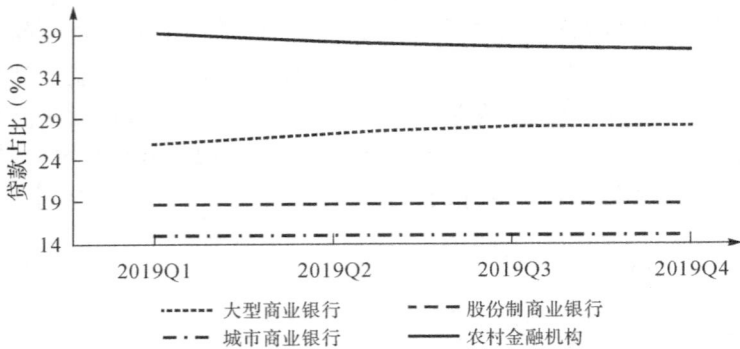

图 10.2　中小微企业在各类金融机构的贷款占比

数据来源:2019 年中国金融年鉴、银保监会

另外,贷款的不良率是金融机构会参考较多的重要因素。据历史数据统计,在金融机构所提供的贷款中,大型企业的不良率为 1.05%,小微企业却存在更高的不良率,达 2.75%。图 10.3 描绘了各类金融机构 2019 年各季度的不良贷款率,数据来源于中国金融年鉴、银保监会。图 10.3 表明,大型商业银行的贷款不良率是最低的,而农村金融机构却存在较高的不良率,这主要也是与其主营业务有关,农村金融机构对小微企业的贷款额度在总

贷款额度中占比较高。大型商业银行较小型金融机构而言有更加充沛的资金,更能为中小企业填补融资缺口,然而这类机构为了降低不良贷款率,更加倾向于向财务制度更完善的大型企业提供贷款。因此,基于中小企业自身的运营特点以及金融机构出于平衡风险收益考虑,面对中小企业越来越大的融资缺口,该类企业的信用风险问题将持续凸显。

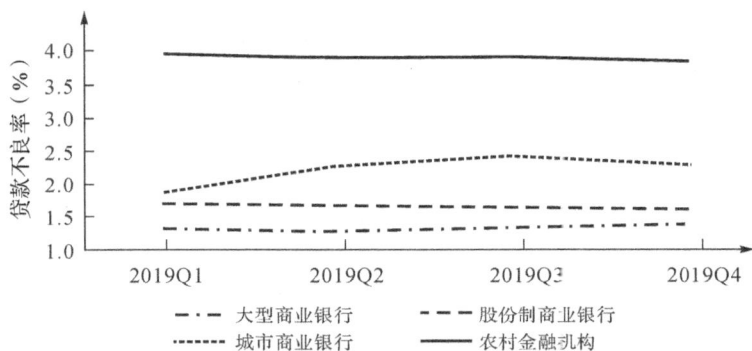

图 10.3　各类金融机构贷款不良率

数据来源:2019 年中国金融年鉴、银保监会

# 11 中小企业信用风险的影响因素分析及评估体系的构建

　　影响中小企业信用风险的因素有很多,大多数学者都是采用其财务数据作为信用风险评估的指标,但实际上所有信息都有内在价值,一些非财务类的信息也暗含着企业的信用情况。根据 Edmister(1988) 的研究结果,引入非财务信息指标再结合财务指标的信用风险预测结果会更加准确,因此,我们在研究中小企业信用风险的评估时,不仅要使用相关财务指标,还将非财务指标纳入信用风险评估的指标体系中。

　　基于相关会计理论,我们对中小企业信用风险进行研究,并分析现代企业发展过程中各要素对企业运行的重要性,尝试挖掘影响中小企业信用风险的主要因素,并为后续信用风险研究的重要指标筛选和调试提供基础。本章主要从三个方面分析中小企业信用风险的影响因素,分别为中小企业的财务能力、持续发展能力以及宏观经济因素,并由此建立了中小企业信用风险的评估指标体系,分为财务指标、非财务指标和宏观指标。非财务指标主要是反映企业持续发展能力的指标,宏观指标即宏观经济因素。

## 11.1　财务指标

　　就企业内部环境而言,中小企业的财务能力包括经济实力和财务状况:经济实力包括资产数量和资产质量;财务状况则包括财务结构、偿债能力、营运能力、盈利能力和增长能力相关的指标。而持续发展能力指标则从人员能力素质、战略决策能力、内部管理能力、市场开发能力、创新应变能力以及资源整合能力这几方面考虑。具体如图 11.1 所示。

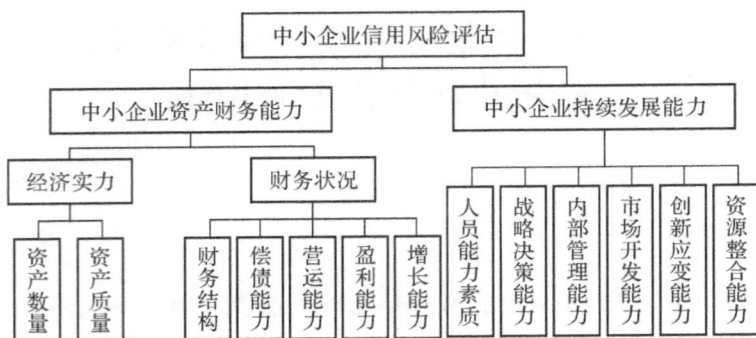

图 11.1　中小企业信用风险评估指标体系的内部指标

　　中小企业的财务能力是最直观的、评估其运营状况的指标。财务能力又分为经济实力和财务状况两个大类,其中经济实力包括资产数量和资产质量。这些指标往往意味着企业的还本付息能力,与其发生违约的可能性主要呈现反向关系。其中包含了长期负债比例,即长期负债在所有资产中的占比,该数值越大反而会提升企业的违约可能性,因此该指标通常与企业违约呈现正相关。财务状况则包含财务结构、偿债能力、营运能力、盈利能力和增长能力,这类指标也主要反映了企业的成长能力,大部分指标都与企业违约呈现反相关。财务结构包括非流动权益比率,即非流动负债在权益中的占比,它与违约呈现正相关。因此,在反映企业财务状况的指标中,也有从反面来体现企业财务能力的指标,要具体指标具体分析。

　　因此,根据图 11.1 的指标大类,以及上述的影响分析,本章建立了中小企业信用风险的财务指标体系并对其进行赋值处理,具体的结果见表 11.1所示。

### 表 11.1 财务指标体系及其赋值

| 类型 | 指标名称 | 符号 | 变量含义 | 处理方法 |
|---|---|---|---|---|
| 资产数量 | 资产总额 | $X_1$ | 流动资产＋非流动资产 | $\ln(1+x/100000000)$ |
| | 净资产 | $X_2$ | 资产总额－负债总额 | $\ln(1+x/100000000)$ |
| 资产质量 | 市净率 | $X_3$ | 每股股价/每股净资产 | 实际值 |
| | 存货资产比例 | $X_4$ | 存货/资产总额 | 实际值 |
| | 固定资产比例 | $X_5$ | 固定资产/资产总额 | 实际值 |
| | 长期负债比例 | $X_6$ | 长期负债/资产总额 | 实际值 |
| 财务结构 | 资产负债率 | $X_7$ | 负债总额/资产总额 | 实际值 |
| | 权益乘数 | $X_8$ | 资产总额/股东权益 | 实际值 |
| | 营运资本比 | $X_9$ | 营运资本/资产总额 | 实际值 |
| | 非流动负债权益比率 | $X_{10}$ | 非流动负债/所有者权益 | 实际值 |
| | 有形资产比率 | $X_{11}$ | 有形资产/资产总额 | 实际值 |
| 偿债能力 | 流动比率 | $X_{12}$ | 流动资产/流动负债 | 实际值 |
| | 速动比率 | $X_{13}$ | （流动资产－存货）/流动负债 | 实际值 |
| | 产权比率 | $X_{14}$ | 负债总额/所有者权益 | 实际值 |
| | 现金比率 | $X_{15}$ | （货币资金＋有价证券）/流动负债 | 实际值 |
| 营运能力 | 存货周转率 | $X_{16}$ | 主营业务成本/平均存货 | 实际值 |
| | 应收账款周转率 | $X_{17}$ | 销售净收入/应收账款 | 实际值 |
| | 流动资产周转率 | $X_{18}$ | 主营业务收入/流动资产 | 实际值 |
| | 营运资本周转率 | $X_{19}$ | 销售收入/营运资本 | 实际值 |
| | 固定资产周转率 | $X_{20}$ | 销售收入/固定资产 | 实际值 |
| | 总资产周转率 | $X_{21}$ | 销售收入/资产总额 | 实际值 |
| 盈利及增长能力 | 营业总收入增长率 | $X_{22}$ | 营业收入增长额/上期营业收入 | 实际值 |
| | 利润总额增长率 | $X_{23}$ | 利润增长额/上期利润总额 | 实际值 |
| | 净利润增长率 | $X_{24}$ | 净利润增长额/上期净利润 | 实际值 |
| | 净资产收益率 | $X_{25}$ | 净利润/净资产 | 实际值 |
| 创新能力 | 研发投入总额 | $X_{26}$ | 研发投入总额 | $\ln(1+x/100000000)$ |
| | 研发投入占营业收入比 | $X_{27}$ | 研发投入/营业收入 | 实际值 |
| | 研发人员数量占比 | $X_{28}$ | 研发人数/总员工 | 实际值 |

## 11.2　非财务指标

非财务指标则主要考虑中小企业的持续发展能力。中小企业的持续发展能力主要是从人员能力素质、战略决策能力、内部管理能力、市场开发能力、创新应变能力以及资源整合能力这几个方面来综合分析。本章则是从人员能力素质以及企业的基本特征信息来衡量企业的持续发展能力。

从人员能力素质可以看出企业整体的经营水平,往往高学历的企业家拥有更为完善的治理框架或者更为先进的治理思路,而企业家的管理年数和从业年数也体现了企业家的经验程度。职工平均文化水平也在一定程度上体现了企业的创新能力。一般来说,往往科技含量较高的企业职工平均文化水平较高,而一些传统的劳动密集型行业往往在职工文化水平上有所欠缺。公司的成立年限也能反映公司经营链的成熟度,以及抵御风险的能力。设置所属地区变量考虑到不同地区的发展环境有差异,比如政策扶持、该地区整体经济发展情况等,都会影响到中小企业的发展。而区分行业是因为国内企业主要是以传统行业为主,传统行业往往拥有可做抵押的资产较多,而新兴行业主要是技术加成,因此,在抵御风险时会有较大的区别。关于持续发展因素,主要考虑研发投入总额、研发投入总额占营业收入比例、研发人员数量占比。创新因素也是体现着企业长期发展的重要因素。具体的指标选取与赋值见表11.2。

## 11.3　宏观指标

宏观环境是每个企业所处的环境,而宏观环境的变化往往也会对企业,尤其是中小企业产生极大的影响,最显著的就是2020年年初的新冠疫情。国家为了更好地防控疫情,采取了停工来切断传播途径,进而在无法进行生产但是贷款压力并没有相应缓解以及订单超时未能发货而造成的违约损失下,许多中小型企业走向了破产。虽然宏观环境很庞大,从数据上来看变化也不大,但是宏观环境发生细微变化也会对企业的经营产生巨大的影响。已有研究表明,在评估企业信用风险时加入宏观经济变量可以提高违约预测精度(Bellotti 和 Crook,2009),因此基于前人研究以及考虑到宏观经济变量与每个个体的相关程度,本章考虑加入居民消费指数(CPI)、经济景气指数(ECI)、失业率(URI)。

CPI 反映了通货膨胀程度以及宏观经济对企业实际利润产生的影响,而企业的实际利润也意味着经济市场的景气程度。CPI 低,居民实际收入降低,企业的实际现金流入也降低,企业会有一定的还款压力。ECI 能够直接反映宏观经济的景气程度。URI 高,意味着经济情况不景气,失业人数多,这也意味着有部分企业因为经济不景气而退出市场,造成失业率的上升。因此,基于上述原因以及 Cox 模型的特殊性,本弓考虑将宏观动态变量引入模型。表 11.2 则是本章建立的中小企业信用风险指标体系中的非财务指标与宏观经济指标及其赋值。

**表 11.2  中小企业的非财务指标和宏观指标及其赋值**

| 类型 | 名称 | 符号 | 赋值 |
|---|---|---|---|
| 人员能力素质 | 企业家学历 | $X_{29}$ | 博士:0;硕士:1;本科:2;专科:3;高中及以下:4 |
| | 企业家管理年数 | $X_{30}$ | 实际值 |
| | 企业家从业年数 | $X_{31}$ | 实际值 |
| | 职工平均文化水平 | $X_{32}$ | 博士:0;硕士:1;本科:2;专科:3;高中及以下:4 |
| 企业基本特征信息 | 成立年限 | $X_{33}$ | 实际值 |
| | 所属地区 | $X_{34}$ | 东部(=1),中部(=2),西部(=3) |
| | 所属行业 | $X_{35}$ | Wind 行业分类(建筑业=1,制造业=2,租赁与商务服务业=3,科学研究和技术服务业=4,批发和零售业=5,信息技术服务业=6,农业=7,金融业=8) |
| 宏观经济变量 | 居民消费指数 | $X_{36}$ | 实际值 |
| | 经济景气指数 | $X_{37}$ | 实际值 |
| | 失业率 | $X_{38}$ | 实际值 |

我们基于以上的中小企业信用风险评估指标体系对中小企业的信用风险进行估计。而从上述阐述,可以得到预测变量与中小企业违约概率之间关系如表 11.3 所示。

在对中小企业的信用风险评估时,由于使用的方法和数据来源的不同,有些数据无法获取,可能有些数据缺失严重,因此会对上面的评估体系进行一些调整,但不会影响评估结果。

由于中小企业信用风险评估指标体系中的指标较多,指标之间难免会存在相关性,不仅会影响信用风险评估的效率,还会影响评估的结果,因此在利用信用风险评估模型对中小企业的信用风险评估之前,有必要通过一些常用的降维方法先确立有效的信用风险评估指标,以期简化评估的复杂程度,获得精确的信用风险评估结果。

表 11.3　中小企业信用风险评估指标体系及其对信用风险的预期影响

| 指标 | 预期 | 指标 | 预期 | 指标 | 预期 |
| --- | --- | --- | --- | --- | --- |
| 资产总额 | — | 净资产 | — | 市净率 | — |
| 存货资产比例 | — | 固定资产比例 | — | 长期负债比例 | + |
| 资产负债率 | — | 权益乘数 | — | 营运资本比 | — |
| 非流动负债权益比 | + | 有形资产比率 | — | 流动比率 | — |
| 速动比率 | — | 产权比率 | — | 现金比率 | — |
| 存货周转率 | — | 应收账款周转率 | — | 流动资产周转率 | — |
| 营运资本周转率 | — | 总资产周转率 | — | 营业总收入增长率 | — |
| 利润总额增长率 | — | 净利润增长率 | — | 净资产收益率 | — |
| 研发投入总额 | — | 研发投入总额占营业收入比 | — | 研发人员数量占比 | — |
| 研发人员数量占比 | — | 企业家学历 | — | 企业家管理年数 | — |
| 企业家从业年数 | — | 职工平均文化水平 | — | 成立年限 | — |
| 所属地区 | — | 所属行业 | — | 居民消费指数 | + |
| 经济景气指数 | — | 失业率 | + | | |

# 12 基于 Lasso-Cox PH 模型的 中小企业信用风险评估

　　本章有关中小企业的信用风险评估的研究,数据来源于我国上市的中小企业,使用的方法是动态的生存分析方法。

　　在中小企业的信用风险评估中,第 11 章共建立了 38 个中小企业信用风险的评估指标。本章不考虑宏观经济对中小企业违约风险的影响,因此共有 35 个评估指标,包括企业的财务指标和非财务指标。由于这些评估指标之间往往会存在多重共线性,又很难加以取舍,而冗余变量的存在会降低评估模型的运行效率,甚至会影响模型的预测结果,因此,本章考虑引入 Lasso 模型对中小企业的评估指标进行筛选,从而有效地剔除冗余变量;然后基于所选出的特征评估指标,利用 Cox PH 模型进行预测,即创新性地使用了 Lasso-Cox PH 模型,定量分析借款企业的违约特征。

　　首先将所获的相关数据进行处理,然后再用 Lasso-Cox PH 模型对样本企业进行信用风险评估。为了说明 Lasso-Cox PH 模型的有效性,本章进一步使用 Logistic 模型、Cox PH 模型对同一样本进行信用风险评估预测,最后对评估结果进行对比分析。

　　Lasso 方法是由 Tibshirani(1996)提出的。刘丹和郑少智(2016)尝试在 Cox 模型中加入惩罚项 $\lambda \sum_{j=1}^{d} |\beta_j|$,通过不断调整惩罚系数 $\lambda$,使模型达到最优的结果,从而使模型参数保持连续稳定,同时做到信用风险评估指标的筛选。Lasso-Cox 模型的建立已经在第 6 章中做了详细介绍,这里就不再叙述。

在本书第 6 章,Lasso-Cox 模型已用于个人借款者的信用风险评估,这里尝试用于中小企业的信用风险评估,探求这种方法是否适用于中小企业的信用风险评估问题,这是本书的一个创新点。

# 12.1 数据来源及其处理

## 12.1.1 数据来源

基于大多数未上市中小企业财务数据的不可获得性,以及我国科创板上市时间较短且相关样本量太少,本章借鉴匡海波等(2020)的研究,选择了在中小板块上市的中小企业作为研究对象。相关中小企业的财务和非财务数据主要来自 Wind 数据库。

首先界定中小企业信用风险的概念。根据 2004 年 6 月巴塞尔银行监管委员会中对违约的定义:借款人超过其所借款项约定的还款日期 90 日还未进行偿还,便被认定为违约。由于我们研究的是中小企业的违约风险,对于企业的违约定义,也可以使用巴塞尔银行的认定标准,结合股票交易所的规定,财务出现重大问题的上市公司进行 ST 处理。基于 ST 处理方法的含义,被 ST 的公司存在较大的财务问题,而财务问题是导致企业违约的直接因素,因此,我们将企业在研究期间被 ST 视作企业违约。

因为企业在被执行 ST 的当年财务数据已经不具有预测的意义,而交易所只针对连续两年出现重大财务问题的上市企业做 ST 标识,因此本章选取 $T-2$ 年的财务报表数据来建立模型,剔除了上市 2 年就发生财务危机、因退市而导致财务信息不全和 2017 年以及之后上市的企业。具体的高低违约风险企业的划分见表 12.1,明确界定了中小企业信用风险的高低。

由于生存分析模型处理动态数据的特殊性,本章将首次上市交易的时间作为生存的起始时间,若该企业在 2019 年 12 月前未出现过被 ST 的情况,则被定义为未违约,生存时间为首次上市日期至 2019 年 12 月 31 日;若在 2019 年 12 月前被 ST,则被定义为违约事件,将其首次被 ST 的时间称为死亡时间,其存活时间为首次上市时间到第一次被 ST 的时间。

表 12.1　高低违约风险企业的划分以及赋值

| 风险性 | 含义 | 赋值 |
|---|---|---|
| 高风险企业 | 该企业财务连续两年出现重大问题,并被证券交易所标记为 ST 或者 ST＊,该类企业往往发展状况不佳,容易发生信用违约问题 | 1 |
| 正常企业 | 该企业财务状况良好,资金链运行正常,也就是非 ST 类企业,这类企业往往发展状况良好,不易发生信用违约问题 | 0 |

在处理评估指标时,发现一些企业的创新指标存在较大的缺失现象。根据刘勇和徐选莲(2020)的研究,发现研发投入对企业的绩效呈显著负向影响,而研发人员的规模则与企业未来的绩效呈显著正向影响,这两类创新因素与企业未来的发展状况息息相关。因此,本章剔除了中小板块上缺失创新因素的企业。此外,因为银行股和证券股的一些财务信息缺失严重,所以将该类企业进行剔除,最终得出 838 家企业作为样本企业,其中有 79 家企业曾经发生过被 ST 的情况,被认定为高风险企业,而其余 759 家企业经营正常,被认定为正常企业。样本的描述性统计分析见表 12.2。

表 12.2　样本的描述性统计

| 指标 | 平均值 | 最大值 | 最小值 |
|---|---|---|---|
| 资产总额 | 61.24 | 178.00 | 1.65 |
| 市净率 | 5.28 | 640.24 | −20.20 |
| 固定资产比 | 0.20 | 0.69 | 0 |
| 资产负债率 | 38.49 | 91.64 | 1.20 |
| 营运资本比 | 0.26 | 0.83 | −0.74 |
| 有形资产比率 | 48.44 | 91.38 | −48.73 |
| 速动比率 | 1.54 | 24.78 | 0.07 |
| 现金比率 | 82.38 | 1997.67 | 1.66 |
| 应收账款周转率 | 41.97 | 6661.48 | 0.70 |
| 营运资本周转率 | 3.45 | 749.12 | −193.3 |
| 总资产周转率 | 0.71 | 7.79 | 0.01 |
| 利润总额增长率 | 436.54 | 131759 | −1791 |

续表

| 指标 | 平均值 | 最大值 | 最小值 |
|---|---|---|---|
| 净资产收益率 | 8.99 | 75.47 | −62.45 |
| 企业家管理年数 | 7.97 | 24 | 0.79 |
| 职工平均文化水平 | 2.83 | 3.94 | 1.29 |
| 净资产 | 32.23 | 83.63 | 0.75 |
| 存货资产比例 | 0.13 | 0.64 | 0 |
| 长期负债比例 | 11.58 | 82 | 0 |
| 权益乘数 | 1.84 | 11.96 | 1.01 |
| 非流动负债权益比 | 14.95 | 442.66 | 0 |
| 流动比率 | 2.48 | 44.59 | 0.16 |
| 产权比率 | 0.91 | 10.96 | 0.01 |
| 存货周转率 | 175.79 | 75684.5 | 0.05 |
| 流动资产周转率 | 1.27 | 12.07 | 0.04 |
| 固定资产周转率 | 13.69 | 3195.59 | 0.15 |
| 营业总收入增长率 | 95.88 | 8648.50 | −94.56 |
| 净利润增长率 | 328.22 | 40303 | −7328.6 |
| 企业家学历 | 1.59 | 4 | 0 |
| 企业家从业年数 | 34.50 | 61 | 4 |
| 成立年限 | 8.52 | 2 | 15 |

中小企业一直以来存在融资难、融资贵的现象,究其原因则关键在于财务体系的不完善,因此,本章在处理该类企业的相关财务和非财务数据时,也会遇到数据缺失和数据不平衡的问题,必须对相关的数据进行处理。下面我们将讨论如何处理缺失数据和数据不平衡的问题。

## 12.1.2　数据处理

数据缺失是数据挖掘进行数据预处理所要解决的重要问题之一,完备数据的获得是保证评估决策正确的基础。

数据缺失主要有两种情况：一种是可忽略的数据缺失，即完全随机缺失和随机缺失，这两类缺失情况都不影响现有数据的有效性；一种是不可忽略的缺失，这种数据的缺失会影响到整体数据的有效性。

对于含有缺失值的样本，本章主要采用如下两种方法进行处理。

（1）删除含有缺失的个案

删除的方法分为两类，即简单删除法和权重删除法。简单删除法是直接将含有缺失值的样本从总样本中删除，而权重法通常应用于小样本集，因为当数据集较小时，失去有缺失的个案会影响数据集的有效性，而个案的权重可以通过 Probit 方法求得。

（2）通过可能值来插补缺失值

可能值的插补主要基于可能值含有数据集的信息，相对于直接删除确实值个案来说，其保留的信息更多。因此通常采用如下几种处理方法：①均值插补；②极大似然估计；③多重插补等。

此外，不平衡数据集是指数据各个分类样本的比例差距过大，以二分类为例，正类样本和负类样本之比远大于 1。而不平衡的数据集往往会使模型的评估结果发生偏误，比如以 Logistic 回归模型为例，Logistic 回归模型以 0.5 为判别正负例的阈值，因此，在正例样本远大于反例样本时，判别结果容易因为数据的不平衡而产生误判，或者说预测结果不具参考意义。

基于数据分布不平衡的状况，主要有如下几种处理方法：一种是扩充数据集；一种是对数据集进行重采样。重采样又有两种方式：过采样和欠采样。①过采样：即采样的个数大于该类样本的个数；②欠采样：即采样的个数少于该类样本的个数。最后一种是建立人造数据，通常的方法也有两类：①属性值随机采样：在变量的所有取值范围中随机取样并重新组成新样本，该采样方法可能破坏原属性的线性关系。②SMOTE（synthetic minority over-sampling technique）：SMOTE 是一种过采样算法，它基于距离差来选择相近的两个或者多个变量，然后生成相似的样本数值，组成一个新的个案。因此，SMOTE 算法是通过构造新数据来完成对少类样本的扩充。

在违约分析背景下，本章的样本企业数据中，相对于总体的样本来说，违约企业所占比重较小，与正常样本量相差悬殊，正常企业的个数差不多是高风险企业的 10 倍。本章为了说明结果的准确,还要利用 Logistic 模型对于中小企业的违约情况进行预测从而进行对比分析,而 Logistic 模型默认将 0.5 作为判别是否违约的阈值,因此为了同 Logistic 模型进行更好的匹配,本书需要采用平衡法使正负类样本数量达到一致。

由于样本量不大,不建议采用欠采样或者过采样方法,可采用合成少数法来平衡数据。采用 SMOTE 算法而不是简单重复增加稀有样本,究其原因是稀有样本相距正常样本太大,简单重复增加会导致模型的过拟合,也是为了防止数据的重复性。而对于缺失数据,若单一指标缺失数据较多,而评估指标有近 40 个,可以考虑将该指标剔除;而若某一样本存在较多缺失指标,基于较大的样本量,可以考虑将有数据缺失的企业进行删除处理。

本章的数据将做以下处理:首先,将样本集的不完备数据进行处理,对非数值型数据进行赋值,再将样本用 SMOTE 方法进行平衡处理。本书采用五折交叉检验方法,将原始数据分成 5 份,其中 4 份数据当作训练集,1 份数据作为测试集,用于模型预测准确性的外推检验。

本章研究中小板块上市企业的违约风险,而会发生违约情况的企业占少数,只在研究样本中占 9.43%,正常样本和违约样本之比接近 10:1,存在数据分布极不平衡的状态,影响模型预测的准确性。因此,本书在 833 个总样本的情况下,采用 SMOTE 算法,自动合成相关违约企业的数据。

经过 SMOTE 算法处理后,得到 759 个正常样本以及 759 个违约样本。因此,测试集由 151 个正常样本和 151 个违约样本构成,而其余的正常样本(608 个)和违约样本(608 个)则构成 4 份训练集。

## 12.2　中小企业信用风险的评估结果

本章仅考虑评估指标中前两类指标,即财务指标和非财务指标,也就是不考虑宏观经济变化对中小企业信用风险的影响,利用 Lasso-Cox 模型(此时即是 Lasso-Cox PH 模型)对中小企业的信用风险加以评估。为了说明该模型的预测精度,本节又使用了 Logistic 模型、Cox PH 模型对同一样本进行了评估,对比分析各模型的预测的准确程度。

## 12.2.1　基于 Lasso-Cox PH 模型的评估结果

Lasso-Cox PH 模型实质上是在 Cox PH 模型的基础上增加对变量筛选的步骤。本书静态评估指标有 35 个,而在评估指标较多时,指标之间会存在较高的相关性。为了解决变量之间的多重共线性,本节通过 Lasso 方法选取变量,建立有效的评估指标体系,再进行中小企业的信用评估分析。

调和参数 $\lambda$ 的大小控制了惩罚力度,若是 $\lambda$ 太小,容易出现过度拟合现象,选择的解释变量过多,没有实现变量选择的意义;若是 $\lambda$ 太大,容易出现拟合不足的现象,筛选 $\lambda$ 模型的解释变量便会太少。因此,需要确定一个合适的 $\lambda$ 值。五折交叉检验的结果见图 12.1。

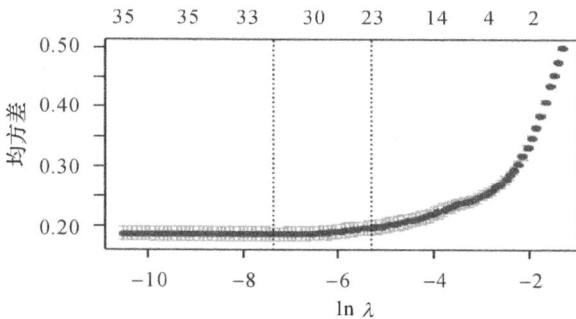

图 12.1　调和参数 $\lambda$ 与变量数目对应走势

图 12.1 中上面部分的横坐标即模型经 Lass 筛选得出的变量个数,共 35 个自变量,经过 Lasso 处理得出 23~33 个变量,而下方的横坐标表示 $\lambda$ 的取值范围为 $(-10,-1)$,其纵坐标表示模型在不同惩罚项下对应不同变量个数时模型的均方差。图 12.1 中两条虚线中间的取值为 $\lambda$ 正负标准差的值域范围,即在 $(-8,-6)$,右边虚线表示使模型误差最小时的调和参数 $\lambda$ 值取值。根据 Tibshirani(1996) 的研究结果,估计值取在该两虚线之间的模型预测偏差波动幅度相对较小,建议选取使模型处理容易的值。此外,模型会根据不同的值选出不同数量的指标。

基于最小 $\lambda$ 值的选取,筛选出了 23 个信用风险评估指标进行实证研究,得到参数估计结果见表 12.3。根据表 12.3,系数为 0 的变量为经 Lasso

处理后被剔除的变量,即删除的冗余评估指标。

从表 12.3 可知,$X_1$ 被 Lasso 模型剔除,这主要原因在于 $X_1$ 所表示的资产总额和 $X_2$ 净资产存在较大的共线性;$X_{11}$ 即有形资产比例,指有形资产在总资产中所占的比重,与营运资本比 $X_9$ 存在高度的线性相关性,因此 Lasso 的识别也是有效的;$X_{13}$ 即速动比率,与 $X_{12}$ 流动比率有较高的相关性;$X_{14}$ 所代表的产权比率与 $X_8$ 权益乘数存在较高的共线性,$X_{18}$ 即流动资产周转率,可以通过总资产周转率和固定资产周转率进行计算,因此被剔除也是合理的;$X_{26}$ 即研发投入总额与 $X_{28}$ 研发人员数量占比,同 $X_{27}$ 研发投入占营业收入比均存在高度共线性;$X_{30}$ 企业家管理年数和 $X_{33}$ 公司成立年限两者均同 $X_{31}$ 企业家从业年数也存在较高的相关性。综上所述,Lasso 模型对这类指标的剔除是合理的。

**表 12.3  Lasso-Cox PH 模型的参数估计**

| 指标 | 系数 | 指标 | 系数 | 指标 | 系数 | 指标 | 系数 |
|---|---|---|---|---|---|---|---|
| $X_1$ | 0 | $X_2$ | $-8.874\mathrm{e}{-01}$ | $X_3$ | $1.202\mathrm{e}{-03}$ | $X_4$ | $-6.091\mathrm{e}{-01}$ |
| $X_5$ | $2.737\mathrm{e}{-01}$ | $X_6$ | $2.0576\mathrm{e}{-02}$ | $X_7$ | $1.297\mathrm{e}{-02}$ | $X_8$ | 0 |
| $X_9$ | $-5.497\mathrm{e}{-01}$ | $X_{10}$ | $-3.338\mathrm{e}{-03}$ | $X_{11}$ | 0 | $X_{12}$ | $-3.218\mathrm{e}{-02}$ |
| $X_{13}$ | 0 | $X_{14}$ | 0 | $X_{15}$ | 0 | $X_{16}$ | 0 |
| $X_{17}$ | $2.826\mathrm{e}{-04}$ | $X_{18}$ | 0 | $X_{19}$ | $-1.755\mathrm{e}{-03}$ | $X_{20}$ | $1.335\mathrm{e}{-04}$ |
| $X_{21}$ | $9.890\mathrm{e}{-02}$ | $X_{22}$ | $1.164\mathrm{e}{-03}$ | $X_{23}$ | $-1.385\mathrm{e}{-04}$ | $X_{24}$ | $-5.417\mathrm{e}{-04}$ |
| $X_{25}$ | $1.634\mathrm{e}{-02}$ | $X_{26}$ | 0 | $X_{27}$ | $-2.788\mathrm{e}{-02}$ | $X_{28}$ | 0 |
| $X_{29}$ | $1.074\mathrm{e}{-01}$ | $X_{30}$ | 0 | $X_{31}$ | $-6.231\mathrm{e}{-03}$ | $X_{32}$ | $-9.604\mathrm{e}{-03}$ |
| $X_{33}$ | 0 | $X_{34}$ | $7.978\mathrm{e}{-02}$ | $X_{35}$ | $1.659\mathrm{e}{-01}$ | — | — |

因此,经 Lasso-Cox PH 筛选出的信用风险评估指标体系如表 12.4 所示。

Lasso-Cox PH 模型的 Omnibus 检验结果如表 12.5 所示。表 12.5 的结果也表明,Lasso 方法所筛选出来的变量都是适用 Cox PH 模型的,因此可以进行模型预测分析。

表 12.4　经 Lasso-Cox PH 确立的中小企业信用风险评估的指标体系

| 符号 | 指标 | 符号 | 指标 | 符号 | 指标 |
|---|---|---|---|---|---|
| $X_2$ | 净资产 | $X_3$ | 市净率 | $X_4$ | 存货资产比例 |
| $X_5$ | 固定资产比例 | $X_6$ | 长期负债比例 | $X_7$ | 资产负债率 |
| $X_9$ | 营运资本比 | $X_{10}$ | 非流动负债权益比率 | $X_{12}$ | 流动比率 |
| $X_{17}$ | 应收账款周转率 | $X_{19}$ | 营运资本周转率 | $X_{20}$ | 固定资产周转率 |
| $X_{21}$ | 总资产周转率 | $X_{22}$ | 营业总收入增长率 | $X_{23}$ | 利润总额增长率 |
| $X_{24}$ | 净利润增长率 | $X_{25}$ | 净资产收益率 | $X_{27}$ | 研发投入占营业收入比 |
| $X_{29}$ | 企业家学历 | $X_{31}$ | 企业家从业年数 | $X_{32}$ | 职工平均文化水平 |
| $X_{34}$ | 所属地区 | $X_{35}$ | 所属行业 | | |

表 12.5　经 Lasso 处理后各模型系数的 Omnibus 检验

| 一2 对数似然 | 总体得分 | | | 从上一步进行更改 | | | 从上一块进行更改 | | |
|---|---|---|---|---|---|---|---|---|---|
| | 卡方 | 自由度 | 显著性 | 卡方 | 自由度 | 显著性 | 卡方 | 自由度 | 显著性 |
| 1281.376 | 340.378 | 23 | 0.000 | 337.870 | 23 | 0.000 | 337.870 | 23 | 0.000 |

利用测试集,将 12.3 得到的参数估计值代入模型,得到的中小企业信用风险的评估结果如表 12.6。

表 12.6　Lasso-Cox PH 模型的评估结果

| 预测结果 实际 | Lasso-Cox PH | |
|---|---|---|
| | 未违约 | 违约 |
| 未违约 | 145 | 6 |
| 违约 | 3 | 148 |
| 总体预测精度 | 97.02% | |
| 第一类错误率 | 3.97‰ | |
| 第二类错误率 | 1.99% | |

表 12.6 说明,模型的总体预测的准确率达到 97.02%,犯第一类错误的概率尽管比第二类错误的概率高,也仅有 3.97%,第二类错误的概率仅有

1.99％。对于金融机构来说，98.01％的概率确保为企业发放的贷款可以收回，这个概率足以确保自身承担足够小的风险而贷款是安全的，只有不到4％的可能性将拒绝向信用好的企业发放贷款，从而承担机会成本。

为了进行对比分析说明 Lasso-Cox PH 模型方法的有效性，下面我们分别利用传统的 Logistic 模型和动态的 Cox PH 模型对同一样本进行信用风险评估。

**表 12.7  Logistic 回归模型的参数估计**

| 符号 | 系数 | Std. err | 显著性 | 符号 | 系数 | Std. err | 显著性 |
|------|------|----------|--------|------|------|----------|--------|
| $X_1$ | −12.13 | 4.44 | 0.006*** | $X_{19}$ | −0.01 | 0.01 | 0.09* |
| $X_2$ | 10.82 | 4.60 | 0.019** | $X_{20}$ | 0.001 | 0.001 | 0.59 |
| $X_3$ | 0 | 0.01 | 0.37 | $X_{21}$ | 1.69 | 0.613 | 0.01*** |
| $X_4$ | −3.13 | 1.38 | 0.02** | $X_{22}$ | 0.001 | 0.001 | 0.08* |
| $X_5$ | 1.80 | 1.09 | 0.09* | $X_{23}$ | −0.003 | 0.001 | 0 |
| $X_6$ | 0.05 | 0.01 | 0*** | $X_{24}$ | 0 | 0 | 0.95 |
| $X_7$ | 0.17 | 0.05 | 0*** | $X_{25}$ | 0.07 | 0.053 | 0.001*** |
| $X_8$ | 1.79 | 0.95 | 0.06* | $X_{26}$ | −0.12 | 0.307 | 0.69 |
| $X_9$ | −2.77 | 1.22 | 0.02** | $X_{27}$ | −0.16 | 0.044 | 0 |
| $X_{10}$ | −0.01 | 0.01 | 0.15 | $X_{28}$ | 0.01 | 0.01 | 0.29 |
| $X_{11}$ | 0 | 0 | 0 | $X_{29}$ | 0.31 | 0.1 | 0.00*** |
| $X_{12}$ | −0.07 | 0.24 | 0.76 | $X_{30}$ | −0.001 | 0.026 | 0.98 |
| $X_{13}$ | 0.02 | 0.32 | 0.94 | $X_{31}$ | −0.02 | 0.012 | 0.11 |
| $X_{14}$ | −0.02 | 0.49 | 0.96 | $X_{32}$ | −0.02 | 0.151 | 0.88 |
| $X_{15}$ | 0 | 0.00 | 0.53 | $X_{33}$ | −0.02 | 0.154 | 0.92 |
| $X_{16}$ | −0.01 | 0.00 | 0.05** | $X_{34}$ | 0.25 | 0.07 | 0*** |
| $X_{17}$ | 0.01 | 0 | 0.07* | $X_{35}$ | 0.35 | 0.03 | 0*** |
| $X_{18}$ | −0.87 | 0.39 | 0.02** | $C$ | −4.51 | 2.10 | 0.032** |

注：\*\*\*、\*\*、\* 分别表示在 1％,5％,10％ 条件下显著。

## 12.2.2    基于 Logistic 模型的评估结果

Logistic 模型是在信用风险评估领域中使用的经典评估模型之一,因为其输出结果值 0 或者 1 和信用风险评估中是否违约的条件十分吻合,并且该模型往往能得出好的预测结果,因此受到广大学者的追捧。大多数文献判别违约与否的标准为 0.5,0.5 作为判定标准是否合适,则需要根据实证数据中正负类样本的比重作出调整。而本书在经过 SMOTE 算法处理后,正常样本和违约样本的比值为 1 : 1,因此,0.5 作为预测样本是否违约的阈值在理论上是合理的。

根据 Logistic 模型,将训练集的样本数据带入模型可得出回归的系数及其显著性水平,具体的参数估计结果如表 12.7 所示。

从表 12.7 可以看出,如果不对变量进行处理而直接带入 Logistic 回归模型,则有部分指标在回归系数非 0 的情况下不显著。而如果得出的结果不显著,此时并不知道第二类错误的概率有多大,在极端情况下可能接近于 100%,因而如果不显著就断言没有效果,或者系数为 0,是非常武断的。本章回归所得出的自变量不显著问题往往是由于自变量存在多重共线性导致的。然而,即便变量不显著,也应该保留在模型中,否则会影响整体的有效估计。因此,不能简单地对模型的不显著变量做删除处理,反而可以考虑引入降维模型对样本变量进行识别提取,解决自变量间存在多重共线性问题,进一步确保模型整体的有效估计。

将表 12.7 参数估计的结果代入 Logistic 回归模型,利用测试集的数据,对中小企业的信用风险进行预测,得到的信用风险评估结果见表 12.8。

表 12.8    Logistic 回归模型的预测结果

| 预测结果<br>实际 | Logistic | |
|---|---|---|
| | 未违约 | 违约 |
| 未违约 | 0 | 151 |
| 违约 | 0 | 151 |
| 总体预测精度 | 50% | |
| 第一类错误率 | 100% | |
| 第二类错误率 | 0% | |

从表 12.8 的预测结果可以看出,模型的总体预测的准确率仅有 50%,尽管犯第二类错误的概率为 0,但犯第一类错误的概率高达 100%。对于金融机构来说,把好的企业拒之门外,也是非常具有风险性的。这也说明,对于中小企业的信用风险评估来说,Logistic 回归这一静态模型可能不适合直接使用。

### 12.2.3　基于 Cox PH 模型的评估结果

既然静态的评估方法不能得到很好的评估结果,下面考虑使用动态的 Cox 模型。本节在不考虑宏观经济变量对中小企业信用风险的影响时,模型只纳入静态变量,此时的 Cox 模型就是 Cox PH 模型,同时也不考虑评估指标之间的关系,即是否存在冗余指标的问题。利用训练集数据,使用 Cox PH 模型直接对中小企业信用风险进行评估得到的参数估计值见表 12.9。

表 12.9　Cox PH 模型的参数估计及其显著性

| 符号 | 系数 | Std. err | 显著性 | 符号 | 系数 | Std. err | 显著性 |
|------|------|----------|--------|------|------|----------|--------|
| $X_1$ | 2.86 | 1.23 | 0.02** | $X_{19}$ | 0 | 0.002 | 0.86 |
| $X_2$ | -4.37 | 1.31 | 0*** | $X_{20}$ | 0 | 0 | 0.20 |
| $X_3$ | 0.001 | 0.00 | 0.23 | $X_{21}$ | 0.47 | 0.31 | 0.14 |
| $X_4$ | 1.11 | 0.65 | 0.09* | $X_{22}$ | 0.001 | 0 | 0*** |
| $X_5$ | 0.16 | 0.55 | 0.78 | $X_{23}$ | -0.001 | 0 | 0*** |
| $X_6$ | 0.02 | 0.004 | 0*** | $X_{24}$ | 0 | 0 | 0.18 |
| $X_7$ | -0.01 | 0.02 | 0.79 | $X_{25}$ | 0.01 | 0.004 | 0.001*** |
| $X_8$ | -1.14 | 0.41 | 0.01*** | $X_{26}$ | 0.30 | 0.14 | 0.03** |
| $X_9$ | -0.47 | 0.63 | 0.46 | $X_{27}$ | -0.05 | 0.02 | 0.01*** |
| $X_{10}$ | 0 | 0.003 | 0.82 | $X_{28}$ | -0.003 | 0.004 | 0.47 |
| $X_{11}$ | 0 | 0 | 0 | $X_{29}$ | -0.16 | 0.04 | 0*** |
| $X_{12}$ | -0.11 | 0.13 | 0.43 | $X_{30}$ | -0.04 | 0.01 | 0*** |
| $X_{13}$ | -0.32 | 0.18 | 0.08* | $X_{31}$ | 0.02 | 0.01 | 0.002*** |
| $X_{14}$ | 0.01 | 0.22 | 0.97 | $X_{32}$ | -0.11 | 0.08 | 0.14 |
| $X_{15}$ | 0.01 | 0 | 0*** | $X_{33}$ | -0.02 | 0.07 | 0.74 |
| $X_{16}$ | 0 | 0 | 0.37 | $X_{34}$ | 0.14 | 0.03 | 0*** |
| $X_{17}$ | 0.001 | 0 | 0*** | $X_{35}$ | -0.19 | 0.03 | 0*** |
| $X_{18}$ | -0.17 | 0.20 | 0.39 | $C$ | -4.51 | 2.10 | 0.03** |

注:***、**、* 分别表示在 1%,5%,10% 条件下显著。

　　在考虑利用生存分析模型进行评估结果分析时,应该首先确定该模型是否适合信用风险评估的问题。这是由于模型的应用存在某些假设前提或者某些特性,这些情况都有可能使得模型与相关数据之间的不匹配,因此在将实证数据纳入预测模型之前,应该先检验模型对数据的适用性。

　　许多方法都可以达到上述检验模型对数据适用性的目的,本节通过似然比进行检验,其中,原假设为 $H_0:\beta_i=0$,备择假设为 $H_1:\beta_i\neq0$。结果如表 12.10 所示,显示模型整体的 $Sig.=0.000<0.05$,则应拒绝原假设,接受备择假设,即对模型总体检验有显著意义,也就是说存在至少一个偏回归系数不为零的因素,因此可以基于该模型对数据进行进一步分析。

表 12.10　Cox PH 模型系数的 Omnibus 检验

| 一2 对数似然 | 总体得分 | | | 从上一步进行更改 | | | 从上一块进行更改 | | |
| --- | --- | --- | --- | --- | --- | --- | --- | --- | --- |
| | 卡方 | 自由度 | 显著性 | 卡方 | 自由度 | 显著性 | 卡方 | 自由度 | 显著性 |
| 1244.55 | 420.35 | 35 | 0.00 | 374.700 | 35 | 0.00 | 374.70 | 35 | 0.00 |

　　图 12.2 是 Cox PH 模型的累计生存图,横轴表示企业的生存时间,单位为月。从图 12.2 可以看出,随着成立时间的增长,累计存活的概率会下降,但是企业往往会在成立时间较短时很容易出现违约现象。随着企业生存时间的延长,其生产经营体系逐渐成熟,而违约概率的增加量却在减少,这与图 12.2 所表示的情况正好相符。

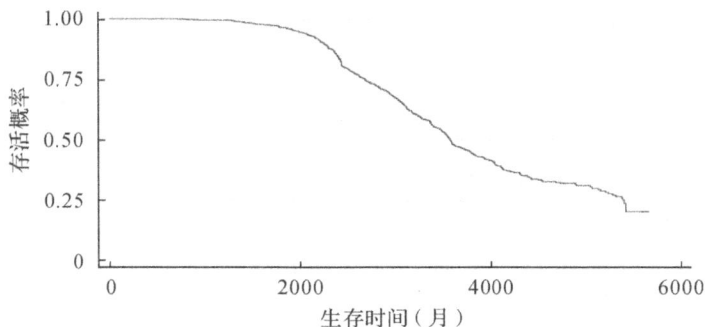

图 12.2　K-M 生存分析图

将得到的参数代入测试集，利用 Cox PH 模型对中小企业的信用风险进行预测，得到的信用风险评估结果见表 12.11。

表 12.11 Cox PH 模型的预测结果

| 实际＼预测 | Cox PH | |
| --- | --- | --- |
| | 未违约 | 违约 |
| 未违约 | 110 | 41 |
| 违约 | 34 | 117 |
| 总体预测精度 | 75.16% | |
| 第一类错误率 | 27.15% | |
| 第二类错误率 | 22.52% | |

从表 12.11 可以看出，模型的总体预测的准确率为 75.16%，犯第一类错误和第二类错误的概率都比较高，超过 20%，即把好的企业拒之门外的概率为 27.15%，识别出高风险企业的概率为 77.48%，也就是说，把高风险企业当作正常企业发放贷款的概率为 22.52%，这对于金融机构而言，风险相对较大。

## 12.2.4 评估结果对比

本节分别讨论了静态 Logistic 模型和动态的 Cox PH 模型在中小企业信用风险评估中的应用。为了更好地同传统的信用风险评估模型——Logistic 模型的评估结果进行对比，特别引入混淆矩阵。基于 Logistic 回归的参考性以及沿用其他学者的设定标准，并且根据研究数据中违约样本和非违约样本的均衡分布，认为将 0.5 作为生存分析预测判别点是合理的。据此，本章的 Cox PH 模型也沿用 0.5 作为阈值进行混淆矩阵的判别分析。

在预测分析中，模型有可能将优质企业误判为会发生违约的企业或者将发生违约情况的企业误判成优质企业，这都会影响到优质且有潜力的企业获得银行贷款，甚至会影响金融市场的稳定运行，因此，第一类错误和第二类错误在模型中的表现也十分值得关注。其中，第一类型错误是优质企业被模型误判为违约企业，第二类型错误表示有违约风险的企业被识别为没有违约风险的优质企业。

本节中,对于同一样本,在考虑企业的财务指标和非财务相关指标对信用风险影响的条件下,我们分别利用三种模型进行了中小企业的信用风险评估,得到了三种模型的评估结果见表 12.6、12.8 和 12.11。为了更加明晰,我们把评估结果制作成表 12.12,三种模型的准确率比较一目了然。

表 12.12　三种模型的预测结果

| 实际 ＼ 预测 | Logistic | | Cox PH | | Lasso-Cox PH | |
|---|---|---|---|---|---|---|
| | 未违约 | 违约 | 未违约 | 违约 | 未违约 | 违约 |
| 未违约 | 0 | 151 | 110 | 41 | 145 | 6 |
| 违约 | 0 | 151 | 34 | 117 | 3 | 148 |
| 总体预测精度 | 50% | | 75.16% | | 97.02% | |
| 第一类错误率 | 100% | | 27.15 % | | 3.97% | |
| 第二类错误率 | 0% | | 22.52% | | 1.99% | |

从表 12.12 可以明显看出,Cox PH 的总体预测精度为 75.16%,而 Lasso-Cox PH 模型的预测总体精度为 97.02%,Logistic 模型整体的预测准确率仅为 50%。从总体预测精确度来看,Cox PH 模型的预测准确率高于 Logistic 模型,而 Lasso-Cox PH 的预测精确度要远高于 Cox PH 模型。此外,从第一类和第二类错误的占比考虑,Lasso-Cox PH 模型第一类错误率低于 Cox PH 模型低于 Logistic 模型,而第二类错误率 Cox PH 模型高于 Lasso-Cox PH 模型高于 Logistic 模型。总体来看,Cox PH 模型相对于 Logistic 模型而言能取得更高的预测评估结果。对比 Lasso-Cox PH 和 Cox PH 模型,经过降维处理的模型预测结果有明显提升,该预测结果也与本章的预期相符。冗余变量的存在确实会影响模型的预测效果,而 Lasso 确能较好地处理冗余变量,并且 Lasso 同 Cox PH 的结合与理论分析一致,在模型之间存在互补特性时,将两者结合确实能得到更好的评估结果。

根据第 3 章第 3 节的讨论,评估模型的预测精度并不能仅根据预测的准确程度来说明,还有其他的一些指标。基于 Cox 模型的特殊性,在 3.3 中引入了 C-index 来更好地识别 Cox 模型预测的有效性。对比 Cox PH 和

Lasso-Cox PH 模型可知,Cox PH 的 C-index 为 0.823971464,其标准误为 0.006426926,而 Lasso-Cox PH 的 C-index 为 0.8761432,其标准误为 0.0115800。这一结果说明,Cox PH 模型的预测准确率相对较高,且 Lasso-Cox PH 模型有更高的预测精度。

## 12.3　本章小结

本章利用生存分析对国内中小企业的信用违约状况进行研究,在不考虑宏观环境对中小企业的运营会产生较大影响的情况下,利用创建的 Lasso-Cox PH 对中小企业的信用风险进行了评估。同时,将 Cox PH 模型的评估结果与经典的 Logistic 进行了对比分析。在利用评估方法评估之前,由于正例样本和负例样本存在高度不平衡性,而 Logistic 这类模型是以 0.5 为违约判别的阈值,因此为了匹配该违约阈值,通过 SMOTE 合成负例样本使之平衡。

通过实证分析,将 Lasso-Cox PH 的评估结果与 Cox PH 模型和 Logistic 模型的进行了对比,预测结果表明 Lasso-Cox PH 的预测结果远高于 Cox 模型,而 Cox 模型的准确率高于 Logistic 模型,且 Lasso-Cox 模型的预测准确度高达 97.02%。因此,本章得到的三个如下主要结论。

(1)在中小企业信用风险评估模型的选择中,Cox PH 模型相对于 Logistic 模型有更高的适用性。在基于同一样本分析的情况下,Cox PH 模型的总体预测精度远高于 Logistic 模型,且 Logistic 模型的第一类错误和第二类错误都高于 Cox PH 模型的。

(2)在提升中小企业信用风险评估的预测精度上,Lasso 可以有效地识别评估指标,优化评估指标体系。

(3)创新因素、企业人员能力素质以及企业基本特征信息在中小企业信用风险评估中也较为重要,是中小企业信用风险的有效评估指标。

# 13 基于扩展 Cox 模型的中小企业信用风险评估

本章将考虑引入宏观经济环境的条件下,研究中小企业信用风险的评估问题,也就是在第 11 章建立的中小企业评估指标体系下进行信用风险评估研究,即中小企业信用风险评估指标包括三个方面的指标:财务指标、非财务指标和宏观指标,共计 38 个评估指标。

由于宏观经济指标是动态指标,这种指标是随着时间而变化的,因此静态的评估方法已经不再适用,本章将使用动态的 Cox 模型进行。

## 13.1 数据来源

为了与第 12 章中没有考虑宏观指标的信用风险评估进行对比分析,本章使用的样本与第 12 章的样本完全一样,共有 838 家样本企业,其中有 79 家企业曾经发生过被 ST 的情况,被认定为高风险企业,而其余 759 家企业经营正常,被认定为正常企业。具体的样本数据获取与处理见 12.1。

## 13.2 基于 Cox 模型的评估结果

### 13.2.1 基于扩展的 Cox 模型的评估结果

基于前文分析,宏观的经济环境也会对中小企业的信用风险产生影响,并且结合生存分析方法的特殊性,考虑将宏观动态变量放入模型,加上静态的财务指标和非财务指标一起,总计 35 个指标纳入扩展的 Cox 模型进行中小企业的信用风险评估指标体系。在模型进行预测分析之前要进行 Omnibus 检验,具体的检验结果如表 13.1 所示。

表 13.1　Cox 模型的 Omnibus 检验

| 一2 对数似然 | 总体得分 | | | 从上一步进行更改 | | | 从上一块进行更改 | | |
| --- | --- | --- | --- | --- | --- | --- | --- | --- | --- |
| | 卡方 | 自由度 | 显著性 | 卡方 | 自由度 | 显著性 | 卡方 | 自由度 | 显著性 |
| 1234.61 | 422.35 | 38 | 0.00 | 384.64 | 38 | 0.00 | 384.64 | 38 | 0.00 |

从表 13.1 可以看出,加入宏观变量后扩展的 Cox 模型通过显著性检验。因此,加入宏观变量对于扩展的 Cox 模型来说也是可行的,可以进行后续的模型预测分析。对于设定该模型 0.5 阈值的情况下利用进行扩展的 Cox 模型的信用风险评估,评估结果如表 13.2 所示。

与表 12.11 进行比较,在考虑动态的宏观指标的情况下,Cox 模型的整体预测精度有了提升,从 75.16% 提升到了 76.82%,且第一类错误的概率从 27.15% 降低到了 23.18%,尽管第二类错误的概率略上升了 0.66%,但整体评估结果的提升证明宏观指标有利于提高中小企业信用风险评估的准确程度。

表 13.2　基于扩展的 Cox 模型的信用风险评估结果

| 预测结果＼实际 | 预测 | |
| --- | --- | --- |
| | 未违约 | 违约 |
| 未违约 | 116 | 35 |
| 违约 | 35 | 116 |
| 总体预测精度 | 76.82% | |
| 第一类错误 | 23.18% | |
| 第二类错误 | 23.18% | |

再利用 C-index 模型来判断扩展的 Cox 模型的准确性。将所有信用风险评估指标体系的指标即将宏观指标也纳入模型后,实验结果表明,C-index 的值为 0.8959292,其标准差为 0.01113598。而 Cox PH 的预测 C-index 为 0.823971464,其标准差为 0.006426926,也说明了 Cox 模型的准确性是有提升的。

## 13.2.2  基于 Lasso-Cox 模型的评估结果

正如第 12 章的结果显示,由于上市公司的财务指标之间往往存在很强的相关性,当模型的变量间存在较高的相关程度时,模型的稳定性和有效性就会有所降低。虽然每个指标都传达着信息,但并不是将越多的指标纳入评估模型,模型的效果就越好,因为大量指标之间必然会存在共线性,冗余变量的存在会影响模型的预测效率,因此本节也讨论利用已经构建的 Lasso-Cox 模型对中小企业的信用风险进行评估。同时,为了说明 Lasso 降维方法的有效性,下一节在继续讨论其他降维方法后,利用 Cox 模型进行信用风险评估的预测结果。

从 12.2.1 节可知,Lasso 模型对自变量进行降维处理后,模型的预测效果有了极大的提升。为了进一步检验 Lasso 模型降维确立的中小企业信用风险评估指标的有效性,本章将在纳入宏观指标的情况下,考虑使用 Cox 模型来评估中小企业的信用风险。

本节考虑到 35 个评估指标中或许有些指标之间存在高度相关性,因此将利用 Lasso 模型降维模型处理过的静态评估指标以及动态的宏观指标纳入扩展的 Cox 模型进行预测准确率分析。在此背景下,在利用 Cox 模型进行预测分析之前需要做 Omnibus 检验,检验结果如表 13.3 所示。

表 13.3 的结果表明,在扩展的 Cox 模型下,经过主成分、随机森林以及 Lasso 方法所筛选出来的变量叠加宏观变量都是适用的,因此可以进行模型预测分析。

表 13.3  Lasso-Cox 模型系数的 Omnibus 检验

| 一2 对数似然 | 总体得分 | | | 从上一步进行更改 | | | 从上一块进行更改 | | |
|---|---|---|---|---|---|---|---|---|---|
| | 卡方 | 自由度 | 显著性 | 卡方 | 自由度 | 显著性 | 卡方 | 自由度 | 显著性 |
| 1267.365 | 343.751 | 26 | 0.000 | 351.881 | 26 | 0.000 | 351.881 | 26 | 0.000 |

将估计得到的参数代入训练集，利用 Lasso-Cox 模型对中小企业的信用风险进行评估，得到的预测结果如表 13.4 所示。

表 13.4　Lasso-Cox 模型的预测结果

| 实际 ＼ 预测结果 | Lasso-Cox | |
|---|---|---|
| | 未违约 | 违约 |
| 未违约 | 146 | 145 |
| 违约 | 4 | 3 |
| 总体预测精度 | 97.02% | |
| 第一类错误率 | 3.31% | |
| 第二类错误率 | 2.65% | |

从表 13.4 可以看出，加入宏观变量后，模型的总体预测精确度高达 97.02%，与不考虑宏观指标的 Lasso-Cox PH 模型的精度一致，犯第一类错误的概率仅有 3.31%，第二类错误的概率也仅有 2.65%。这也进一步表明，考虑将宏观变量纳入评估指标体系的逻辑也是正确的。宏观变量在一定程度上体现着社会整体的经济景气程度，这也会影响到企业的发展，进而影响到企业的违约情况。

不管是利用 Lasso-Cox PH 模型，还是利用 Lasso-Cox 模型，即无论是否考虑宏观指标，预测的准确程度都是 97.02%，说明 Lasso-Cox 模型在中小企业信用风险评估中是非常适用的。

但是利用 Lasso-Cox 模型（即添加宏观指标后）的评估结果，尽管犯第一类错误的概率减少了（从 3.97% 降低到 3.31%），但犯第二类错误的概率却增加了（从 1.99% 上升到了 2.65%），上升下跌的幅度都是 0.66%，也就是用提升第二类错误换取了第一类错误的下降。一部分原因可能在于模型样本的不足。在进行信用风险评估时，通常样本集越多，越能更好体现总样本的分布情况，例如在进行个人借款者信用风险评估时通常所选取的样本集可能达到百万级别，而中小企业信用风险评估样本不到一千个，而进入到测试集的样本仅有 302 个，因此在评估时，模型结果可能会有一定的偏离。后续可以考虑加入更多的样本集进行更精密的研究。另外一部分原因是考虑的宏观指标较少,没有选择到真正影响中小企业信用风险的宏观指标,后续的研究也可以进一步加以考虑。

为了进一步说明 Lasso 在筛选有效指标时的优势,本章将进一步讨论使用常用的降维模型对 35 个静态指标(包括财务指标和非财务指标)进行筛选,在获取有效评估指标体系后添加宏观指标,再利用扩展的 Cox 模型进行中小企业的信用风险评估,对比评估结果以说明 Lasso 模型的优势。

## 13.3 不同降维方法确立的中小企业信用风险指标体系

本节考虑引入另外常用的两种降维模型,如主成分分析和随机森林方法来进行信用风险评估指标的选择,筛选出有效的静态评估指标,再通过 Logistic 模型和 Cox 模型来实现中小企业信用风险评估,对比分析这两种模型的评估结果。

本书共存在 35 个评估指标,正如 12 章的结果说明的,这 35 个指标之间存在高度相关性。如果不将数据进行降维处理而直接带入评估模型进行实证处理,就会造成模型运行效率降低并且影响模型的预测精确性。因此,降维模型不仅能提升预测模型的运行效率,还能在剔除冗余变量的基础上提高模型的预测精度。

我们对各个指标间的关系进行了 $t$ 检验,检验结果见表 13.5。

表 13.5 变量关系的 $t$ 检验表

| 指标 | 重要性 | 指标 | 重要性 | 指标 | 重要性 | 指标 | 重要性 | 指标 | 重要性 | 指标 | 重要性 | 指标 | 重要性 |
|---|---|---|---|---|---|---|---|---|---|---|---|---|---|
| $X_1$ | 0.0000 | $X_6$ | 0.0004 | $X_{22}$ | 0.2570 | $X_8$ | 0.0000 | $X_{17}$ | 0.9838 | $X_{26}$ | 0.0000 | $X_{31}$ | 0.0001 |
| $X_2$ | 0.0000 | $X_{12}$ | 0.0000 | $X_{23}$ | 0.0040 | $X_9$ | 0.0000 | $X_{18}$ | 0.0000 | $X_{27}$ | 0.0000 | $X_{32}$ | 0.0009 |
| $X_3$ | 0.0000 | $X_{13}$ | 0.0000 | $X_{24}$ | 0.0000 | $X_{11}$ | 0.8965 | $X_{19}$ | 0.0044 | $X_{28}$ | 0.0044 | $X_{34}$ | 0.9339 |
| $X_4$ | 0.0000 | $X_{14}$ | 0.0000 | $X_{25}$ | 0.0077 | $X_{10}$ | 0.0145 | $X_{20}$ | 0.6172 | $X_{29}$ | 0.0004 | $X_{33}$ | 0.0000 |
| $X_5$ | 0.0000 | $X_{15}$ | 0.0000 | $X_7$ | 0.0000 | $X_{16}$ | 0.1389 | $X_{21}$ | 0.0000 | $X_{30}$ | 0.0022 | $X_{35}$ | 0.1666 |

从表 13.5 可以看出,营业收入增长率($X_{22}$)、有形资产净值/总资产($X_{11}$)、存货周转率($X_{16}$)、应收账款周转率($X_{17}$)、固定资产周转率($X_{20}$)、所

属地区($X_{34}$)以及所属行业($X_{35}$),这些指标同是否为优质企业之间不存在显著性差异,对于企业是否会发生违约状况的区分度不明显。因此,在进行信用风险评估指标前,有必要进行指标的筛选,从而建立有效的评估指标体系。

## 13.3.1 主成分分析

主成分分析(PCA)是将原始数据集通过正交方法生成新的两两不相关的新变量集,且同时从中选取较少却能尽量反映全部信息的新变量。

在主成分降维时,首先进行因子分析,而后提取特征值大于 1 的主成分,此时累计方差为 73.757%,已包含原始信用风险评估指标体系中的大部分信息,预计能得到较好的解释效果。通过主成分方法总共得到 14 个因子,而这 14 个主成分因子即为主成分降维方法所确立的中小企业信用风险评估指标体系。具体的原始指标在这 14 个因子中的载荷情况如表 13.6 所示。

**表 13.6 因子对于原始指标的载荷状况**

| 指标 | $F_1$ | $F_2$ | $F_3$ | $F_4$ | $F_5$ | $F_6$ | $F_7$ | $F_8$ | $F_9$ | $F_{10}$ | $F_{11}$ | $F_{12}$ | $F_{13}$ | $F_{14}$ |
|---|---|---|---|---|---|---|---|---|---|---|---|---|---|---|
| $X_1$ | 0.14 | 0.86 | 0.19 | 0.01 | −0.01 | 0.22 | −0.20 | −0.20 | 0.09 | −0.07 | −0.01 | −0.03 | −0.02 | −0.11 |
| $X_2$ | −0.13 | 0.83 | 0.22 | −0.05 | −0.11 | 0.24 | −0.23 | −0.20 | 0.08 | −0.10 | 0.01 | −0.05 | −0.03 | −0.11 |
| $X_3$ | −0.04 | −0.18 | −0.11 | 0.04 | −0.06 | −0.27 | −0.30 | 0.14 | 0.29 | 0.16 | 0.24 | −0.10 | 0.49 | −0.07 |
| $X_4$ | 0.29 | −0.29 | −0.05 | 0.37 | −0.03 | 0.01 | 0.42 | −0.04 | 0.15 | −0.26 | 0.12 | −0.10 | −0.09 | −0.18 |
| $X_5$ | 0.23 | −0.24 | 0.03 | −0.72 | −0.15 | 0.04 | −0.10 | 0.15 | 0.08 | 0.00 | 0.02 | 0.22 | −0.09 | 0.16 |
| $X_6$ | 0.05 | 0.31 | 0.06 | −0.44 | 0.45 | 0.07 | 0.22 | 0.30 | −0.07 | −0.03 | 0.22 | −0.13 | 0.02 | −0.04 |
| $X_7$ | 0.90 | 0.10 | −0.05 | 0.14 | 0.21 | −0.05 | 0.00 | 0.00 | −0.02 | 0.03 | −0.03 | 0.00 | 0.07 | −0.01 |
| $X_8$ | 0.79 | 0.14 | −0.14 | 0.25 | 0.38 | −0.07 | 0.07 | −0.01 | 0.06 | 0.11 | −0.08 | 0.11 | 0.07 | 0.02 |
| $X_9$ | −0.82 | −0.02 | 0.04 | 0.27 | 0.14 | 0.05 | 0.10 | −0.08 | 0.01 | −0.13 | 0.06 | −0.17 | 0.06 | −0.08 |
| $X_{10}$ | 0.45 | 0.40 | −0.02 | −0.20 | 0.51 | 0.02 | 0.09 | 0.19 | −0.02 | 0.01 | 0.12 | −0.19 | 0.07 | 0.07 |
| $X_{11}$ | 0.02 | 0.12 | −0.03 | 0.09 | 0.06 | 0.01 | 0.03 | −0.37 | −0.10 | −0.35 | −0.18 | 0.19 | 0.29 | 0.04 |
| $X_{12}$ | −0.84 | 0.00 | −0.05 | −0.01 | 0.35 | 0.08 | 0.09 | 0.04 | 0.14 | 0.02 | −0.06 | 0.09 | −0.03 | −0.07 |
| $X_{13}$ | −0.82 | 0.08 | −0.05 | −0.02 | 0.42 | 0.05 | 0.10 | 0.12 | 0.09 | −0.00 | −0.11 | 0.18 | 0.00 | −0.03 |
| $X_{14}$ | 0.78 | 0.18 | −0.16 | 0.23 | 0.40 | −0.07 | 0.07 | 0.00 | 0.08 | 0.09 | −0.07 | 0.13 | 0.05 | 0.02 |
| $X_{15}$ | −0.72 | 0.07 | −0.07 | −0.04 | 0.43 | 0.04 | −0.01 | 0.12 | 0.16 | 0.13 | −0.09 | 0.25 | −0.03 | 0.01 |
| $X_{16}$ | 0.01 | 0.04 | −0.03 | 0.04 | 0.13 | −0.05 | −0.14 | −0.00 | −0.11 | 0.27 | 0.09 | −0.40 | −0.52 | 0.10 |
| $X_{17}$ | 0.03 | 0.04 | 0.21 | 0.01 | 0.06 | 0.00 | 0.07 | −0.04 | 0.34 | −0.40 | 0.48 | −0.09 | −0.15 | 0.20 |
| $X_{18}$ | 0.31 | −0.43 | 0.59 | −0.07 | 0.06 | 0.37 | −0.27 | 0.09 | 0.02 | 0.02 | 0.01 | 0.17 | 0.00 | 0.09 |

| 指标 | $F_1$ | $F_2$ | $F_3$ | $F_4$ | $F_5$ | $F_6$ | $F_7$ | $F_8$ | $F_9$ | $F_{10}$ | $F_{11}$ | $F_{12}$ | $F_{13}$ | $F_{14}$ |
|---|---|---|---|---|---|---|---|---|---|---|---|---|---|---|
| $X_{19}$ | −0.04 | −0.02 | 0.08 | 0.04 | −0.02 | 0.13 | −0.05 | −0.18 | 0.11 | 0.31 | −0.31 | −0.40 | 0.23 | 0.52 |
| $X_{20}$ | 0.07 | −0.07 | 0.23 | 0.35 | 0.20 | 0.22 | −0.17 | −0.13 | −0.09 | 0.30 | 0.14 | 0.16 | −0.07 | −0.21 |
| $X_{21}$ | 0.21 | −0.50 | 0.57 | 0.26 | 0.19 | 0.34 | −0.20 | 0.08 | 0.00 | 0.03 | 0.02 | 0.08 | 0.05 | −0.02 |
| $X_{22}$ | 0.02 | 0.24 | 0.40 | 0.04 | −0.01 | −0.29 | −0.16 | 0.01 | 0.02 | −0.03 | −0.08 | 0.05 | 0.00 | −0.19 |
| $X_{23}$ | −0.03 | 0.13 | 0.60 | −0.04 | −0.02 | −0.58 | 0.22 | −0.11 | 0.13 | 0.15 | −0.08 | 0.10 | −0.07 | 0.07 |
| $X_{24}$ | −0.09 | 0.13 | 0.70 | −0.03 | −0.02 | −0.55 | 0.24 | −0.07 | 0.09 | 0.11 | −0.02 | 0.06 | −0.03 | 0.05 |
| $X_{25}$ | −0.13 | −0.32 | 0.49 | 0.01 | 0.14 | 0.10 | 0.20 | 0.23 | −0.33 | −0.15 | 0.15 | −0.14 | 0.26 | 0.07 |
| $X_{26}$ | 0.04 | 0.60 | 0.32 | 0.12 | −0.18 | 0.18 | −0.22 | 0.36 | 0.00 | −0.12 | −0.07 | −0.05 | 0.08 | 0.07 |
| $X_{27}$ | −0.23 | 0.35 | −0.15 | 0.29 | −0.18 | −0.15 | −0.03 | 0.42 | −0.19 | 0.05 | 0.05 | 0.10 | 0.15 | 0.31 |
| $X_{28}$ | −0.17 | 0.27 | −0.08 | 0.51 | −0.19 | −0.07 | 0.11 | 0.36 | −0.05 | −0.09 | 0.05 | 0.13 | 0.00 | 0.13 |
| $X_{29}$ | 0.04 | −0.14 | −0.14 | 0.10 | −0.03 | −0.05 | −0.22 | 0.03 | 0.71 | 0.02 | 0.18 | −0.08 | 0.07 | 0.02 |
| $X_{30}$ | 0.02 | 0.25 | 0.07 | −0.11 | −0.37 | 0.38 | 0.49 | 0.00 | 0.05 | 0.31 | 0.16 | 0.03 | 0.08 | −0.09 |
| $X_{31}$ | −0.01 | 0.03 | 0.08 | −0.08 | −0.13 | 0.44 | 0.51 | −0.13 | 0.27 | 0.19 | −0.04 | 0.13 | 0.13 | 0.13 |
| $X_{32}$ | 0.16 | −0.11 | 0.04 | 0.15 | 0.03 | 0.14 | 0.08 | 0.24 | 0.28 | −0.32 | −0.44 | 0.06 | −0.33 | 0.25 |
| $X_{33}$ | 0.04 | 0.11 | −0.17 | −0.24 | 0.13 | −0.09 | −0.11 | −0.32 | −0.14 | −0.15 | 0.28 | 0.37 | 0.03 | 0.40 |
| $X_{34}$ | −0.08 | 0.09 | −0.05 | 0.41 | 0.12 | 0.04 | −0.04 | −0.07 | −0.07 | 0.26 | 0.36 | 0.27 | −0.24 | 0.23 |
| $X_{35}$ | 0.34 | 0.10 | −0.11 | −0.18 | −0.27 | −0.03 | 0.00 | 0.37 | 0.13 | 0.10 | −0.07 | 0.23 | −0.06 | −0.26 |

从表 13.6 可以看出，$F_1$ 中，资产负债率（$X_7$）、权益乘数（$X_8$）、营运资本比（$X_9$）的系数较高，在 $F_1$ 的比重较高，因此可以将 $F_1$ 定义为财务结构因子；在 $F_2$ 中，资产总额（$X_1$）、净资产（$X_2$）所占比重较高，因此 $F_2$ 可以看作资产数量因子；在 $F_3$ 中，利润总额增长率（$X_{23}$）、净利润增长率（$X_{24}$）所占比重较高，$F_3$ 可以看作盈利及增长能力指标；在 $F_4$ 中，固定资产比例（$X_5$）、长期负债比例（$X_6$）所占比重较高，因此 $F_4$ 可以看作是关于资产质量的指标；在 $F_5$ 中，流动比率（$X_{12}$）、速动比率（$X_{13}$）、产权比率（$X_{14}$）所占比重较高，因此 $F_5$ 可以看作是偿债能力指标；在 $F_6$ 中，利润总额增长率（$X_{23}$）、净利润增长率（$X_{24}$）、企业家管理年数（$X_{30}$）、企业家从业年数（$X_{31}$）所占比重较高，体现盈利及人员素质能力；在 $F_7$ 中，企业家管理年数（$X_{30}$）、企业家从业年数（$X_{31}$）所占比重较高，因此也较大程度体现了人员能力素质；在 $F_8$ 中，研发投入总额（$X_{26}$）、研发投入占营业收入比（$X_{27}$）、研发人员数量占比（$X_{28}$）所占比重较高，因此 $F_8$ 可以看作是创新能力指标；在 $F_9$ 中，企业家学历（$X_{29}$）、

企业家从业年数($X_{31}$)、职工平均文化水平($X_{32}$)、成立年限($X_{33}$)所占比重较高,因此综合体现了企业基本特征与人员能力素质;在 $F_{10}$ 中,存货周转率($X_{16}$)、应收账款周转率($X_{17}$)所占比重较高,因此可以看作是营运能力指标;在 $F_{11}$ 中,职工平均文化水平($X_{32}$)、所属地区($X_{34}$)所占比重较高,中和体现了人员能力素质与企业信息;在 $F_{12}$ 中,现金比率($X_{15}$)、存货周转率($X_{16}$)、营运资本周转率($X_{19}$)所占比重较高,因此综合体现了偿债能力和营运能力;在 $F_{13}$ 中,企业家从业年数($X_{31}$)、职工平均文化水平($X_{32}$)所占比重较高,因此 $F_{13}$ 体现公司人员能力素质;在 $F_{14}$ 中,成立年限($X_{33}$)、所属地区($X_{34}$)、所属行业($X_{35}$)所占比重较高,因此体现企业基本特征信息。

将合成的 14 个变量带入模型中进行违约预测试验,样本的 KMO 和 Barlett 检验结果见表 13.7。

对于 KMO 和 Barlett 检验,KMO 值一般处于[0,1]区间,且随着数据值的增加,变量在因子分析中的适用性是增加的。一般而言,在 KMO 值低于 0.6 时,变量是不适用于因子分析,而高于 0.6 则意味着变量可以进行因子分析。又因为经济学领域的特殊性,对 KMO 的要求低于其余学科领域,因此,从表 13.7 可知本次检验的 KMO 值为 0.602,高于 0.6 的临界值,并且显著性为 0。可以看出,主成分降维方法是适用于该数据集的,可以用来进行降维处理。

**表 13.7　样本的 KMO 和 Barlett 检验**

| KMO(Kaiser-Meyer-Olkin)度量 | | 0.602 |
| --- | --- | --- |
| 巴特利特球形度检验 | 近似卡方 | 38935.700 |
| | 自由度 | 595 |
| | 显著性 | 0.000 |

本章选取以上 14 个主成分因子作为主成分分析法确立的中小企业信用风险评估的有效指标体系,来对中小企业的信用风险进行评估。

### 13.3.2　随机森林

利用随机森林(RF)降维方法,首先得到各评估指标的重要性排序。各指标重要性结果见如表 13.8。

表 13.8　各指标的重要性排序

| 指标 | 重要性 | 指标 | 重要性 | 指标 | 重要性 | 指标 | 重要性 |
|---|---|---|---|---|---|---|---|
| $X_3$ | 0.148659 | $X_2$ | 0.113324 | $X_{35}$ | 0.068272 | $X_{11}$ | 0.038349 |
| $X_{13}$ | 0.037634 | $X_{17}$ | 0.037126 | $X_{15}$ | 0.035865 | $X_{16}$ | 0.032098 |
| $X_{14}$ | 0.031654 | $X_8$ | 0.028347 | $X_{27}$ | 0.027787 | $X_9$ | 0.024374 |
| $X_{24}$ | 0.024094 | $X_{26}$ | 0.023381 | $X_{18}$ | 0.022115 | $X_{20}$ | 0.020959 |
| $X_6$ | 0.019306 | $X_{12}$ | 0.019176 | $X_{19}$ | 0.018964 | $X_{22}$ | 0.018921 |
| $X_7$ | 0.018578 | $X_{33}$ | 0.018538 | $X_5$ | 0.018210 | $X_{23}$ | 0.016847 |
| $X_{31}$ | 0.015287 | $X_{32}$ | 0.015251 | $X_{25}$ | 0.014423 | $X_4$ | 0.014231 |
| $X_{10}$ | 0.014176 | $X_{21}$ | 0.014070 | $X_{29}$ | 0.013168 | $X_{28}$ | 0.013057 |
| $X_{30}$ | 0.005316 | $X_{35}$ | 0.002766 | $X_1$ | 0 | — | — |

通过随机森林方法得出各变量的重要性排序后,可以生成相关重要性评分、Gini 系数的可视化结果,如图 13.1 所示。

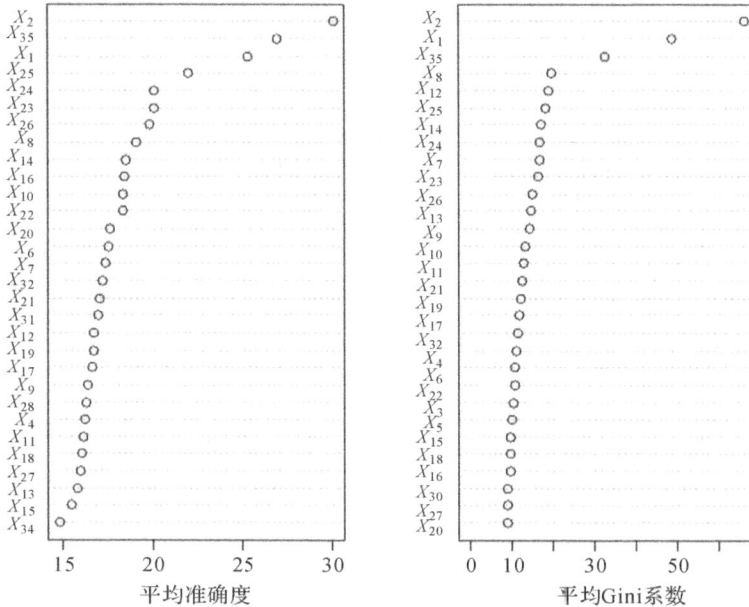

图 13.1　特征重要性

从图 13.1 可以看出，$X_1$、$X_4$、$X_5$、$X_6$、$X_{15}$、$X_{16}$、$X_{18}$、$X_{19}$、$X_{20}$、$X_{22}$、$X_{27}$、$X_{28}$、$X_{29}$、$X_{30}$、$X_{31}$、$X_{32}$、$X_{33}$、$X_{34}$、$X_{35}$ 这些指标在重要性评分和 Gini 系数的值都相对较小，且相对于剩余变量来说，这些变量无论是重要性评比还是 Gini 系数都较低，因此可以考虑将其剔除出模型。因此，经随机森林降维筛选后，中小企业的信用风险评估指标体系如表 13.9 所示。

**表 13.9　经随机森林降维后的信用风险评估指标体系**

| 符号 | 指标 | 符号 | 指标 | 符号 | 指标 |
|---|---|---|---|---|---|
| $X_2$ | 净资产 | $X_3$ | 市净率 | $X_7$ | 资产负债率 |
| $X_8$ | 权益乘数 | $X_9$ | 营运资本比 | $X_{10}$ | 非流动负债权益比率 |
| $X_{11}$ | 有形资产比率 | $X_{12}$ | 流动比率 | $X_{13}$ | 速动比率 |
| $X_{14}$ | 产权比率 | $X_{17}$ | 应收账款周转率 | $X_{21}$ | 总资产周转率 |
| $X_{23}$ | 利润总额增长率 | $X_{24}$ | 净利润增长率 | $X_{25}$ | 净资产收益率 |
| $X_{26}$ | 研发投入总额 | $X_{35}$ | 所属行业 | | |

随机森林与主成分分析的主要差别在于，主成分分析是基于样本给定的 35 个自变量的线性组合，它保留了原始数据 73.75% 的信息，但是也会面临局部数据缺失的特点；而随机森林则是基于袋外数据的误差进行指标重要性以及 Gini 系数的评比，并且通过剔除重要性弱小的指标来达到降维的目的。相对而言，随机森林是一种高效处理高维的、非线性数据的方法。

## 13.4　不同降维模型下中小企业信用风险的评估结果

### 13.4.1　经主成分分析法确立的评估指标体系下的评估结果

经主成分方法降维后，全文 35 个变量被拟合成 14 个变量，将其分别放入 Logistic 模型和 Cox PH 模型中进行实证检验。

而在进行评估模型预测之前，还需要检验模型对数据的适应性，因此需要根据模型系数的 Omnibus 检验来评估模型的有效性,具体的 Omnibus 检验结果如表 13.10 所示。从表 13.10 的检验结果可以看出,经主成分处理后的 Logistic 模型和 Cox PH 模型都通过了 Omnibus 检验,因此进行下一步的模型精确度预测是可行的。

表 13.10　经主成分筛选后 Logistic 模型和 Cox PH 模型系数的 Omnibus 检验

| Logistic | 总体得分 | | | 从上一步进行更改 | | | 从上一块进行更改 | | |
|---|---|---|---|---|---|---|---|---|---|
| 一2 对数似然 | 卡方 | 自由度 | 显著性 | 卡方 | 自由度 | 显著性 | 卡方 | 自由度 | 显著性 |
| 1617.537 | 31.146 | 2 | 0.000 | 31.146 | 2 | 0.000 | 31.146 | 2 | 0.000 |
| Cox PH | 总体得分 | | | 从上一步进行更改 | | | 从上一块进行更改 | | |
| 一2 对数似然 | 卡方 | 自由度 | 显著性 | 卡方 | 自由度 | 显著性 | 卡方 | 自由度 | 显著性 |
| 1617.537 | 2.608 | 14 | 0.011 | 1.708 | 14 | 0.019 | 1.708 | 14 | 0.019 |

利用测试集的数据,使用 Logistic 回归模型和 Cox PH 模型对中小企业的信用风险加以评估,得到的预测结果如表 13.11 所示,两种模型选取的阈值均为 0.5。

表 13.11　Logistic 和 Cox PH 模型的信用风险评估结果

| 实际 \ 预测 | Logistic | | Cox PH | |
|---|---|---|---|---|
| | 未违约 | 违约 | 未违约 | 违约 |
| 未违约 | 82 | 69 | 110 | 41 |
| 违约 | 43 | 108 | 34 | 117 |
| 总体预测精度 | 62.91% | | 75.16% | |
| 第一类错误 | 45.70% | | 27.15% | |
| 第二类错误 | 28.48% | | 22.52% | |

从表 13.11 可以看出,在经过主成分方法将样本数据拟合成 14 个变量后,Logistic 模型和 Cox PH 模型的预测精度都有所提高,主成分-Cox PH 模型的预测精确度为 75.16%,高于主成分-Logistic 模型的 62.91%,且在第一、第二类错误的表现上也均占优势,第一类错误降低了 18.55%,第二类错误降低了 5.96%。综合来看,在主成分处理后,Cox PH 模型是优于

Logistic 模型的。

由于 Cox PH 模型的特殊性，我们还是将 C-index 引入到预测模型中。经过主成分处理的 Cox 模型的 C-index 为 0.69155359，其标准误差为 0.02122554，低于 5％，因此可以初步认为 Cox PH 模型的预测精度高于 69％，超过主成分-Logistic 模型的 62.91％。也就是说，可以认为 Cox PH 模型优于 Logistic 模型。

## 13.4.2 经随机森林确立的评估指标体系下的评估结果

随机森林则是基于袋外数据的误差进行指标重要性以及 Gini 系数的对比，筛选得出 17 个重要变量，确立的评估指标体系见表 13.9。将这些指标分别带入 Logistic 和 Cox PH 模型，并且在预测分析之前进行模型系数的 Omnibus 检验方法，检验结果如表 13.12 所示。

表 13.12  经随机森林筛选后 Logistic 模型和 Cox PH 模型的 Omnibus 检验

| Logistic | 总体得分 | | | 从上一步进行更改 | | | 从上一块进行更改 | | |
|---|---|---|---|---|---|---|---|---|---|
| 一2 对数似然 | 卡方 | 自由度 | 显著性 | 卡方 | 自由度 | 显著性 | 卡方 | 自由度 | 显著性 |
| 1304.954 | 282.849 | 17 | 0.000 | 282.849 | 17 | 0.000 | 282.849 | 17 | 0.000 |
| Cox PH | 总体得分 | | | 从上一步进行更改 | | | 从上一块进行更改 | | |
| 一2 对数似然 | 卡方 | 自由度 | 显著性 | 卡方 | 自由度 | 显著性 | 卡方 | 自由度 | 显著性 |
| 1304.954 | 379.064 | 17 | 0.000 | 314.292 | 17 | 0.000 | 314.292 | 17 | 0.000 |

表 13.12 的结果表明，随机森林方法所筛选出来的变量都是适用 Cox PH 模型和 Logistic 模型的，因此可以进行模型预测分析。

利用测试集的数据，使用 Logistic 回归模型和 Cox PH 模型对中小企业的信用风险加以评估，得到的预测结果如表 13.13 所示，两种模型选取的阈值均为 0.5。

从表 13.13 可以看出，Logistic 模型和 Cox PH 模型的预测精度经随机森林筛选重要变量后有所提高，总体预测的准确率均超过 90％，并且 Cox PH 的预测优势在数据集进行随机森林处理后更明显，总体预测精确度有较大的提升。而 Cox PH 模型的第二类错误 1.99％明显低于 Logistic 模型

表 13.13 经随机森林筛选后的 Logistic 和 Cox PH 模型的评估结果

| 预测\实际 | Logistic | | Cox PH | |
|---|---|---|---|---|
| | 未违约 | 违约 | 未违约 | 违约 |
| 未违约 | 139 | 12 | 136 | 15 |
| 违约 | 18 | 133 | 3 | 148 |
| 总体预测精度 | 90.07% | | 94.04% | |
| 第一类错误 | 7.95% | | 9.93% | |
| 第二类错误 | 11.92% | | 1.99% | |

的 11.92%,幅度降低了近 10%,可以大大降低银行等贷款机构的风险。尽管 Cox PH 模型的第一类错误率大于 Logistic 模型,但幅度不到 2%。相对而言,第一类错误为弃真错误,即错误地将未违约的企业预测判别为违约企业,该判别错误不会导致融出资金的机构遭受损失,而第二类错误是取伪错误,是指将实际违约的企业判别为正常企业的可能性,这会在更大程度上损害到商业银行等提供贷款的机构的利益。因此,从总体预测准确率以及第一类或第二类错误率来看,在随机森林处理后,Cox PH 模型是优于 Logistic 模型的。

进一步,我们测试了 Cox PH 模型的 C-index。经过随机森林处理后的 Cox PH 模型的 C-index 为 0.86908960,其标准误为 0.01142926,表明此时 Cox PH 模型的预测精度大于 87%,处于高精确度区间,说明 Cox PH 模型的预测是有效的。

### 13.4.3  评估结果对比分析

从第 12 章的讨论可以发现,Lasso 模型对自变量进行降维处理后,Lasso-Cox PH 模型的预测效果有了极大的提升。由于本章引入了其他的降维方法,因此也希望能够确定不同降维方法对中小企业信用风险评估指标的筛选的有效性。

首先对比加入降维模型对 Logistic 模型的评估结果是否会产生影响。在进行对比分析前,首先需要对 Lasso-Logistic 模型进行 Omnibus 检验,结果如表 13.14 所示。

表 13.14　经 Lasso 处理后 Logistic 模型的 Omnibus 检验

| -2 对数似然 | 总体得分 | | | 从上一步进行更改 | | | 从上一块进行更改 | | |
|---|---|---|---|---|---|---|---|---|---|
| | 卡方 | 自由度 | 显著性 | 卡方 | 自由度 | 显著性 | 卡方 | 自由度 | 显著性 |
| 1281.376 | 183.529 | 23 | 0.000 | 183.529 | 23 | 0.000 | 183.529 | 23 | 0.000 |

　　表 13.14 的结果表明，Lasso 方法所筛选出来的变量是适用 Logistic 模型的，因此可以进行模型预测分析。表 13.10 和 13.12 也说明经主成分分析和随机森林筛选后的指标体系可以用于 Logistic 模型的信用风险评估。利用测试集数据，得到的 Logistic 模型的评估结果见表 13.15。

　　从表 13.15 可知，所有经过降维处理的 Logistic 回归模型的总体预测精确度都是高于不经过筛选的 Logistic 模型的预测结果，因此也再一次印证了冗余变量对于模型精度会产生影响。

　　从三个结合不同降维模型得到的评估结果来看，Lasso-Logistic 模型的预测精确度为 96.03%，高于随机森林-Logistic 的 90.07% 和主成分-Logistic 的 62.91%，而且均高于不加选择评估指标的 Logistic 模型的评估结果 50%。不论是第一类错误还是第二类错误，Lasso-Logistic 模型的错误率都是最小的，仅有 3.97%。因此，Lasso 模型相对于随机森林和主成分模型而言，更能有效识别重要变量，提升模型的预测精度，并且大幅减少第一类错误和第二类错误。

表 13.15　不同评估指标下的 Logistic 模型的预测结果

| 实际＼预测 | Logistic | | 主成分-Logistic | | 随机森林-Logistic | | Lasso-Logistic | |
|---|---|---|---|---|---|---|---|---|
| | 未违约 | 违约 | 未违约 | 违约 | 未违约 | 违约 | 未违约 | 违约 |
| 未违约 | 0 | 151 | 82 | 69 | 139 | 12 | 145 | 6 |
| 违约 | 0 | 151 | 43 | 108 | 18 | 133 | 6 | 145 |
| 总体预测精度 | 50% | | 62.91% | | 90.07% | | 96.03% | |
| 第一类错误 | 100% | | 45.70% | | 7.95% | | 3.97% | |
| 第二类错误 | 50% | | 28.48% | | 11.92% | | 3.97% | |

　　此外,为了更好地说明 Cox PH 模型的优势,我们将不同降维方法与 Cox PH 模型结合对同样的样本数据进行信用风险评估,得到的评估结果即混淆矩阵如表 13.16 所示。

表 13.16　不同信用风险评估指标下 Cox PH 模型的预测结果

| 预测<br>实际 | Cox PH | | 主成分-Cox PH | | 随机森林-Cox PH | | Lasso-Cox PH | |
|---|---|---|---|---|---|---|---|---|
| | 未违约 | 违约 | 未违约 | 违约 | 未违约 | 违约 | 未违约 | 违约 |
| 未违约 | 110 | 41 | 110 | 41 | 136 | 15 | 145 | 6 |
| 违约 | 34 | 117 | 34 | 117 | 3 | 148 | 3 | 148 |
| 总体预测精度 | 75.16% | | 75.16% | | 94.04% | | 97.02% | |
| 第一类错误 | 27.15% | | 27.15% | | 9.93% | | 3.97% | |
| 第二类错误 | 22.52% | | 22.52% | | 1.99% | | 1.99% | |

　　从表 13.16 的数据可知,除了主成分之外,随机森林和 Lasso 模型与 Cox PH 结合进行中小企业的信用风险评估都能得到较高的预测精度,随机森林-Cox PH 的总体预测精度为 94.04%,而 Lasso-Cox PH 的高达 97.02%,因此 Lasso 模型相对来说更能识别有效变量,提升模型的预测性能。主成分分析降维所得出的效果与不经降维处理的 Cox PH 模型的结果相同,主要原因在于在进行主成分分析降维时,其因子负荷出现了负值情况,当相关因子正负值同时存在时,评价效果就被极大削弱。而从表 13.6 主成分分析的因子载荷可以较为明显地看出,几乎每个合成因子中都存在负值情况,因此降维的效果有限,以至得到同不进行指标选择的 Cox PH 模型相同的预测结果。

　　对比随机森林和 Lasso 模型,表 13.16 的结果表明 Lasso-Cox PH 有更高的总体精确度。细分其第一类错误和第二类错误可以发现,随机森林降维模型和 Lasso 降维模型结合 Cox PH 模型的第二类错误是相同的,而 Lasso 能取得更好的预测效果主要是通过减少第一类错误来实现的。综合来看,降低变量的维数、提取重要评估指标确实能提高 Cox PH 模型的精确度,降低其第一类错误和第二类错误的发生概率。

　　对比不同降维模型对 Cox PH 模型评估结果的影响,还有一个重要的评价指标,即 C-index。我们计算了各个模型的 C-index。第 12 章的结果可知,Cox PH 模型的预测 C-index 为 0.823971464,其标准误差为 0.006426926;本节得到的主成分-Cox PH 模型的 C-index 为 0.69155359,其标准误差为 0.02122554;随机森林-Cox PH 的 C-index 为 0.86908960,其标准误差为 0.01142926;而 Lasso-Cox PH 的 C-index 为 0.8761432,其标准误差为 0.0115800。因此,从 C-index 来看,几种信用风险评估模型的准确程度排名为:Lasso-Cox PH 模型、随机森林-Cox PH、Cox PH、主成分-Cox PH。

### 13.4.4　扩展 Cox 模型的评估结果

本节考虑到模型变量之间或存在高度相关性,因此着重强调降维模型对于预测结果有显著的影响。在此背景下,考虑将经过降维模型处理过的静态评估指标以及动态的宏观指标纳入扩展的 Cox 模型进行信用风险评估的准确率分析。在模型进行预测分析之前要经过 Omnibus 检验,具体的检验结果如表 13.17 所示。

表 13.17　经降维处理后叠加宏观变量的各模型系数的 Omnibus 检验

| 主成分-Cox | 总体得分 | | | 从上一步进行更改 | | | 从上一块进行更改 | | |
|---|---|---|---|---|---|---|---|---|---|
| -2 对数似然 | 卡方 | 自由度 | 显著性 | 卡方 | 自由度 | 显著性 | 卡方 | 自由度 | 显著性 |
| 1588.766 | 16.419 | 4 | 0.000 | 30.480 | 4 | 0.000 | 30.480 | 4 | 0.000 |
| 随机森林-Cox | 总体得分 | | | 从上一步进行更改 | | | 从上一块进行更改 | | |
| -2 对数似然 | 卡方 | 自由度 | 显著性 | 卡方 | 自由度 | 显著性 | 卡方 | 自由度 | 显著性 |
| 1288.442 | 382.756 | 20 | 0.000 | 330.803 | 20 | 0.000 | 330.803 | 20 | 0.000 |
| Lasso-Cox | 总体得分 | | | 从上一步进行更改 | | | 从上一块进行更改 | | |
| -2 对数似然 | 卡方 | 自由度 | 显著性 | 卡方 | 自由度 | 显著性 | 卡方 | 自由度 | 显著性 |
| 1267.365 | 343.751 | 26 | 0.000 | 351.881 | 26 | 0.000 | 351.881 | 26 | 0.000 |

表 13.17 的结果表明,在扩展的 Cox 模型下,经过主成分、随机森林以及 Lasso 方法所筛选出来的变量叠加宏观变量都是适用的,因此可以进行模型预测分析。

　　另外,可以通过将宏观动态变量纳入扩展的 Cox 模型并且叠加经主成分模型、随机森林以及 Lasso 模型提取的重要静态变量进行中小企业违约情况评估。

　　基于 Cox 模型的特殊性,在纳入宏观变量后,我们测算了各个 Cox 模型的一致性指数,结果见表 13.18。

　　从表 13.18 可以看出,对比是否添加宏观变量,仅有 Cox 模型的 C-index 变小了,而其余组合模型的在保持其他变量一致的前提下,加入宏观变量后模型的 C-index 更高了,即保持变量一致,添加宏观变量能提升模型的预测精度。而 Cox 模型在不进行变量降维,仅仅考虑是否添加宏观变量模型精确度反而降低,主要原因还是在于冗余变量对模型的预测结果的影响。多个冗余变量的存在,极大地降低了模型整体的预测精确性,因此,加入宏观变量反而没体现出动态模型的优势,可能原因是自变量之间的共线性,更进一步导致模型整体评估结果变差。

表 13.18　Cox 模型的 C-index

| 模型 | Cox PH | 主成分-Cox PH | 随机森林-Cox PH | Lasso-Cox PH |
|------|--------|--------------|----------------|--------------|
| C-index | 0.82397 | 0.69155 | 0.86909 | 0.87614 |
| 标准误 | 0.00643 | 0.02123 | 0.01143 | 0.01158 |
| 模型 | Cox | 主成分-Cox | 随机森林-Cox | Lasso-Cox |
| C-index | 0.6959292 | 0.70416642 | 0.8747385 | 0.88038735 |
| 标准误 | 0.01113598 | 0.02108543 | 0.0109853 | 0.01116757 |

　　此外,在都加入宏观动态变量的前提下,Lasso-扩展的 Cox 模型的 C-index 高于随机森林-扩展的 Cox 模型,高于主成分-扩展的 Cox 模型。该指数进一步体现 Lasso 模型相对于其他降维模型而言,更适合扩展的 Cox 模型。

　　而为了与前文未叠加宏观变量以及扩展的 Cox 模型未进行静态变量筛选的模型的预测效果进行更进一步的比较,利用测试集数据得到的具体预测结果如表 13.19 所示。

　　从表 13.19 可以看出,加入宏观变量后,Cox 模型的总体预测精确度都有一定程度的提高,且所有的总体预测精度超过 80%,因此,本章考虑将宏

表 13.19　不同评估指标体系下的扩展 Cox 模型(含宏观)的预测结果

| 预测 / 实际 | 主成分-Cox | | 随机森林-Cox | | Lasso-Cox | |
|---|---|---|---|---|---|---|
| | 未违约 | 违约 | 未违约 | 违约 | 未违约 | 违约 |
| 未违约 | 122 | 29 | 143 | 8 | 146 | 5 |
| 违约 | 29 | 122 | 8 | 143 | 4 | 147 |
| 总体预测精度 | 80.79% | | 94.70% | | 97.02% | |
| 第一类错误 | 19.21% | | 5.30% | | 3.31% | |
| 第二类错误 | 19.21% | | 5.30% | | 2.65% | |

观变量纳入模型的逻辑也是正确的。宏观变量在一定程度上体现着社会整体的经济景气程度,其会影响到企业的发展,进而影响到企业的违约情况。其次,对比加入全部静态指标的 Cox PH 模型和基于全部静态指标再加入宏观变量的扩展的 Cox 模型,可以发现扩展的 Cox 模型对于模型的预测准确率有一定的提升。此外,经主成分、随机森林以及 Lasso 方法降维后扩展的 Cox 模型的预测准确性结果与不考虑宏观变量一致,这也可以说明 Lasso 方法相对于主成分以及随机森林方法而言,更适合 Cox 模型对于企业是否违约的预判。但是在通过 Lasso 模型对静态变量进行降维处理后,是否添加宏观变量对整体模型预测精确度的提升没有多大的贡献,反而第一类错误减少,而第二类错误增加,这部分原因可能在于模型样本的不足。在进行信用风险评估时,样本集越多越能更好地体现总样本的分布情况,例如在进行个人借款者信用风险评估时通常所选取的样本集可能达到百万级别,而中小企业信用风险评估样本不足 1000 个,而进入到测试集的样本仅有 302 个,因此在评估时,模型结果可能会有一定的偏离,后续可以考虑加入更多的样本集进行更精密的研究。

## 13.5　中小企业评估结果分析

根据第 12 章和第 13 章的评估结果对比分析后可以发现,评估结果同中小企业评估指标建立时的预期相一致。

　　在评估指标体系保持一致时,利用 Logistic 模型和 Cox 模型对中小企业的信用风险进行评估,评估结果显示,Logistic 模型总体准确率为 50%,第一类错误率为 100%,第二类错误率为 0;而 Cox PH 模型的总体预测精确度为 75.16%,第一类错误率为 27.15%,第二类错误率为 22.52%。改变评估模型所得到的预测结果表明,虽然 Logistic 模型在信用风险中一直有较好的表现,但是相对于 Cox 模型来说,后者的表现在中小企业信用风险评估中有更好的预测精确性。

　　由于评估指标体系之间存在多重共线性,本章希望进一步确立有效的中小企业信用风险评估体系,因此引入了三个模型对评估体系进行降维处理。主成分降维方法将原始评估指标体系拟合成 14 个因子,结合 Logistic 和 Cox PH 模型后总体预测精度分别为 62.91% 和 75.16%。而经过随机森林进行降维处理后,共筛选了 17 个重要指标,再结合预测模型后总体预测精度分别为 90.07% 和 94.04%。Lasso 模型是通过引入惩罚函数进行降维处理,最后输出 23 个有效指标,将其带入 Logistic 和 Cox PH 模型后,预测结果分别为 96.03% 和 97.02%。因此,采用不同降维模型后,模型的预测精确性都有较大的提升,而其中 Lasso 对于重要指标的提取则更为有效。

　　宏观经济对中小企业的生存发展起着极大的影响,在考虑引入宏观变量作为评估指标后,只能使用可以处理动态指标的 Cox 模型对中小企业的信用风险进行评估。评估结果显示,将宏观变量纳入评估体系后,扩展的 Cox 模型的预测精度为 76.82%,模型准确率提升不大。而将经过主成分、随机森林和 Lasso 降维模型处理过的静态评估指标以及动态的宏观指标纳入扩展的 Cox 模型后,模型的预测准确率分别为 80.79%、94.70% 和 97.02%,模型的预测精确度有了较大的提升。从该评估结果可以看出,主成分降维方法是通过将原始数据集通过正交方法生成新的两两不相关的新变量集,同时从中选取较少却能尽量反映全部信息的新变量。简而言之,就是用新的变量集来表现大部分的原始信息,这类做法虽然体现了大部分信息,但是也将扰动变量信息纳入到新的变量集中,进而干扰到后续评估模型的预测;随机森林是基于指标重要性以及 Gini 系数来筛选数据,而从筛选得出的新数据集可以看出,随机森林识别的有较高重要性的变量分属不同的指标类型,如市净率分属资产质量类,而净资产分属资产数量,所属行业分属企业基本特征信息等,因此,随机森林对变量进行较有效的筛选,并将无效变量从新的数据集剔除,故能较好提升模型的预测精度。Lasso 主要通过惩罚函数来进行筛选变量,并且通过选择合适的调和参数 λ 来控制惩罚力度,最终通过将非重要变量的系数输出为 0 来达到剔除冗余变量的效果,又因为该模型是通过模型根据数据的自身特点自动选择合适调和参数来达到筛选变量的目的,因此相对来说对变量的选择更具科学性和有效性,故而在评估中也具有较高的精确度。

　　第 12 章和第 13 章对于中小企业的信用风险评估均取得较为精确的评估结果。尤其是在结合降维模型后的评估结果有显著的提升。基于同一种降维方法,Cox PH 的表现都是略高于 Logistic 模型。对比将原始评估指标用三种不同降维方法进行处理后,无论是 Logistic 模型还是 Cox PH 模型,从总体精确率来看,Lasso 所提取的变量应用至评估模型后的预测结果优于随机森林和主成分方法,且随机森林方法优于主成分方法。如若单独考虑 Cox PH 模型的预测精确度,参考 C-index 的大小,得到的结论也是经 Lasso 筛选的变量利用 Cox PH 模型进行评估有最高的预测精确度。另外,在中小企业运行发展过程中,宏观经济的变化对其发展也起着重要的作用,因此在评估体系中纳入宏观因子后,模型的预测效果也得到进一步提升。

# 14 基于数据处理与指标约简的
中小企业信用风险评估

　　本章拟进一步探讨运用生存分析方法来评估中小企业借款者的信用风险,数据来源于点融网平台的中小企业的借款数据。尽管生存分析方法已广泛应用于医学、生物学等学科的研究,而且国外在信贷风险评估方面的应用已相对成熟,但在国内还处于起步阶段。由于生存分析是研究生存现象和响应时间数据及其统计规律的一门学科,在我们研究的信贷风险评估中,其主要内容就是基于已有的借款客户从起息日开始到其首次违约时所经历的时间来计算出客户违约概率,从而定价借款客户的信用是否满足平台放贷条件。本章研究中小企业的信用风险评估,是对每个企业做出一个违约概率的计算,需要找到影响企业信用风险的评估指标。

　　前面两章的数据主要来源于上市公司,利用第 11 章综合分析企业信用风险的影响因素建立的指标体系来评估这些企业的信用风险,评估体系包括 38 个评估指标,来自三个方面:财务因素、非财务因素和宏观经济因素。由于上市中小企业的实力相对雄厚,可能并不能真实反映中小企业的信用风险,而且对于上市中小企业的风险状况也只能通过是否被 ST 来界定,与真正的信用风险的定义还是有一定的差距,因此本章使用点融网平台的中小企业的借款数据来研究中小企业的信用风险,即用无还款能力或不能正常还款的概率来识别中小企业的信用风险。由于点融网平台上获取的中小企业的借款数据并不全面,因此不能完全使用第 11 章中的信用风险评估指标。本章将结合点融网数据的特点,调整第 11 章中信用风险评估指标,在赋值上根据数据的特点加以完善。

由于点融网上获取的中小企业的借贷数据存在一些问题,必须进行一定的处理才能用于评估模型。在数据处理上,本章拟采用合成少数过采样技术 smote 算法来解决决策属性(是否违约)数据的不平衡问题;连续型属性离散化问题采用粗糙集理论进行布尔逻辑离散;为使模型精简而不失精度,利用 Johnson 算法进行属性约简。为了说明这种处理的必要性,本章首先对所有的数据不加处理或者简单处理后进行信用风险评估获得评估结果,再通过客观的算法处理后进行信用风险评估的结果对比,来说明利用一定的方法处理后再进行评估有助于提升信用风险评估的准确度与效率。

本章对数据的多元化处理不是主观进行的,而是通过一些特有的算法,使得指标的选取具有客观性、简约性和全面性,覆盖微观指标和宏观指标。在模型中除了纳入贷款项目指标、企业指标和企业主个人信息指标等内部环境指标,还纳入宏观经济指标以改善模型的预测准确度。

第 11 章关于宏观经济环境的指标仅选择了 3 个,事实上还有更多的影响中小企业信用风险的宏观经济因素没有纳入评估指标,主要是由于当时的指标集中已有太多的指标,但 12 章和 13 章关于中小企业信用风险的评估结果发现,宏观指标对于提升评估结果的准确性优势并不明显,可能是选取的宏观指标不够准确,因此本章将选择 8 个宏观指标进入评估指标体系,来进一步分析宏观经济环境指标是否真的有助于提升评估结果的效果。

## 14.1 评估指标体系

根据第 11 章的分析,企业违约的主要原因是企业发生财务危机,因此将企业的财务指标作为影响企业信用风险的主要估计指标是合理的,但对于中小企业,特别是未上市的中小企业,这些数据几乎是不可能得到的。因此,参考已有关于企业信用评估指标选取的文献,结合点融网平台的中小企业借款数据的特点,本章将选取一些影响企业价值的因素作为评估指标,重新建立评估指标体系。根据点融网提供的数据信息,将影响企业价值的指标分为内部环境指标和外部环境指标。

### 14.1.1　内部环境指标

内部环境指标包括企业贷款项目信息指标、企业信息指标和企业主的个人信息指标,本节构建的企业内部环境指标及赋值见表14.1。

(1)贷款项目信息指标

企业寻求贷款的目的主要是为了扩大再生产或进行项目投资,因此投资项目的相关指标会影响企业的还款能力。贷款项目信息的主要相关指标包括:

1)企业借款期限:就借款项目指标而言,企业借款期限影响企业短期长期的还款压力,对企业的经济活动有影响。借款的期限越长,同一借款额度下,企业每月的还款压力会下降,那么该企业发生违约的可能性会下降,反之违约可能性越高。本节采用的借款期限指标最长 12 个月,最短 1 个月。

2)企业借款额度:企业借款多少影响企业的资产负债率。负债率越高的企业其潜在的风险越大。借款额度越高的企业,负债率越高,在相同贷款利率、相同贷款期限下,企业所需还款的本息越高,还款压力越大,违约可能性越大,反之违约可能性越低。

3)借款利率:借款利率是企业的经济成本。企业在平台上的借款利率越高,企业到期所需支付的利息越多,偿还本息金额越大,经济成本越大,企业偿还压力越大,违约的可能性越大,反之违约可能性越低。

4)借款项目的投资者数:企业的借款项目的投资者人数多少,潜在地会对企业造成一定的心理压力,从而影响到企业未来的支付行为。投资者人数越多,企业违约可能性越低。

5)项目标的的等级:项目标的的等级直接关系着企业的信用行为。标的等级越低,代表着该标的的安全性不高,意味着企业违约可能性会越高,反之违约可能性越低。本节采用的标的等级分为四级,由于个别标的等级的样本太少,因此将 A、B 等级赋值 1,C、D 赋值 2。

6)借款用途:借款用途反映企业资金使用情况。用途的差异影响企业未来的支付行为。用于流动资产的,资金使用的风险会增大,进而会影响到企业财务营收,企业违约可能性更高,但是用于流动资产的在未来产生的利润收益相比用于固定资产更高,企业财政营收更高,企业违约可能性会下降,因此借款用途对企业违约可能性的影响方向不一定。而用于扩大经营的,未来的成本回收更是存在不确定性,其风险高于流动资产,但其收益高于用于其他用途。本节将借款用于固定资产赋值为0,用于流动资产赋值为1,用于扩大经营及其他目的赋值为2。

7)还款方式:还款方式不同,未来产生的利息也不一样。等额本息产生的利息低于等本等息,按日等本等息还款的压力高于等本等息,特殊还款则是基于等额本息,因此略高于等额本息,但低于等本等息。本节将等额本息还款赋值为0,特殊还款——每周还款赋值为1,等本等息还款的赋值为2,按日等本等息还款赋值为3。

(2)企业信息指标

现金流对于企业非常重要,企业寻求贷款的目的之一是为了防止资金链断裂影响企业的发展。企业发展状况影响企业未来的还贷能力。影响企业发展的企业自身因素如下。

1)企业行业性质:就企业自身信息指标而言,企业所处行业的风险性、盈利性等对企业未来的偿还能力会造成影响,因此不同行业的企业违约可能性也会不同,本节将服务业赋值为0,餐饮业为1,零售业为2,其他为3。

2)企业所在城市:在中国,存在严重的区域发展不平衡的问题,企业所在城市区域影响企业的盈利能力和竞争力。一线城市的经济发展能力越好,客户消费能力越强,对于企业而言,未来的可能性收益会更高,企业违约可能性越低,但一线城市的竞争力更大,企业间优胜劣汰现象更严重,企业被淘汰的概率越高,企业的违约可能性越高。本节将城市为一线城市的赋值为1,新一线赋值为1.5,二线赋值为2,三线赋值为3,四线赋值为4,五线赋值为5。

3)企业规模:企业规模反映企业的整体实力和抗风险的能力。企业规模越大,生产成本越低,盈利性越强,企业未来的支付违约可能性就越低,反之违约可能性越高。本节将企业规模人数在10~19人的赋值4,20~49人的赋值3,50~99人的赋2,100~499人的赋值1,500人以上的赋值0。

4)企业月营业收入:企业月营业收入反映企业的盈利能力。企业月营业收入越高,经营能力越强,企业未来的支付违约可能性越低,反之违约可能性越高。本节将月收入在80000~100000元的赋值为5,100000~150000元的赋值为4,150000~250000元的赋值为3,250000~400000元的赋值为

2；1000000 元以上的赋值为 1。

5）其他借款数量和借款金额：企业其他贷款数量和其他贷款金额影响企业的还款能力。其他贷款数量和金额越多，企业所需还款的本息越多，还款压力越大，违约可能性越高，反之违约可能性越低。

（3）企业主信息指标

企业发展除取决市场之外，管理者的行为对企业的发展影响也至关重要。影响企业发展的企业主自身因素包括如下几方面。

1）婚姻状况：企业主婚姻状况影响企业主个人的经济能力。一般而言，未婚的企业主，其偿还能力弱于已婚的，但强于离异的。本节将已婚赋值为 0，未婚赋值为 1，离异赋值为 2。

2）年龄：企业主年龄与企业主的经济能力相关。一般而言，年龄越大，有更多的积蓄，但其活动能力减弱，财富创造能力降低。研究事实表明，来贷款的高龄者经济能力要弱于低龄者，违约可能性会更高。

3）性别：根据相关行业的分析结果发现女性比男性在未来的支付时违约可能性会更低，本节将女性赋值为 0，男性赋值为 1。

4）教育水平：教育水平与企业主道德素质相关。有学者通过对相关数据的分析表明，受教育水平越高，其道德风险越低，违约性越低，反之违约可能性越高。本节将硕士及硕士以上赋值为 0，本科赋值为 1，大专赋值为 2，高中、中专赋值为 3，初中及以下和信息不透明赋值为 4。

5）孩子数：企业主的还款能力与其生活成本相关。企业主孩子越多，经济支出就越多，用于企业资金会相应减少，未来的违约可能性会越高，反之违约可能性越低。本节根据目前国内的情况，将无孩子的赋值为 0，有 1 个孩子的赋值为 1，2 个及 2 个孩子以上的赋值为 2。

6）房产数：房产反映企业主的资金实力。名下可变卖固定资产（房产）越多，未来资金的获取能力会越大，降低企业违约的可能性，反之违约可能性越高。本节将房产数为 0 的赋值为 0，房产数为 1 的赋值为 1，房产数为 2 的赋值为 2，房产数在 3 及 3 以上的赋值为 3。

7）验证银行账户：银行账户验证与企业主的还款意愿直接相关。对于有已验证银行账户的企业主，其还款意愿强，违约可能性就低。本节将银行账户已验证的赋值为 0，未验证的赋值为 1。

表 14.1　中小企业违约风险的内部环境评估指标及其赋值

| 指标类型 | 指标名称 | 符号 | 赋值说明 |
|---|---|---|---|
| 项目指标 | 借款期限 | $X_1$ | 借款期限以月为单位,最大期限为 12 个月 |
| | 借款额度 | $X_2$ | 借款额度为连续型变量,以具体数额计算,单位为万 |
| | 借款利率 | $X_3$ | 以各企业实际贷款利率计算 |
| | 项目投资者数 | $X_4$ | 项目投资者数目为离散型变量,以具体数目计算 |
| | 标的等级 | $X_5$ | 标的等级分为四等级,由于个别标的等级的样本太少,因此将 A、B 等级赋值 1,C、D 赋值 2 |
| | 借款用途 | $X_6$ | 借款用于固定资产赋值为 0,用于流动资产赋值为 1,用于扩大经营及其他目的赋值为 2 |
| | 还款方式 | $X_7$ | 等额本息还款赋值为 0,特殊还款—每周还款赋值为 1,等本等息还款的赋值为 2,按日等本等息还款赋值为 3 |
| 企业信息指标 | 企业行业性质 | $X_8$ | 服务业赋值为 0,餐饮业为 1,零售业为 2,其他为 3 |
| | 企业所在城市 | $X_9$ | 城市为一线城市的赋值为 1,新一线赋值为 1.5,二线赋值为 2,三线赋值为 3,四线赋值为 4,五线赋值为 5 |
| | 企业规模 | $X_{10}$ | 企业规模人数在 10~19 人的赋值 4,20~49 人的赋值 3,50~99 人的赋值 2,100~499 人的赋值 1,500 人以上的赋值 0 |
| | 企业月收入 | $X_{11}$ | 月收入在 80000~100000 元的赋值为 5,100000~150000 元的赋值为 4,150000~250000 的赋值为 3,250000~400000 的赋值为 2;1000000 元以上的赋值为 1 |
| | 其他借款数量 | $X_{12}$ | 为离散型指标,以实际数据计算 |
| | 其他借款金额 | $X_{13}$ | 为连续型指标,以实际数据计算,单位为万 |
| 企业主信息指标 | 婚姻状况 | $X_{14}$ | 已婚赋值为 0,未婚赋值为 1,离异赋值为 2 |
| | 年龄 | $X_{15}$ | 年龄为连续型变量,以实际值计算 |

续表

| 指标类型 | 指标名称 | 符号 | 赋值说明 |
|---|---|---|---|
| | 性别 | $X_{16}$ | 女:0;男:1 |
| | 教育水平 | $X_{17}$ | 硕士及硕士以上赋值为0,本科赋值为1,大专赋值为2,高中、中专赋值为3,初中及以下和信息不透明赋值为4 |
| 企业主信息指标 | 孩子数 | $X_{18}$ | 无孩子赋值为0,有1个孩子赋值为1,2个及2个孩子以上的赋值为2 |
| | 房产数 | $X_{19}$ | 房产数为0的赋值0,房产数为1的赋值1,房产数为2的赋值为2,房产数在3及3以上的赋值为3 |
| | 验证银行账户 | $X_{20}$ | 银行账户已验证的赋值为0,未验证的赋值为1 |

## 14.1.2 宏观经济指标

外部环境指标主要由宏观经济因素构成,具体的指标及赋值见表14.2。

**表 14.2 中小企业违约风险的外部环境评估指标及其符号**

| 指标类型 | 指标名称 | 符号 | 赋值说明 |
|---|---|---|---|
| | 财政支出 | $X_{21}$ | 月度动态数据 |
| | 消费者价格指数 | $X_{22}$ | 月度动态数据 |
| | 货币供给量 | $X_{23}$ | 月度动态数据 |
| | 失业率指数 | $X_{24}$ | 月度动态数据 |
| 宏观经济指标 | 消费者信心指数 | $X_{25}$ | 月度动态数据 |
| | 国房景气指数 | $X_{26}$ | 月度动态数据 |
| | 采购经理指数 | $X_{27}$ | 月度动态数据 |
| | 市场存款基准利率 | $X_{28}$ | 月度动态数据 |
| | 经济景气指数 | $X_{29}$ | 月度动态数据 |

宏观经济指标即影响企业信风险的外部环境指标。将 GDP 实际增长率、真实的贷款利率(名义利率与通货膨胀率的差额)、消费物价指数增长率和银行信贷余额增长率等宏观经济因素纳入信用风险的评估指标,研究发现当年和滞后一年的 GDP 增长率对公司陷入财务危机有显著影响;滞后一年和两年的真实利率对财务危机概率的影响达到显著性水平;信贷余额增长率对公司财务危机没有显著性影响;滞后两年的 CPI 增长率对企业财务影响达到显著性水平。国内学者借鉴 Altman 和 Sabato(2005)的相关研究,将宏观经济因素(包括实际 GDP 增长率、CPI、贷款利率和货币供给增长率)纳入面板 Logistic 模型中,来研究宏观经济因素对企业财务困境的影响,发现实际 GDP 增长率和贷款利率对企业财务困境尤为显著影响。

本节参考以上学者的研究成果,选取财政支出 PFE、消费者价格指数 CPI、货币供给量 M2、失业率指数 URL、消费者信心指数 CCI、国房景气指数 CERCI、采购经理指数 PMI、市场存款基准利率 IR、市场贷款基准利率 LIR 和经济景气指数 ECI 等 9 个指标作为宏观经济影响指标。各个宏观指标与企业信用风险的关系分析如下:

(1)政府财政支出(PFE):政府财政支出是将财政资金进行有效利用,满足经济建设和各项事业的需要。与个人消费类似,政府财政支出也会带动市场的消费,促进企业的生产活动,因此财政支出越多,企业违约的可能性越低。

(2)消费者价格指数(CPI):消费者价格指数统计的是社会产品和服务项目的最终价格。CPI 指数越高,代表最终产品价格越高,社会通货膨胀越厉害,单位货币价值下降。一方面,对于债务人,不管是对企业还是对个人,通货膨胀能减缓偿债压力,使其受益;但另一方面,债务人也是消费者,特别是企业,此时原材料的成本会上涨,从而压缩企业的赢利空间,增加企业的还款压力。因此 CPI 带来的效应是双面的,对企业违约概率的影响也是不一定的。

(3)货币供给量:货币供给量是某一时点上一个国家为社会运转服务的货币存量,一般用 M2 计量。M2 反映了经济中的现实购买力和潜在购买力。M2 越大,代表经济中的购买力越大,市场上资金相对宽裕,企业的融资相对较低,融资机会较多,企业因此受益,因此货币供应量 M2 短期内有利于降低企业的违约概率。

(4)失业率:一般用失业率指数(URL)来度量一定时期的失业率。失业率指数越高,表明此时失业越严重,经济不景气,企业所受破产压力上升,因此预期失业率指数与企业违约概率之间呈正相关关系。

(5)消费者信心指数(CCI):消费者信心指数是综合反映并量化消费者对当前经济形势评价和对经济前景、收入水平、收入预期以及消费心理状态的主观感受,预测经济走势和消费趋向的一个先行指标。该指数越高,消费者消费商品和服务的意愿就越强烈,企业从中受益,增加收入和利润,因此预期消费者信心指数与企业违约概率之间呈负相关关系。

(6)国房景气指数(CERCI):国房景气指数是全国房地产开发业综合景气指数。指数数值越高,表明房地产市场越活跃,房价普遍上升。对于拥有众多房地产及土地的企业而言,其可变卖的固定资产增加,可降低企业未来偿债压力,因此预期国房景气指数与企业违约概率之间呈负相关。

(7)采购经理指数(PMI):采购经理指数每项指标均反映了商业活动的现实情况,综合指数则反映制造业或服务业的整体增长或衰退。指数值越高,制造业和服务业的整体增长趋势越明显,对于这些行业性质的企业而言,必然会带来可观收益,因此预期采购经理指数与企业违约概率之间呈负相关。

(8)市场存款基准利率(IR):市场存款基准利率是人民银行公布的商业银行存款的指导性利率,市场的贷款利率将随着基准利率的变化而相应地进行调整。存款利率越高,人们更愿意将钱存入银行而不是风险投资。对于企业而言,IR上涨时,企业的融资利率将会上涨,企业的融资成本上涨,导致企业的偿债压力上升,因此假设市场存款基准利率与企业违约概率之间呈正相关;市场贷款基准利率 LIR 和市场存款基准利率 IR 对企业违约概率的影响一样,利率上升都会影响到平台项目的利率的上升,企业发生违约的可能性就会上升。

(9)经济景气指数(ECI):经济景气指数是通过对企业家的问卷调查,分析相应企业的经营情况和未来发展预期,以此来编制的可以反映企业经营状况和未来发展变化趋势。经济景气指数越高,企业经营状况和运行状况越好,企业发生违约的可能性就越低。因此,预期经济景气指数与企业违约概率之间呈负相关。

本章建立的中小企业的评估指标体系包括内部环境指标和外部环境指标两部分,共计 29 个中小企业信用风险的评估指标。

## 14.2　数据来源

由于银行体系中小企业贷款数据的可得性较低,获取门槛高,本章用于信用风险评估的数据来源于点融网平台的中小企业的贷款数据。根据巴塞尔新资本协议,本章将企业的实质性信贷债务逾期 90 天以上视为违约。

根据本书 11 章对中小企业的界定,在获取企业样本中删除规模在 10 人以下或营业额低于 100 万的企业。本章获取的原始中小企业数据样本量为 1312 个样本,删除个别信息不全的企业数据,最后获取企业样本数据量为 911 个,其中正常还款企业为 795 个,违约企业为 116 个,占比分别为 87.27% 和 12.33%。

为更好地分析信用评估模型的预测结果,将样本数据分为训练样本和测试样本。通过计量软件 SPSS 从总样本中随机抽取 20% 的样本作为测试样本,其中包括正常样本 155 个,违约样本 20 个,样本总量 175,违约样本占比 11.43%。剩余样本量 736 个作为训练样本,其中正常样本 640 个,违约样本 96,违约率为 13.04%。样本数据的特点是不平衡的。

## 14.3　中小企业的信用风险评估——数据没经过处理

在评估指标选择中,我们选择了动态的评估指标——宏观经济指标,因此本章主要使用动态评估模型——Cox 模型对中小企业的信用风险进行评估。

### 14.3.1　基于扩展的 Cox 模型的评估结果——含宏观指标

由于选取的中小企业信用风险评估指标较多,各变量之间可能存在高度的相关性,在 Cox 模型回归过程中会引起多重共线性,而且在全变量模型检验中不能排除不显著变量,因此通过逐步回归筛选变量。最终模型筛选出 17 个重要且不存在多重共线性的变量,表 14.3 列出了经过逐步回归筛选进入模型的 17 个指标的 Cox 模型的参数估计和各变量显著性的结果。

从表 14.3 可以看出,$X_{13}$ 其他贷款平台金额和 $X_{15}$ 企业主年龄在 5% 的水平下显著,$X_{27}$ 采购经理指数和 $X_{29}$ 经济景气指数在 1% 的水平下显著,其余变量均在 1% 的水平下显著。各变量的正负效应与预期比较,除 $X_2$ 借款额度、$X_5$ 标的等级、$X_{13}$ 其他贷款平台金额、$X_{17}$ 教育水平、$X_{27}$ 采购经理指数

表 14.3 Cox 模型的参数估计及其显著性

| 指标 | 符号 | 参数估计 | 预期影响 | 显著性 |
|---|---|---|---|---|
| 贷款期限 | $X_1$ | $-0.193$ | $-$ | 0*** |
| 借款额度 | $X_2$ | $-0.012$ | $+$ | 0*** |
| 项目投资者数 | $X_4$ | $-0.071$ | $-$ | 0*** |
| 标的等级 | $X_5$ | $-2.330$ | $+$ | 0*** |
| 贷款用途 | $X_6$ | $-0.666$ | $-$ | 0*** |
| 企业所在城市 | $X_9$ | $0.227$ | $+$ | 0*** |
| 企业规模 | $X_{10}$ | $0.165$ | $+$ | 0*** |
| 其他贷款平台数量 | $X_{12}$ | $0.296$ | $+$ | 0*** |
| 其他贷款平台金额 | $X_{13}$ | $-0.002$ | $+$ | 0.015** |
| 婚姻状况 | $X_{14}$ | $0.238$ | $+$ | 0*** |
| 年龄 | $X_{15}$ | $0.017$ | $+$ | 0.001** |
| 性别 | $X_{16}$ | $0.469$ | $+$ | 0*** |
| 教育水平 | $X_{17}$ | $-0.371$ | $+$ | 0*** |
| 验证银行账户 | $X_{20}$ | $0.570$ | $+$ | 0*** |
| 消费者信心指数 | $X_{25}$ | $-0.052$ | $-$ | 0*** |
| 采购经理指数 | $X_{27}$ | $0.180$ | $-$ | 0.072* |
| 经济景气指数 | $X_{29}$ | $0.362$ | $-$ | 0.091* |

注:***、** 和 * 分别表示在 1%,5%,10% 水平下显著。

和 $X_{29}$ 经济景气指数这 6 个指标与预期不一致,其他指标均符合预期。对于借款额度的预期,定性分析认为,借款额度越大,未来产生的利息越多,对于企业而言其还款压力会增大,违约可能性增大,但结果显示刚好相反,究其原因可能是因为企业的借款额度大小基于企业的再发展,企业融资带来了更大的发展空间,直接导致企业的违约可能性下降。对于标的等级与预期产生完全相反的结果。笔者认为在样本数据中,低等级的标的数据明显少于高等级的标的数据,从而导致实证结果的差异。对于其他贷款平台金额这个指标,结果相反的原因可能与借款额度一样,在其他平台的贷款的背后,可能企业创造的利润会更加丰厚。预期认为受教育水平越高,其违约可能性越低,结果显示相反,可能的原因是企业主教育背景越高其知识积累越多,可能越容易产生逆向选择和道德风险的问题。

对于宏观经济指标的影响,表 14.3 表明,预期采购经理指数越高,经济发展较好,企业违约的可能性降低,但结果显示相反,可能是因为采购经理综合指数是反映制造业和服务业的增长或衰退,而样本企业所在行业大部分为餐饮业,因此采购经理指数与企业违约可能性之间的关系是正向的。经济景气指数越高,企业运营情况越好,企业违约可能性就越低,但实证结果显示相反,其原因可能因为经济景气指数越大、经济越繁荣给大企业带来的机会远远超过中小企业,因此对中小企业的经营状况的影响反而是负面的。

将得到的参数估计值代入 Cox 模型,利用训练集进行测试,结果见表14.4。结果显示第一类错误样本数为 16,第二类错误样本数为 5,判定正确的样本总数为 154。可以看出,考虑宏观环境对中小企业信用风险的影响后,Cox 模型的整体预测精准度达到 88%,第一类错误率为 10.32%,第二类错误率为 25%。这一总体预测精度在信用风险评估属于可接受的范围内,但第二类错误率,即将违约企业误判为正常企业而发放贷款的可能性高达 25%,说明评估模型并没有特别突出的效果。初步猜想这是来自数据的影响,因为数据来自点融网平台,获取的数据存在诸多缺陷,给我们的信用风险评估带来了负面的影响也是未可知的。

下面我们再利用 Cox 模型和同样的样本数据,在不考虑宏观因素影响的情况下,对中小企业的信用风险进行评估,以确定宏观指标是否为中小企业的信用风险的影响因素。

表 14.4 基于扩展 Cox 模型的中小企业的评估结果

| 实际 \ 预测 | 未违约 | 违约 |
|---|---|---|
| 未违约 | 139 | 16 |
| 违约 | 5 | 15 |
| 总体预测精度 | 88.00% | |
| 第一类错误率 | 10.32% | |
| 第二类错误率 | 25.00% | |

## 14.3.2 基于 Cox PH 模型的评估结果——不考虑宏观指标

为进一步研究在宏观经济条件下企业信用评估是否会受到影响,在接下来的信用风险评估中只考虑内部环境指标来做实证分析,此时的生存分析方法就是 Cox PH 模型。Cox PH 模型系数的综合测试结果见表 14.5。

表 14.5 所示,模型最初的 −2 对数概似值为 1169.546,迭代 6 次之后,−2 对数概似值下降为 1128.108,且每经过一次迭代,−2 对数概似值都有明显的下降,表明模型在不断地改善,而且每次迭代模型整体在 1% 的显著性水平下显著,模型参数整体通过检验。此时模型筛选出 6 个重要且不存在多重共线性的变量,分别是贷款期限($X_1$)、借款额度($X_2$)、项目投资者数($X_4$)、借款用途($X_6$)、其他平台贷款数量($X_{12}$)和企业主性别($X_{16}$)。

表 14.5 Cox PH 模型系数的综合测试

| 步骤 | −2 对数似然值 | 卡方 | $df$ | 显著性 | 卡方 | $df$ | 显著性 |
|---|---|---|---|---|---|---|---|
| 1[a] | 1169.546 | 20.942 | 1 | 0.000 | 15.270 | 1 | 0.000 |
| 2[b] | 1156.974 | 32.364 | 2 | 0.000 | 12.572 | 1 | 0.000 |
| 3[c] | 1145.010 | 45.915 | 3 | 0.000 | 11.964 | 1 | 0.001 |
| 4[d] | 1138.788 | 50.843 | 4 | 0.000 | 6.222 | 1 | 0.013 |
| 5[e] | 1132.746 | 56.321 | 5 | 0.000 | 6.042 | 1 | 0.014 |
| 6[f] | 1128.108 | 61.840 | 6 | 0.000 | 4.638 | 1 | 0.031 |

不含宏观经济变量的 Cox PH 模型的参数估计结果见表 14.6。相比加入宏观指标的模型,此时选择的内部环境指标只剩 6 个,而进入模型的 6 个变量中,贷款期限($X_1$)、借款额度($X_2$)、项目投资者数($X_4$)和企业主性别($X_{16}$)在 5% 的显著性水平下显著,其余 2 个变量均在 1% 的显著性水平下显著。

表 14.6　不含宏观经济变量的 Cox PH 模型的参数估计

| 变量 | 符号 | 参数估计 | 预期 | 显著性 $P$ 值 |
| --- | --- | --- | --- | --- |
| 借款期限 | $X_1$ | −0.179 | − | 0.001** |
| 借款额度 | $X_2$ | −0.014 | + | 0.009** |
| 项目投资者数 | $X_4$ | −0.115 | − | 0.015** |
| 借款用途 | $X_6$ | −0.520 | + | 0*** |
| 其他平台借款数量 | $X_{12}$ | 0.201 | + | 0*** |
| 企业主性别 | $X_{16}$ | 0.586 | + | 0.044** |

表 14.6 的结果表明,借款额度($X_2$)和借款用途($X_6$)与预期相反。本书预期认为借款额度越大,未来产生的利息越多,对于企业而言其还款压力会增大,违约可能性增大,但结果显示刚好相反。究其原因可能因为企业的借款额度大小是基于企业的再发展,企业融资带来了更大的发展空间,直接导致企业的违约可能性下降。预期借款用途用于扩大经营带来的违约风险大于用于投资流动资产大于用于投资固定资产,研究结果表明与预期相反,其主要原因是在经济上长期或者企业自身原因经营得当导致企业在扩大经营后产生更多的净利润,企业还款压力下降,违约风险下降。

将得到的参数估计值代入 Cox PH 模型,利用选好的训练集进行测试,结果见表 14.7。表 14.7 表明,不含宏观指标的 Cox PH 模型结果显示第一类错误样本数为 18,第二类错误样本数为 6,判定正确的样本数总数为 155。因此,无宏观经济变量的 Cox 模型的精确度 86.29%,第一类错误率为 11.61%,第二类错误率 30%。犯第二类错误的成本还是相对高的,意味着 30% 的概率收不回贷款。

表 14.7　基于 Cox PH 模型的中小企业的评估结果

| 预测 实际 | 未违约 | 违约 |
|---|---|---|
| 未违约 | 137 | 18 |
| 违约 | 6 | 14 |
| 总体预测精度 | 86.29% | |
| 第一类错误 | 11.61% | |
| 第二类错误 | 30.00% | |

与表 14.4 的扩展 Cox 模型的评估结果相比,宏观经济变量进入模型,整体的预测结果提升了 1.71%(86.29%→88.00%),且犯第一类错误和第二类错误的概率都降低了,特别是第二类错误降低了 5%(30%→25%),这一幅度相对还是较大的,可以有效降低错误发放贷款的概率,从而有效降低投资者或银行等金融机构的贷款风险。

## 14.3.3　基于 Logistic 回归模型的评估结果

为了说明动态评估模型——Cox 模型的优势,本节继续讨论常用的静态模型——Logistic 回归模型的评估结果。

由于 Logistic 回归模型仅仅是静态模型,不能处理动态的宏观数据,因此本小节的评估指标仅包含中小企业的内部环境指标。将 20 个内部环境指标(静态变量)代入 Logistic 回归模型,利用训练集的数据得到的参数估计的结果见表 14.8。

表 14.8　Logistic 回归模型的参数估计结果

| 指标 | 参数估计 | 标准误差 | $Wald$ | $df$ | 显著性 |
|---|---|---|---|---|---|
| 截距 | −2.328 | 5.896 | 0.156 | 1 | 0.693 |
| $X_1$ | −0.064 | 0.055 | 1.333 | 1 | 0.248 |
| $X_2$ | 0.015 | 0.007 | 5.086 | 1 | 0.024 |
| $X_3$ | 59.926 | 79.141 | 0.573 | 1 | 0.449 |

续表

| 指标 | 参数估计 | 标准误差 | $Wald$ | $df$ | 显著性 |
|------|---------|---------|--------|------|--------|
| $X_4$ | 0.064 | 0.054 | 1.399 | 1 | 0.237 |
| $X_5$ | 0.126 | 1.79 | 0.005 | 1 | 0.944 |
| $X_6$ | 0.596 | 0.154 | 14.932 | 1 | 0 |
| $X_7$ | 18.125 | 0 | . | 1 | . |
| $X_8$ | 0.091 | 0.169 | 0.287 | 1 | 0.592 |
| $X_9$ | $-0.27$ | 0.133 | 4.134 | 1 | 0.042 |
| $X_{10}$ | $-0.264$ | 0.14 | 3.574 | 1 | 0.059 |
| $X_{11}$ | 0.072 | 0.079 | 0.83 | 1 | 0.362 |
| $X_{12}$ | $-0.445$ | 0.083 | 28.903 | 1 | 0 |
| $X_{13}$ | 0.008 | 0.003 | 6.009 | 1 | 0.014 |
| $X_{14}$ | $-0.314$ | 0.184 | 2.918 | 1 | 0.088 |
| $X_{15}$ | 0 | 0.017 | 0 | 1 | 0.99 |
| $X_{16}$ | $-0.814$ | 0.344 | 5.582 | 1 | 0.018 |
| $X_{17}$ | 0.353 | 0.122 | 8.311 | 1 | 0.004 |
| $X_{18}$ | 0.317 | 0.408 | 0.602 | 1 | 0.438 |
| $X_{19}$ | 0.081 | 0.151 | 0.291 | 1 | 0.59 |
| $X_{20}$ | $-0.735$ | 0.351 | 4.375 | 1 | 0.036 |

从表 14.8 可以看出,除借款额度 $X_2$、贷款用途 $X_6$、企业所在城市区域 $X_9$、企业规模 $X_{10}$、其他平台贷款数量 $X_{12}$、其他平台贷款金额 $X_{13}$、企业主婚姻状态 $X_{14}$、企业主性别 $X_{16}$、企业主教育水平 $X_{17}$ 和银行账户是否验证 $X_{20}$ 等 10 个变量或者在 1% 或者 5% 或者 10% 的显著性水平下显著,其他变量均不显著。这说明评估指标之间可能存在相关性,致使直接代入模型进行检验时,10 个指标无法通过显著性检验。

为了判断指标之间是否存在相关性,我们作了相关性检验,具体结果见表 14.9。

表 14.9　渐近线性相关性矩阵

| 变量 | $X_1$ | $X_2$ | $X_3$ | $X_4$ | $X_5$ | $X_8$ | $X_9$ | $X_{10}$ | $X_{11}$ | $X_{12}$ | $X_{13}$ | $X_{14}$ | $X_{15}$ | $X_{16}$ | $X_{17}$ | $X_{18}$ | $X_{19}$ | $X_{20}$ |
|---|---|---|---|---|---|---|---|---|---|---|---|---|---|---|---|---|---|---|
| $X_1$ | 1 | -0.123 | 0.049 | -0.031 | -0.058 | 0.089 | -0.023 | 0.091 | 0.002 | -0.802 | 0.056 | 0.002 | 0.038 | -0.006 | -0.958 | -0.927 | 0.031 | -0.018 |
| $X_2$ | -0.123 | 1 | 0.04 | 0.109 | -0.046 | 0.022 | 0.092 | 0.181 | 0.188 | -0.002 | -0.163 | -0.02 | -0.023 | -0.056 | 0.009 | 0.202 | -0.038 | -0.092 |
| $X_3$ | 0.049 | 0.04 | 1 | 0.066 | -0.797 | -0.003 | 0.023 | 0.09 | -0.022 | -0.059 | 0.038 | -0.02 | 0.013 | 0.017 | -0.026 | 0.05 | 0.047 | 0.031 |
| $X_4$ | -0.031 | 0.109 | 0.066 | 1 | -0.035 | 0.071 | 0.075 | 0.131 | -0.02 | 0.009 | 0.012 | 0.035 | 0.014 | -0.054 | -0.129 | -0.044 | 0.034 | 0.154 |
| $X_5$ | -0.058 | -0.046 | -0.797 | -0.035 | 1 | 0.06 | -0.023 | -0.088 | -0.001 | 0.04 | -0.026 | 0.024 | -0.008 | -0.02 | -0.018 | -0.053 | -0.024 | -0.028 |
| $X_8$ | 0.089 | 0.022 | -0.003 | 0.071 | 0.06 | 1 | -0.085 | 0.026 | -0.049 | 0.015 | -0.026 | 0.077 | 0.098 | -0.052 | -0.005 | -0.034 | -0.039 | 0.134 |
| $X_9$ | -0.023 | 0.092 | 0.023 | 0.075 | -0.023 | -0.085 | 1 | -0.008 | -0.032 | -0.028 | 0.063 | -0.04 | 0.087 | -0.089 | -0.223 | -0.098 | -0.087 | 0.224 |
| $X_{10}$ | 0.091 | 0.181 | 0.09 | 0.131 | -0.088 | 0.026 | -0.008 | 1 | -0.006 | 0.089 | -0.042 | 0.111 | -0.115 | -0.005 | -0.22 | 0.689 | 0.062 | -0.031 |
| $X_{11}$ | 0.002 | 0.188 | -0.022 | -0.02 | -0.001 | -0.049 | -0.032 | -0.006 | 1 | 0.138 | 0.143 | 0.022 | 0.051 | -0.001 | -0.073 | 0.004 | 0.02 | -0.137 |
| $X_{12}$ | -0.802 | -0.002 | -0.059 | 0.009 | 0.04 | 0.015 | -0.028 | 0.089 | 0.138 | 1 | 0.632 | 0.043 | 0.139 | 0.116 | -0.142 | -0.185 | 0.02 | 0.041 |
| $X_{13}$ | 0.056 | -0.163 | 0.038 | 0.012 | -0.026 | -0.026 | 0.063 | -0.042 | 0.143 | 0.632 | 1 | -0.107 | -0.043 | -0.09 | 0.053 | 0.012 | -0.047 | 0.033 |
| $X_{14}$ | 0.002 | -0.02 | -0.02 | 0.035 | 0.024 | 0.077 | -0.04 | 0.111 | 0.022 | 0.043 | -0.107 | 1 | -0.022 | 0.27 | 0.046 | 0.084 | 0.107 | 0.039 |
| $X_{15}$ | 0.038 | -0.023 | 0.013 | 0.014 | -0.008 | 0.098 | 0.087 | -0.115 | 0.051 | 0.139 | -0.043 | -0.022 | 1 | -0.083 | -0.031 | -0.158 | -0.157 | -0.04 |
| $X_{16}$ | -0.006 | -0.056 | 0.017 | -0.054 | -0.02 | -0.052 | -0.089 | -0.005 | -0.001 | 0.116 | -0.09 | 0.27 | -0.083 | 1 | 0.076 | 0.124 | 0.119 | -0.046 |
| $X_{17}$ | -0.958 | 0.009 | -0.026 | -0.129 | -0.018 | -0.005 | -0.223 | -0.22 | -0.073 | -0.142 | 0.053 | 0.046 | -0.031 | 0.076 | 1 | 0.989 | -0.032 | -0.08 |
| $X_{18}$ | -0.927 | 0.202 | 0.05 | -0.044 | -0.053 | -0.034 | -0.098 | 0.689 | 0.004 | -0.185 | 0.012 | 0.084 | -0.158 | 0.124 | 0.989 | 1 | 0.078 | -0.062 |
| $X_{19}$ | 0.031 | -0.038 | 0.047 | 0.034 | -0.024 | -0.039 | -0.087 | 0.062 | 0.02 | 0.02 | -0.047 | 0.107 | -0.157 | 0.119 | -0.032 | 0.078 | 1 | -0.033 |
| $X_{20}$ | -0.018 | -0.092 | 0.031 | 0.154 | -0.028 | 0.134 | 0.224 | -0.031 | -0.137 | 0.041 | 0.033 | 0.039 | -0.04 | -0.046 | -0.08 | -0.062 | -0.033 | 1 |

从表 14.9 相关性矩阵可知,部分变量之间存在一定的相关性,如 $X_1$ 与 $X_2$、$X_{12}$、$X_{17}$、$X_{18}$ 之间的相关系数高达 $-0.923$、$-0.958$、$-0.927$,$X_3$ 与 $X_5$ 的相关系数达到了 $-0.797$,变量之间存在较大的相关度,因此如果直接用于 Logistic 回归模型会引起多重共线性,因此应该通过逐步回归筛选变量。

逐步筛选结果如表 14.10 所示。通过迭代 8 次,在 95% 的置信水平下,筛选出来的指标为 8 个,包括借款额度 $X_2$、贷款用途 $X_6$、企业所在城市等级 $X_9$、企业规模 $X_{10}$、其他贷款平台数量 $X_{12}$、企业主性别 $X_{16}$、企业主教育水平 $X_{17}$ 和银行账户是否验证 $X_{20}$。

表 14.10 逐步筛选变量系数表

| 迭代次数 | 指标 | 系数 | 标准错误 | $\beta$ | $T$ | 显著性 |
|---|---|---|---|---|---|---|
| | (常数) | 0.143 | 0.054 | | 2.634 | 0.009 |
| | $X_{12}$ | 0.038 | 0.007 | 0.204 | 5.459 | 0 |
| | $X_6$ | $-0.07$ | 0.016 | $-0.159$ | $-4.37$ | 0 |
| | $X_{10}$ | 0.035 | 0.009 | 0.147 | 3.689 | 0 |
| 8 | $X_{17}$ | $-0.035$ | 0.012 | $-0.111$ | $-2.885$ | 0.004 |
| | $X_9$ | 0.036 | 0.015 | 0.09 | 2.41 | 0.016 |
| | $X_{20}$ | 0.085 | 0.036 | 0.087 | 2.361 | 0.019 |
| | $X_2$ | $-0.001$ | 0.001 | $-0.083$ | $-2.31$ | 0.021 |
| | $X_{16}$ | 0.06 | 0.029 | 0.074 | 2.071 | 0.039 |

将筛选出来的 8 个指标代入 Logistic 回归模型,利用训练集进行参数估计,结果如表 14.11 所示。

由表 14.11 显示,贷款用途 $X_6$、企业规模 $X_{10}$、其他贷款平台数量 $X_{12}$ 和教育水平 $X_{17}$ 等四个变量均在 1% 的显著性水平下显著;借款额度 $X_2$ 和是否验证银行账户 $X_{20}$ 两个变量在 5% 的显著性水平下显著;企业主性别 $X_{16}$ 在 10% 的显著性水平下显著。各变量系数对因变量的正负效应除 $X_2$ 贷款额度、贷款用途 $X_6$ 和教育水平 $X_{17}$ 与预期方向一致,其余变量都为相反状态。

表 14.11 的结果显示,贷款额度 $X_2$、贷款用途 $X_6$、企业所在城市区域 $X_9$、企业规模 $X_{10}$、验证银行账户 $X_{20}$ 与预期方向一致,得到其他指标的影响

表 14.11　基于 Logistic 回归模型的参数估计

| 指标 | 符号 | 参数估计 | 预期 | 显著性 P 值 |
|---|---|---|---|---|
| 借款额度 | $X_2$ | 0.015 | ＋ | 0.019** |
| 借款用途 | $X_6$ | 0.645 | ＋ | 0*** |
| 企业所在城市区域 | $X_9$ | −0.297 | － | 0.018** |
| 企业规模 | $X_{10}$ | −0.32 | － | 0*** |
| 其他贷款平台数量 | $X_{12}$ | −0.293 | ＋ | 0*** |
| 企业主性别 | $X_{16}$ | −0.581 | ＋ | 0.068* |
| 教育水平 | $X_{17}$ | 0.347 | － | 0.003** |
| 验证银行账户 | $X_{20}$ | −0.795 | － | 0.017** |

注：\*\*\*、\*\* 和 \* 分别表示在 1％,5％,10％水平下显著。

与预期相反。如企业的其他贷款平台数量越多,违约的可能性越大,研究结果显示相反。笔者认为其原因是这部分企业在其他平台贷款说明其对资金的需求高以及有能力在未来获得更高的收益,因此其违约的可能性较低。有学者研究发现女性的违约性比男性低,本书研究结果显示男性的违约可能性比女性低,其主要原因是男性或者女性作为企业主,在经营策略上的不同,导致结果的不同,或者是道德理念上的不同也会导致结果有所出入。

根据以上的系数,最终得到的 Logistic 回归方程为

$$\ln Y = \ln\left(\frac{P}{1-P}\right) = 1.790 + 0.015\,X_2 + 0.645\,X_6 - 0.297\,X_9$$
$$- 0.320\,X_{10} - 0.293\,X_{12} - 0.581\,X_{16} - 0.347\,X_{17} - 0.795\,X_{20}$$

$$(14.1)$$

即

$$P = \frac{1}{1 + e^{-(1.790 + 0.015X_2 + 0.645X_6 - 0.297X_9 - 0.320X_{10} - 0.293X_{12} - 0.581X_{16} + 0.347X_{17} - 0.795X_{20})}}$$

$$(14.2)$$

将测试样本中各中小企业数据指标代入该方程,计算相应的违约概率 $P$ 值,判断各中小企业的违约概率。当 $P$ 值大于 0.5 时,取值为 1,表示违

约;当 $P$ 值小于 0.5 时,取值为 0,表示样本不违约。将得到的参数估计值代入式(14.2),利用选好的训练集进行测试,结果见表 14.12。

表 14.12 基于 Logistic 回归模型的中小企业信用风险评估结果

| 实际 ＼ 预测 | 未违约 | 违约 |
|---|---|---|
| 未违约 | 135 | 20 |
| 违约 | 7 | 13 |
| 总体预测精度 | 84.57% | |
| 第一类错误率 | 12.90% | |
| 第二类错误率 | 35.00% | |

　　表 14.12 表明,不含宏观指标的 Logistic 回归模型结果显示第一类错误样本数为 20,第二类错误样本数为 7,判定正确的总样本数为 148。由此可知,无宏观经济变量的 Logistic 回归模型的精确度为 84.57%,第一类错误率为 12.90%,第二类错误率为 35%。

　　将表 14.12 与表 14.7 和表 14.4 的评估结果进行对比分析,说明动态的评估方法 Cox 模型的优势是明显的,无论是否添加宏观经济变量作为评估指标,其总体的预测精度都高于 85%,属于预测准确的范畴。与学者们的研究结果一致的是,Logistic 回归模型也有相对较高的预测精度,达到 84.57%。考虑宏观经济变量对信用风险评估的影响发现,加入宏观经济变量的 Cox 模型的整体预测精准度较无宏观经济变量的 Cox 模型的精确度达到 88%,比 Cox PH 模型的整体预测精准度上升了 1.71%,第一类错误率为 10.32%,也低于 Cox PH 模型的 11.61%,第二类错误降低的幅度更加明显,降低了 5 个百分点,证明宏观经济变量的加入改进了 Cox 模型的整体预测结果。不考虑宏观经济指标对中小企业信用风险的影响,Cox PH 模型预测结果精度较 Logistic 模型预测结果精度有所上升,从 84.57% 上升到 86.29%,幅度为 1.72%,证实 Cox 模型用于中小企业的信用风险评估具有一定的优势。Logistic 模型预测结果的第二类错误在三个模型中达到最大 35%,较无宏观经济变量的 Cox 模型预测结果的第二类错误上升幅度也是 5％,证实了胡胜和朱新蓉(2011)的观点,即 Logistic 回归模型在实际运用中犯第二类错误即将高信用风险企业误判为低信用风险企业的概率较高。

# 14.4 中小企业的信用风险评估分析
## ——经过数据处理与属性约简

事实上,从点融网平台上获得的中小企业借款数据大都是不完整、不一致的,如果直接从这些原始数据出发去分析信用问题,得出的结果可能会大大偏离预期,基于此进行决策可能是致命的。高质量的决策依赖于高质量的数据,因此本节考虑将获取的数据进行预处理,作为中小企业信用风险评估的第一步。上一节中模型的评估结果并不理想就提示我们应该对借款的原数据进行必要的处理,如没有对数据的不平衡问题进行任何处理就直接使用可能会导致误差。表 14.13 是在不完备数据处理下的初步指标的选取和赋值,包括项目指标、企业主个人信息指标和企业信息指标的数值属性。由于宏观经济指标的数据全部是动态的月度数据,数值属性全部是离散的,因此不在表中显示。

## 14.4.1 基于 SMOTE 方法的数据平衡

SMOTE 是一种合成少数类过采样技术,它是基于随机过采样算法的一种改进方案,是过采样(重复、自举或 SMOTE,Bagging、boosting)里常用方法之一。该算法通过对少数类样本进行分析,并根据少数类样本人工合成新样本添加到数据集中,使得决策样本中的 0 和 1 样本数量一致。本书对借款企业进行信用评估,决策属性则为借款企业是否违约,使用 ROSETTA 软件处理评估数据的不平衡问题。

本章的样本包括正常企业样本为 1153 个,违约企业样本为 159 个,总样本数为 1312 个;样本抽取 20％作为测试样本,正常样本为 237 个,违约样本为 41 个,总样本数 278 个;剩余 80％样本作为训练样本,正常样本为 916 个,违约样本为 118 个,总样本数为 1034 个。训练样本中正常违约样本

### 表 14.13　不完备数据处理下的初步选取指标

| 指标类型 | 具体指标 | 符号 | 数据范围及赋值 | 数值属性 |
| --- | --- | --- | --- | --- |
| 项目指标 | 借款期限 | $F_1$ | 3~18 个月不等 | 离散 |
| | 借款额度(元) | $F_2$ | 20000~1500000 | 连续 |
| | 借款利率 | $F_3$ | 0.0648~0.108 | 连续 |
| | 投资者数(人) | $F_4$ | 1~8 | 离散 |
| | 标的等级 | $F_5$ | A1~B3 赋值为 0,B4~D2 赋值为 1 | 离散 |
| | 借款用途 | $F_6$ | 资金用于其他赋值为 0,扩大经营赋值为 1,固定资产赋值为 2,流动资产赋值为 3 | 离散 |
| | 还款方式 | $F_8$ | 按日等本等息和等额本息赋值为 0,等本等息赋值为 1 | 离散 |
| 企业主个人信息指标 | 企业主婚姻 | $F_{10}$ | 未婚赋值为 0,已婚赋值为 1,离异赋值为 2,其他赋值为 3 | 离散 |
| | 企业主年龄(岁) | $F_{11}$ | 23~61 | 离散 |
| | 企业主性别 | $F_{12}$ | 性别女赋值为 0,男性赋值为 1 | 离散 |
| | 房子数(套) | $F_{13}$ | 3+赋值为 0,2 赋值为 1,1 赋值为 2,0 赋值为 3 | 离散 |
| | 汽车数(辆) | $F_{14}$ | 3+赋值为 0,2 赋值为 1,0~1 赋值为 2 | 离散 |
| | 验证银行账户 | $F_{15}$ | TRUE 赋值为 0,FALSE 赋值为 1 | 离散 |
| 企业信息指标 | 企业所在城市 | $F_{16}$ | 一线赋值为 1,新一线赋值为 1.5,二线赋值为 2,三线赋值为 3,四线赋值为 4,五线及以下赋值为 5 | 离散 |
| | 企业行业性质 | $F_{17}$ | 服务业赋值为 0,金融业及其他赋值为 1,零售业赋值为 2,餐饮业赋值为 3 | 离散 |
| | 企业规模(人) | $F_{18}$ | 0~500+ | 连续 |
| | 企业月收入(元) | $F_{19}$ | 0~7500000 | 连续 |

量相差悬殊,因此数据存在不平衡的现象。由于总样本量不大,不建议采用减少多数法,因此采用合成少数法来平衡数据。采用 SMOTE 算法而不是简单重复增加稀有样本,因为违约样本与正常样本数量相距太大,简单重复增加会导致模型的过拟合,而且这也可防止数据的重复性。经 SMOTE 处理后的训练样本中正常样本 908 个,违约样本 912 个,比例接近 1∶1,训练集的总样本数为 1820 个。

## 14.4.2　连续属性离散化——粗糙集理论与布尔逻辑算法

粗糙集理论是一种建立在分类机制的基础上用于处理不完整的、不精确的、不确定性的信息的数学工具,其核心是对知识、集合的划分,挖掘出最有效的信息。在其算法的研究上,包括粗糙集理论属性约简算法和规则提取启发式算法,而粗糙集属性约简算法要求决策表中的属性均为离散,不能直接处理连续属性数据,因此需对连续属性数据离散化。同时为了降低之后属性约简的工作量来提高效率,需要对一些过度离散的属性数据再离散。

常用的离散化方法包括等频离散、等宽离散和人工离散。等频离散要求把数据分成 $n$ 份,每份内包含的样本数保持一致;等宽离散则是将数据均匀分成 $n$ 份,每份取值区间保持一致。这两种方法与人工离散一样,在降低异常数据的敏感度的同时,由于离散过程中主观干扰太强,这种“硬”分割或多或少会造成部分信息缺失,离散合理性受到干扰。因此本书采用一种较为“客观的”离散化方法——Nguyen 和 Skowron 提出的粗糙集理论与布尔逻辑相结合的离散化算法。该方法在不破坏原有数据信息系统的不可分辨关系下,根据给出的数据信息求出所有可能的断点。这种“软”分割方法确保数据模糊处理的客观性,完成对数据的离散化处理。

由表 14.12 可知,连续型指标有:借款额度、借款利率、企业规模和企业月收入,过度离散属性有:投资者数和企业主年龄。通过布尔逻辑离散化方法对连续属性和过度离散属性进行合理离散,离散化处理结果如表 14.14 所示。

**表 14.14　连续指标的离散化结果**

| 评估指标 | 符号 | 原始的连续取值区间 | 布尔逻辑离散化取值区间及赋值 |
|---|---|---|---|
| 借款额度(元) | $F_2$ | 20000~1500000 | $[*,281998):0;[281998,*):1$ |
| 借款利率 | $F_3$ | 0.0648~0.108 | $[*,0.072):0;[0.072,*):1$ |
| 投资者数(人) | $F_5$ | 1~8 | $[*,2):0;[2,*):1$ |
| 企业主年龄(岁) | $F_{11}$ | 23~61 | $[*,44):0;[44,*):1$ |
| 企业规模(人) | $F_{18}$ | 0~500+ | $[*,500):1;[500,*):0$ |
| 企业月收入(元) | $F_{19}$ | 0~7500000 | $[*,165970):1;[165970,*):0$ |

### 14.4.3　基于属性约简的新评估指标体系

　　属性约简就是要在属性集中寻找一个最小的属性集,它能完全确保分类,且约简后的属性集跟约简前的属性集对决策的影响一致。常用的属性约简方法包括两种:基于粗糙集理论的遗传属性约简和基于 Johnson 算法的属性约简。遗传属性约简利用遗传算法,这是一类借鉴生物界的进化规律演化而来的随机化搜索方法,并借助于自然遗传学的遗传因子进行组合交叉和变异,产生出新的解集。相对于遗传算法的复杂,Johnson 算法是根据约简的定义而获得的最简单的属性约简算法,本章也是采用此方法来进行属性约简,并通过软件 ROSETTA 实现。对表 14.13 中的评估指标进行约简,最终由 19 个指标约简为 12 个,删除了贷款等级、贷款利率、贷款类型、还款方式、企业主婚姻、日常支付和银行账户验证等 7 个属性。约简后建立的新评估指标体系(除宏观经济指标外)如表 14.15 所示。

**表 14.15　属性约简后的新微观指标体系**

| 指标类型 | 属性指标 | 符号 | 数据范围及赋值 | 数值属性 |
|---|---|---|---|---|
| 项目指标 | 贷款期限 | $F_1$ | 3~18 个月不等 | 离散 |
| | 借款额度(元) | $F_2$ | $[*,281998):0;[281998,*):1$ | 离散 |
| | 投资者数(人) | $F_4$ | 1~8 | 离散 |
| | 借款用途 | $F_6$ | 资金用于其他赋值为 0,扩大经营赋值为 1,固定资产赋值为 2,流动资产赋值为 3 | 离散 |

| 指标类型 | 属性指标 | 符号 | 数据范围及赋值 | 数值属性 |
|---|---|---|---|---|
| 企业主个人<br>信息指标 | 企业主年龄（岁） | $F_{11}$ | 23～61 | 离散 |
| | 企业主性别 | $F_{12}$ | 性别女赋值为 0，男性赋值为 1 | 离散 |
| | 房子数（套） | $F_{13}$ | 0～3＋，3＋赋值为 0，2 赋值为<br>1，1 赋值为 2，0 赋值为 3 | 离散 |
| | 汽车数（辆） | $F_{14}$ | 0～3＋，3＋赋值为 0，2 赋值为<br>1，0-1 赋值为 2 | 离散 |
| 企业信息<br>指标 | 企业所在城市 | $F_{16}$ | 一线赋值为 1，新一线赋值为 1.<br>5，二线赋值为 2，三线赋值为 3，<br>四线赋值为 4，五线及以下赋值<br>为 5 | 离散 |
| | 企业行业性质 | $F_{17}$ | 服务业赋值为 0，金融业及其他<br>赋值为 1，零售业赋值为 2，餐饮<br>业赋值为 3 | 离散 |
| | 企业规模（人） | $F_{18}$ | [＊,500):1；[500,＊):0 | 离散 |
| | 企业月收入（元） | $F_{19}$ | [＊,165970):1；[165970,＊):0 | 离散 |

## 14.4.4 基于 Cox 模型的中小企业的信用风险评估结果

本节将利用软件 SPSS 对经过预处理的数据进行中小企业的信用风险进行评估，使用的模型是 Cox 生存分析方法。不考虑宏观经济指标时，得到的参数估计结果见表 14.16。

从表 14.16 可以看出，项目投资者数 $F_3$、企业主年龄 $F_{11}$、企业主房产数 $F_{13}$ 和企业规模 $F_{18}$ 并不显著；借款额度 $F_2$ 在 5% 的显著性水平下显著，其余变量均在 1% 的显著性水平下显著。各变量的正负效应与预期比较，除借款额度 $F_2$ 和项目投资者数 $F_3$ 与预期相反，其他均符合预期设想。本章预期借款额度越高，企业违约可能性越高，其危险率越大，而结果显示相反，推测其原因可能是额度大的借款，可能应该用于大项目，与投资于小项目相比可能的收益更可观，因此违约率下降；项目投资者数越多，对借款者产生一定的心理压力，促使借款者按时还款，但当压力突破临界点，就会适得其反。

表 14.16　基于 Cox PH 模型的参数估计及显著性——无宏观经济指标

| 指标 | 符号 | 参数估计 | 预期 | 显著性 |
|---|---|---|---|---|
| 贷款期限 | $F_1$ | −0.128 | − | 0*** |
| 借款额度 | $F_2$ | −0.163 | + | 0.026** |
| 项目投资者数 | $F_3$ | 0.099 | − | 0.15 |
| 贷款用途 | $F_6$ | 1.047 | + | 0*** |
| 年龄 | $F_{11}$ | −0.096 | 不确定 | 0.171 |
| 性别 | $F_{12}$ | 1.592 | + | 0*** |
| 房产数 | $F_{13}$ | −0.076 | − | 0.262 |
| 持卡数 | $F_{14}$ | 1.094 | + | 0*** |
| 企业所在城市 | $F_{16}$ | 0.146 | + | 0*** |
| 企业性质 | $F_{17}$ | 0.705 | + | 0*** |
| 企业规模 | $F_{18}$ | −0.01 | − | 0.9 |
| 企业收入 | $F_{19}$ | −0.202 | − | 0.004*** |

注：***、**、*表示在 1％,5％,10％水平下显著。

　　由于表 14.16 中存在不显著的指标,如果带入模型会影响模型的精准度,因此进行逐步回归删除,得到的结果如表 14.17 所示。

表 14.17　基于 Cox PH 模型的逐步回归参数估计——无宏观指标

| 指标 | 符号 | 参数估计 | 预期 | 显著性 |
|---|---|---|---|---|
| 贷款期限 | $F_1$ | −0.122 | − | 0*** |
| 借款额度 | $F_2$ | −0.175 | + | 0.014** |
| 贷款用途 | $F_6$ | 1.041 | + | 0*** |
| 性别 | $F_{12}$ | 1.588 | + | 0*** |
| 持卡数 | $F_{14}$ | 1.071 | + | 0*** |
| 企业所在城市 | $F_{16}$ | 0.145 | + | 0*** |
| 企业性质 | $F_{17}$ | 0.697 | + | 0*** |
| 企业收入 | $F_{19}$ | −0.178 | − | 0.008*** |

注：***、**、*表示在 1％,5％,10％水平下显著。

为进一步研究宏观经济指标对企业信用评估的影响,本章将宏观经济指标:财政支出 PFE、消费者价格指数 CPI、货币供给量 M2、失业率指数 URL、消费者信心指数 CCI、国房景气指数 CERCI、采购经理指数 PMI、市场存款基准利率 IR、市场贷款基准利率 LIR 和经济景气指数 ECI 带入 Cox 模型进行实证研究,通过逐步回归删除冗余指标,得到的参数估计结果如表 14.18 所示。

表 14.18　基于 Cox 模型的逐步回归参数估计——含宏观经济指标

| 指标 | 符号 | 参数 | 预期 | 显著性 |
|------|------|------|------|--------|
| 贷款期限 | $F_1$ | −0.175 | − | 0*** |
| 借款额度 | $F_2$ | −0.042 | + | 0*** |
| 项目投资者数 | $F_3$ | −0.067 | − | 0*** |
| 贷款用途 | $F_6$ | −0.676 | − | 0*** |
| 年龄 | $F_{11}$ | 0.017 | 不确定 | 0.001** |
| 性别 | $F_{12}$ | 0.469 | + | 0*** |
| 持卡数 | $F_{14}$ | 0.671 | + | 0*** |
| 企业所在城市 | $F_{16}$ | 0.227 | + | 0*** |
| 企业性质 | $F_{17}$ | 0.14 | + | 0*** |
| 企业收入 | $F_{19}$ | −0.098 | − | 0.002*** |
| 消费者价格指数 | $F_{21}$ | −0.214 | 不确定 | 0.043** |
| 消费者信心指数 | $F_{24}$ | −0.076 | − | 0*** |
| 采购经理指数 | $F_{26}$ | 0.13 | − | 0.072* |
| 经济景气指数 | $F_{29}$ | 0.172 | − | 0.091* |

注:***、**、*表示在 1%,5%,10%水平下显著。

与表 14.17 相比,加入宏观经济指标后,新进入模型的微观指标有项目投资者数 $F_3$ 和企业主年龄 $F_{11}$,且影响方向与预期一致,其余微观指标影响趋势与表 14.17 一致;进入模型的宏观指标有消费者价格指数 $F_{21}$、消费者信心指数 $F_{24}$、采购经理指数 $F_{26}$ 和经济景气指数 $F_{29}$,其余的指标均不显著而被删除。消费者价格指数(CPI)影响方向为负,说明通货膨胀对降低企业还款压力的影响大于对降低消费者消费的影响；同时消费者信心指数 $F_{24}$ 与预期一致，信心指数越高，消费者消费意愿越大，有利于降低企业的还款压力；预期采购经理指数越高，经济发展较好，企业违约的可能性降低，但结果显示相反，其原因可能因为采购经理综合指数是反映制造业和服务业的增长或衰退，而本章的样本企业所在行业大部分为餐饮业，因此采购经理指数与企业违约可能性之间的关系正向的；经济景气指数越高，企业运营情况越好，企业违约可能性就越低，但实证结果显示相反，其原因可能因为经济景气指数越大、经济越繁荣给大企业带来的机会远远超过中小企业，因此对中小企业的经营状况的影响反而是负面的。

为了说明动态 Cox 模型的准确程度，将样本数据（不包含宏观经济指标）代入 Logistic 模型进行逐步回归，参数估计结果如表 14.19 所示。

表 14.19　基于 logistic 模型的参数估计结果与显著性

| 指标 | 符号 | 参数 | 预期 | 显著性 P 值 |
|------|------|------|------|------------|
| 借款额度 | $F_2$ | 0.773 | ＋ | 0*** |
| 借款用途 | $F_6$ | −2.134 | ＋ | 0*** |
| 企业主性别 | $F_{12}$ | −2.975 | ＋ | 0*** |
| 持有汽车数量 | $F_{14}$ | −1.737 | － | 0*** |
| 企业所在城市 | $F_{16}$ | −0.393 | ＋ | 0*** |
| 企业行业性质 | $F_{17}$ | −1.117 | ＋ | 0*** |
| 企业规模 | $F_{18}$ | 0.461 | － | 0.008*** |
| 企业月收入 | $F_{19}$ | 0.397 | － | 0.013** |

注：***、**、*表示在 1％,5％,10％水平下显著。

从表 14.19 可知，进入模型的所有的显著性指标中，除企业收入 $F_{19}$ 在 5％的显著性水平下显著，其他变量均在 1％的显著性水平下显著。

最后，利用已经得到的参数估计值和训练集数据，代入相应的模型即可以获得中小企业的违约率值。在 Cox 模型预测时，通过对训练样本的生存率计算并设定阈值，通过多次阈值的调试，选取合适阈值；然后利用测试样本来检验 Cox 模型预测的精度。如果预测样本的预测生存率低于该阈值时,判别为违约;高于该阈值时,判别为不违约。对于同一测试集,不同模型在数据处理前后测试的信用风险评估的预测结果如表 14.20。

表 14.20　不同模型经数据处理前后的信用风险评估的预测结果

| 模型 | Good as good | Bad as bad | Good as bad | Bad as good |
|---|---|---|---|---|
| 普通处理后的 Logistic 模型 | 135 | 13 | 20 | 7 |
| 多元处理后的 Logistic 模型 | 211 | 38 | 26 | 3 |
| 普通处理后的 Cox PH 模型 | 137 | 14 | 18 | 6 |
| 多元处理后的 Cox PH 模型 | 213 | 38 | 24 | 3 |
| 普通处理后的 Cox 模型含宏观 | 139 | 15 | 16 | 5 |
| 多元处理后的 Cox 模型含宏观 | 215 | 39 | 22 | 2 |

根据表 14.20 的结果可知,三种模型的混淆矩阵如表 14.21、表 14.22 和表 14.23 所示。为了便于比较数据处理前后的结果,表中添加了本章第 3 节中简单数据处理之后得到的预测结果。

表 14.21　Logistic 回归模型的预测结果

| 实际＼预测 | 普通数据处理 | | 多元数据处理 | |
|---|---|---|---|---|
| | 未违约 | 违约 | 未违约 | 违约 |
| 未违约 | 135 | 20 | 211 | 26 |
| 违约 | 7 | 13 | 3 | 38 |
| 总体预测精度 | 84.57％ | | 89.57％ | |
| 第一类错误率 | 12.90％ | | 10.97％ | |
| 第二类错误率 | 35.00％ | | 7.32％ | |

表 14.21 显示的是 Logistic 回归模型的预测精度。结果表明,经多元数据处理后,Logistic 回归模型的整体预测精度有所提高,而第二类错误的概率显著下降,第一类错误的概率也下跌了 2.87％,基本保持"弃真"的概率不变的情况下,"纳伪"的概率在大幅度下跌。经过多元数据处理后,Logistic 回归模型整体的预测精度接近 90％,说明了 Logistic 回归模型在中小企业信用风险评估中的适用性,多元数据处理有助于提升预测效果。

表 14.22 刻画的是 Cox PH 模型的预测结果,评估指标中不含宏观经济指标。结果表明,经多元数据处理后,Cox PH 模型的整体预测精度超过90%,模型的预测精度是优秀的,而第二类错误的概率显著下降,为22.68%,第一类错误的概率也下跌了,在基本保持"弃真"的概率略有提升的情况下,"纳伪"的概率在大幅度下跌。这进一步说明了 Cox PH 模型在中小企业信用风险评估中优势明显,多元数据处理有助于提升预测效果。

表 14.22　Cox PH 模型的预测结果——无宏观经济指标

| 实际＼预测 | 普通数据处理 | | 多元数据处理 | |
|---|---|---|---|---|
| | 未违约 | 违约 | 未违约 | 违约 |
| 未违约 | 137 | 18 | 213 | 24 |
| 违约 | 6 | 14 | 3 | 38 |
| 总体预测精度 | 86.29% | | 90.29% | |
| 第一类错误率 | 11.61% | | 10.13% | |
| 第二类错误率 | 30.00% | | 7.32% | |

表 14.23 是扩展 Cox 模型的混淆矩阵,评估指标中包含宏观经济指标。结果表明,经多元数据处理后,Cox 模型的整体预测精度为 91.37%,在所有模型中预测的准确程度最高。第二类错误的概率显著下降,从 25% 下降为4.88%。与数据处理前的结果相比,第一类错误的概率有一定程度的降低,在基本保持"弃真"的概率略有提升的情况下,"纳伪"的概率在大幅度下跌。这进一步说明了 Cox 模型在中小企业信用风险评估中优势明显,多元数据处理有助于提升预测效果,宏观经济变量是影响中小企业信用风险的重要指标,不能简单排除。

将表 14.21、表 14.22 和表 14.23 进行纵向比较发现,多元处理后的Cox 模型的总体精准度最高,达到 91.37%,第一类错误和第二类错误的概率达到最低,第一类错误率为 9.28%,而第二类错误率为 4.88%,也就是说在 5% 的水平下保证不发生错误发放贷款,这样的精度可能确保贷款提供者风险可承受。无论是普通数据处理还是多元数据处理,扩展的 Cox 模型的总体预测精度高于 Cox PH 模型的,且第一类错误和第二类错误的概率

表 14.23　扩展 Cox 模型的预测结果——含宏观经济指标

| 实际＼预测 | 普通数据处理 | | 多元数据处理 | |
|---|---|---|---|---|
| | 未违约 | 违约 | 未违约 | 违约 |
| 未违约 | 139 | 16 | 215 | 22 |
| 违约 | 5 | 15 | 2 | 39 |
| 总体预测精度 | 88.00% | | 91.37% | |
| 第一类错误率 | 10.32% | | 9.28% | |
| 第二类错误率 | 25.00% | | 4.88% | |

均下降,特别是第二类错误下跌的幅度较大,充分说明加入宏观经济指标有助于提升中小企业信用风险的预测精度。静态的 Logistic 模型和动态的 Cox 模型相比,无论数据是否经过处理,Logistic 模型的预测的准确程度均低于 Cox 模型的,且第一类错误和第二类错误的概率均下降。多元数据处理后模型精度也有所提高,且其第一类错误和第二类错误均偏高,特别是第二类错误的概率,即"纳伪"的概率高,投资风险大。

## 14.5　本章小结

本章选取生存分析 Cox 模型对中小企业的信用风险进行实证分析,同时利用 Logistic 回归模型对同一样本数据的信用风险进行评估,目的是说明 Cox 模型信用风险评估的准确程度。数据来源于 P2P 平台——点融网的中小企业的借贷数据,同时研究宏观经济变量是否会对企业的信用风险产生影响。

研究结果表明:

(1)如果不对原始数据进行任何处理直接进行信用风险评估将影响评估的精度。结果显示,不对原始数据进行任何处理,Logistic 回归模型预测精确度仅为 84.57%,第一类错误率为 12.90%,第二类错误率高达为 35%;只考虑微观信息对企业信用风险的影响,Cox PH 模型预测精准度为 86.29%,第一类错误 11.61%,第二类错误为 30%,而扩展的 Cox 模型的精度最高,达到 88%,但第二类错误也有 25%。总体而言,不对原始数据进行任何处理直接进行信用风险评估将影响评估的精度。

(2)无论是否进行数据处理,加入宏观因素的 Cox 模型的评估精度就高。经过普通的数据整理,加入宏观因素的 Cox 模型的评估精度为 88%,而 Cox PH 模型预测精准度为 86.29%,Logistic 回归模型的仅为 84.57%;经过多元数据处理后,加入宏观因素的 Cox 模型的评估精度达到 91.37%,而 Cox PH 模型和 Logistic 回归模型的预测精度分别为 90.29% 和 89.57%,且第一类错误和第二类错误也最小,充分说明宏观变量、利用动态的 Cox 模型对中小企业信用风险进行评估结果最准确。

(3)经过多元数据处理后的各模型精准度均有所提高,模型得到优化。比较各模型经过多元数据处理前后的评估结果,从总体的预测精度看,Logistic 回归模型的预测精度从 84.57% 上涨到 89.57%;再对中小企业的信用风险进行评估,Cox PH 模型从 86.29% 上升到 90.29%,扩展的 Cox 模型从 88% 上涨到 91.37%,模型的精准度得到了提高;从第一类错误看,Logistic 回归模型从 12.90% 下降为 10.97%,而 Cox PH 模型从 11.61% 下降到 10.13%,扩展的 Cox 模型从 10.32% 下降到 9.28%,均有不同程度的改善;特别是第二类错误改善的幅度明显,Logistic 回归模型从 35% 下降到 7.32%,而 Cox PH 模型从 30% 下降到 7.32%,扩展的 Cox 模型从 25% 下降到 4.88%。各模型预测结果对比显示,经过多元数据处理后的模型精准度有所提高,模型得到一定优化。

因此,总体的结论是动态的 Cox 模型的预测效果较 Logistic 模型有所提升;纳入宏观经济变量的 Cox 模型比只含内部环境指标的 Cox PH 模型具有更好的预测效果,更有利于平台筛选符合放贷要求的企业,降低平台的潜在风险;经过数据多元化处理的 Cox 模型、纳入宏观因素的 Cox 模型和 Logistic 回归模型的实证结果精准度较普通处理的模型实证结果精准度均有所上升。这充分说明,在中小企业信用风险的评估中,不仅需要考虑企业信息和企业主个人的信息,还需要考虑标的信息,更重要的是,宏观经济信息不容忽视,要使用动态的 Cox 模型才能准确评估中小企业的信用风险,才能有效合理地提高金融资源配置的效率。

# 15 基于神经网络技术的中小企业信用风险评估

　　本章拟采用神经网络技术来评估中小企业借款者的信用风险,目的是分析静态评估方法在风险评估中的适用性。数据仍来源于点融网平台的中小企业的借款数据。尽管生存分析方法已广泛应用于医学、生物学等学科的研究,并且国外在信贷风险评估方面的应用已相对成熟,但在国内还处于起步阶段,因此本章探讨神经网络技术在中小企业信用风险评估中的应用问题。

　　神经网络技术在以往的信用风险评估中也具有很好的预测精度。本章试图将多层感知器与径向基函数这两种神经网络方法用于中小企业的信用风险评估中,且对两种方法的评估结果进行对比分析,突出其在中小企业信用风险评估预测的能力。在大数据的背景下,通过企业信用风险评估理论建立中小企业的信用风险评估指标,拟使用 Python 技术获取点融网上中小企业的借贷数据,克服在中小企业信用风险评估中缺乏数据的缺点,解决中小企业信用风险评估问题。

　　本章的创新点之一,是建立中小企业评估指标体系时,考虑了行业的违约率;创新点之二,利用多重填补方法模拟出符合样本的数据并与神经网络算法相结合,使得结果可行性增强;创新点之三,将多层感知器与径向基函数进行结果对比分析,选择更适合中小企业信用评估的方法。

　　本章的中小企业的信用风险评估指标类似于第 14 章,原因是这两章的数据来源均是点融网。选取影响公司股票价值以及债券价格的相关指标,并参考学者 Allen 等的研究,选择 17 个微观指标和 10 个宏观经济指标建立中小企业的信用风险评估指标体系。17 个微观指标为:①企业所有者的特征指标,如年龄、性别、学历、孩子个数、婚姻状况、房屋数量、汽车数量;②中小企业的经营状况微观指标,包括规模、投资者数目、营业收入;③融资信贷指标,包括借款金额、借款利率、借款目的、借款等级、其他贷款平台数量、其他平台借款、在点融网上的拖欠金额。10 个宏观经济指标为:居民消费指数 CPI、国内生产总值 GDP、狭义货币供应 M1、财政支出、经济景气指数 ECI、消费者信心指数 CCI、失业率指数 URI、采购经理指数 PMI、国房景气指数 CERCI 和行业状况。可以看出,宏观经济指标增加了行业状况指标,以反映行业状况对企业信用风险的影响,这是因为每个企业所处的行业不同,企业的生产模式、经营模式不同,资金周转期也不同,故选作影响其信用风险的宏观指标。

# 15.1　信用风险评估方法

本章使用预测能力较强的神经网络方法对中小企业的信用风险进行评估,但由于涉及的评估指标较多,意味着输入层的神经元节点太多,会极大地影响输出效率;而且指标之间也存在一定的关联性,故首先通过主成分因子分析提取公因子,实现指标分类降维的目的。在处理获样本数据时发现存在部分信用指标数据缺失的现象,故需要对缺失数据进行填补处理。特别是缺失的连续型变量数据,本章采用 MCMC 多重填补法。为了解决样本中违约样本与非违约样本占比不平衡的问题,采用 SMOTE 算法平衡数据。

神经网络技术的运算过程分为学习和工作两个阶段。在学习阶段,基于输入层的训练集数据,该算法会输出相关预期目标,并在获得具有最佳网络参数的模型后,模型进入工作阶段。在工作阶段,将测试集的样本数据作为变量输入,基于神经网络模型在学习阶段运行得到的参数以及该模型的运行规则,可以获得最终预测结果。神经网络技术是近年来的热点研究领域,其基本模型有两种,分别是多层感知器与径向基函数。

## 15.1.1　多层感知器

多层感知器包含 1 个输入层、1 个或多个隐含层以及 1 个输出层,每一层都有若干个神经元节点。图 15.1 所示的是包含 2 个隐藏层的多层感知器模型。

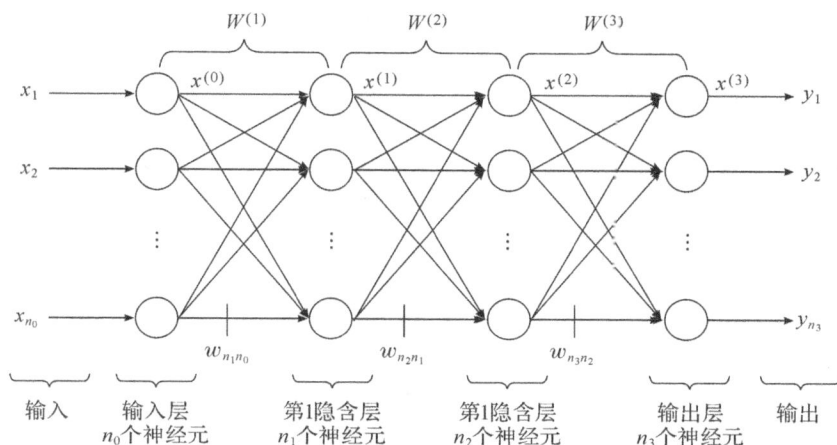

图 15.1 多层感知器结构

以图 15.1 中的多层感知器结构为例,输入层仅起到信息传递作用,其激活函数相当于恒等函数,输出即为输入,也就是 $x_1^{(0)} = x_1 \cdots x_{n_0}^{(0)} = x_{n_0}$;在 2 个隐含层中,第一隐含层由 $w^{(1)}$ 与输入层全连接,第二隐含层由 $w^{(2)}$ 与第一隐含层全连接,其激活函数表达式为:$y_j = f(s_j) = \dfrac{1}{1 + \mathrm{e}^{-bs_j}}$,其中 $s$ 函数的经典选择包括 tanh,其函数表达式为:$\tanh x = \dfrac{\sinh x}{\cosh x} = \dfrac{\mathrm{e}^x - \mathrm{e}^{-x}}{\mathrm{e}^x + \mathrm{e}^{-x}}$,或者符号函数 sigmoid,其函数表达式为:$sigmoid(x) = \dfrac{1}{1 + \mathrm{e}^{-x}}$;在输出层中,由 $w^{(3)}$ 与第二隐含层全连接。激活函数可以是线性函数或者 $s$ 函数,但多数情况采用线性函数。

## 15.1.2 径向基函数

径向基函数是具有单隐层的 3 层前向网络,具体结构如图 15.2 所示。第一层为输入层,起到数据信息的传递作用;第二层为隐含层,隐含层节点数视所描述问题的需要而定,其主要目的是对激活函数的参数进行调整,采用的是非线性优化策略。其激活函数采用格林函数或者高斯函数,但高斯函数应用较多,函数表达式为:$\varphi_i(t) = e^{-\frac{t^2}{\theta_i^2}}$。第三层为输出层,是对输入模式做出的响应;输出层是对线性权进行调整,采用的是线性优化策略。

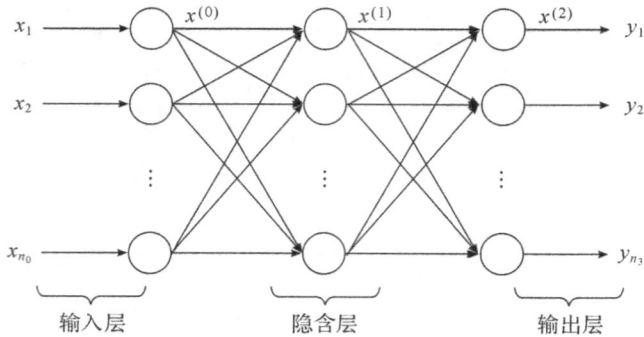

图 15.2  径向基函数结构

多层感知器与径向基函数虽然均是前馈神经网络,但也存在不同,比如:径向基函数只有一个隐含层,而多层感知器的隐含层可以是一层或者多层;多层感知器的隐含层和输出层具有相同的神经元模型,而径向基函数的隐含层神经元和输出层神经元不仅模型不同,而且在网络中起到的作用也不一样;径向基函数的隐含层是非线性的,输出层是线性的。然而,当用多层感知器解决模式分类问题时,它的隐含层和输出层通常选为非线性的;当用多层感知器解决非线性回归问题时,通常选择线性输出层。

基于此,本章将使用这两种方法对点融网上的中小企业借款者的信用风险进行评估,通过对结果的对比分析以判断这两种方法在信用风险评估中的预测精度的强弱。

## 15.2  数据处理方法

### 15.2.1  主成分因子分析法

因子分析最早由英国心理学家 C. E. 斯皮尔曼提出,其基本目的是用少数因子来描述许多指标或因素之间的关系。因子分析涉及多种方法,如主成分因子分析、聚类分析、判别分析等。本章使用主成分因子分析方法,其计算步骤如下:

(1)规范原始数据以消除变量之间数量级和量纲上的差异。

(2)求出标准化数据的相关矩阵,并基于该相关矩阵,求出对应的特征值和特征向量。

(3)计算方差贡献率和累积方差贡献率。

(4)确定因子。设$F_1,F_2,\cdots,F_p$为$p$个因子,当其中前$m$个因子对数据信息量的累积贡献率不小于$80\%$时,可以采用前$m$个因子来反映原始评价指标;若无法确定或意义不明显,则需要旋转因子以获得较为明显的实际含义。

(5)采用 Thomson 估计,回归估计或 Bartlett 估计方法计算因子得分。

(6)根据式(15.1):

$$F = \frac{w_1 \times F_1 + w_2 \times F_2 + \cdots + w_m \times F_m}{w_1 + w_2 + \cdots + w_m} \tag{15.1}$$

其中$w_j$为旋转后因子的方差贡献率。以各因子的方差贡献率为权,通过各因子的线性组合得到综合评价指标函数,并对综合评分进行排序,得到评分名次。

## 15.2.2　MCMC 多重填补法

多重填补是由 Rubin 在 1978 年首先提出的。多重填补法的具体方法较多,如针对连续型变量的预测均数匹配法、趋势得分法、马尔科夫链蒙塔卡罗(MCMC)方法等。考虑到本书样本的特殊性,故采用 MCMC 方法,其具体操作步骤可分成两步:

(1)填充。在每次迭代过程中,利用无缺失的数据作为初始的均值向量$\boldsymbol{\mu}$和协方差矩阵$\boldsymbol{\varepsilon}$,从给定$Y_{\mathrm{obs}}$下的条件分布$P(Y_{\mathrm{miss}} | Y_{\mathrm{obs}})$中得到$Y_{\mathrm{miss}}$。其中,不妨假设$\boldsymbol{\mu}_{\mathrm{obs}}$和$\boldsymbol{\mu}_{\mathrm{miss}}$分别为$Y_{\mathrm{obs}}$与$Y_{\mathrm{miss}}$的均值向量,则$\boldsymbol{\mu}$可以表示为$\boldsymbol{\mu} = [\boldsymbol{\mu}_{\mathrm{obs}}, \boldsymbol{\mu}_{\mathrm{miss}}]$。同理,将$\boldsymbol{\varepsilon}$表示$Y_{\mathrm{obs}}$与$Y_{\mathrm{miss}}$的协方差矩阵,也就是$\boldsymbol{\varepsilon} = \begin{bmatrix} \varepsilon_1 & \varepsilon_3 \\ \varepsilon_3 & \varepsilon_2 \end{bmatrix}$。其中$\varepsilon_1$是$Y_{\mathrm{obs}}$的方差,$\varepsilon_2$是$Y_{\mathrm{miss}}$的方差,$\varepsilon_3$是$Y_{\mathrm{obs}}$与$Y_{\mathrm{miss}}$间的协方差。在多元正

态分布的假设下，当给定 $Y_{obs}=Y_0$ 时，可分别结算出其对应的均值与协方差矩阵。

（2）后验。在每个周期中，从先前填补中得到的均值向量 $\boldsymbol{\mu}$ 和协方差矩阵 $\boldsymbol{\varepsilon}$ 表示后验主体的对应值以模拟参数。循环填补和后验这两个步骤，可以生成足够长的马尔可夫链。当马尔可夫链集中在一个稳定分布时，就可以近似地从该独立分布中提出相应值进行填补。

### 15.2.3　SMOTE 算法

Chawla 等（2002）提出了 SMOTE 算法。该算法的基本思想是对少数类别样本进行分析和模拟，并将新的人工模拟样本添加到数据集中，以使原始数据中的类别不再严重失衡。其模拟过程采用 KNN 技术，模拟新样本生成的步骤如下：

（1）采样最邻近算法，计算出每个少数类样本的 $K$ 个近邻；

（2）从 $K$ 个近邻中随机挑选 $N$ 个样本进行随机线性插值；

（3）构造新的少数类样本，并将新样本与原数据合成，产生新的训练集。

## 15.3　数据来源与数据处理

### 15.3.1　数据来源与指标赋值

本章的中小企业微观数据来源于 P2P 网络借贷平台——点融网。运用 Python 技术从点融网上获得 1392 组数据，删除缺失起始时间的样本数据后，剩余 1385 组数据作为样本。根据 2004 年 6 月巴塞尔银行监管委员会发布的《统一资本计量和资本标准的国际协议：修订框架》对违约的定义：债务人对于银行集团的实质性信贷债务逾期 90 天以上即为违约，在 1385 组样本中，违约样本为 154 个，非违约样本为 1231 个，违约率为 11.12%。这些样本涉及的行业较为广泛，餐饮业、零售业与服务业占比较大。样本的借款时间从 2015 年 7 月至 2017 年 8 月，大部分以 12 个月为借款期限，少部分则是贷款 6 个月或 18 个月。而在这些贷款中,每月归还贷款的借款企业占多数,只有个别贷款企业选择以双周还贷的形式。为了保证训练集和测试集的违约率与总样本一致,故随机选择 120 个违约样本和 965 个非违约样本构成训练集,34 个违约样本和 266 个非违约样本构成测试集。宏观经济数据来自国泰安数据库,行业指标数据来自工商银行、建设银行与农业银行的半年度报表数据汇总(中国银行未披露相关数据)。

由于指标数据的缺失率过高对违约预测会产生不利的影响,本书首先删除缺失率大于 50% 的指标,即删除孩子个数这个微观指标,将剩余指标赋值。本书用 Y 表示样本是否违约,当 Y 为 1 时表示样本违约,Y 为 0 则表示样本未违约。其他的微观指标参照银行业信用风险评估指标的量化标准给予赋值。性别上,女性赋值为 0,男性赋值为 1;婚姻状况中,未婚赋值为 1,已婚赋值为 2,离异赋值为 3;学历上,博士赋值为 1,硕士赋值为 2,大专、本科赋值为 3,高中赋值为 4,初中及以下赋值为 5。公司规模在 1000 人以上赋值为 1,500～1000 人赋值为 2,300～500 人赋值为 3,200～300 人赋值为 4,100～200 人赋值为 5,50～100 人赋值为 6,10～50 人赋值为 7,0～10人赋值为 8。营业收入中,50000 元以上赋值为 1,10000～50000 元赋值为2,5000～10000 元赋值为 3,1000～5000 元赋值为 4,0～1000 元赋值为 5。借款目的,按用途的违约率从高到低进行赋值。用于流动资产违约率最高,为 27.13%,赋值为 5;其次是用于业务周转的 14.29% 的违约率,赋值为 4;违约率为 10.20% 的固定资产用途赋值 3,违约率为 5.13% 的扩大经营赋值为 2,违约率最低的其他用途赋值 1。点融网为企业的信用评级按 A 级为1、B 级为 2、C 级为 3、D 级为 4 进行赋值。

宏观指标均为连续型变量,但获取的 CPI、GDP、M1、财政支出、ECI、CCI、PMI 以及 CERCI 均是月度数据。由于只能搜集到季度失业率数据,该指标并未像 GDP 是一个累计型指标,且失业率的波动幅度不大,故直接取其平均值为月度数据;行业状况是将 3 个银行的半年报数据汇总后,按其违约率从低到高进行排序,违约率最低的行业赋值为 1,稍高的赋值为 2,以此类推。

### 15.3.2 缺失数据处理——多重 MCMC 算法

对于离散型变量,如婚姻状况、性别等变量,数据缺失值较少,采用众数填补法用以修复;对于连续型变量,运用 SAS 软件,将连续型指标导入后,分别利用 MCMC 算法运行 1 次、5 次和 10 次后比较连续型变量的均值和标准差,所得结果如表 15.1 所示。通过比较后发现填充 10 次后的样本标准差较填充 1 次、5 次的样本小,填充效果较好,故选多重 MCMC 填充 10 后的样本填补,得到完整数据。

**表 15.1 MCMC 算法在不同运行次数下的填补结果**

|  |  | 营业收入(元) | 其他平台借款金额(元) | 利率 |
|---|---|---|---|---|
| 多重 MCMC 填充 1 次 | 均值 | 556800.1 | 1761929 | 0.073481 |
|  | 标准差 | 2154732 | 4356178 | 0.005693 |
| 多重 MCMC 填充 5 次 | 均值 | 586174.6 | 1806501 | 0.073482 |
|  | 标准差 | 2187262 | 4365502 | 0.005686 |
| 多重 MCMC 填充 10 次 | 均值 | 550694.2 | 1674963 | 0.073489 |
|  | 标准差 | 2159111 | 4248890 | 0.005687 |

### 15.3.3 平衡样本——SMOTE 算法

将填充完毕后完整的数据样本分为训练集与测试集,其中,训练集由 120 个违约样本和 965 个非违约样本构成,违约率仅为 11.06%,样本具有不均衡的特点。由于样本涉及的数据量并不是很大,不能采用欠抽样方法。本书采取过采样中的 SMOTE 算法,在原有数据的基础上产生新的数据。样本均衡前后违约样本的数目达到 965,使得违约样本数与未违约样本数的比例为 1∶1,训练集成为均衡样本。

### 15.3.4 因子指标提取

删除由于过分缺失数据的指标后还剩下 26 个指标。但由于每个指标重要性不同,提取比率均不相同,对于重要性较低的指标则予以删除。其中学历、其他平台借款以及月收入提取比率过低,故将该两项指标剔除,将剩余 23 个指标进行因子分析。为了考察样本数据是否适合做因子分析,需要先做一个 KMO 和 Bartlett 的球形度检验,具体结果见表 15.2。

**表 15.2 KMO 和 Bartlett 检验结果**

| KMO 取样适切性量数 | | 0.706 |
|---|---|---|
| Bartlett 的球形度检验 | 上次读取的卡方 | 18917.563 |
| | 自由度 | 253 |
| | 显著性 | 0.000 |

从表 15.2 结果可知,KMO 值为 0.706,大于 0.6;Bartlett 的球形度检验的显著性为 0.000,小于 0.05,所以这 23 个指标适合做主成分因子分析。

将用主成分分析方法提取出来的因子用 Kaiser 标准化最大方差法旋转,在 10 次迭代后样本收敛。查看旋转后的成分矩阵,可得知每个因子中比重较大的指标,相关结果见表 15.3。

**表 15.3 旋转后的成分矩阵**

| 因子 | 指标 |
|---|---|
| 因子 1 | CERCI(0.730)、M1(0.914)、GDP(0.939)、CCI(0.956) |
| 因子 2 | URI(−0.872)、PMI(0.646)、ECI(0.849) |
| 因子 3 | 公司规模(0.67)借款金额(−0.783) |
| 因子 4 | 在点融的拖欠金额(0.757)、借款目的(0.812) |
| 因子 5 | 汽车数量(0.609)、房屋数量(0.804) |
| 因子 6 | 财政支出(0.862) |
| 因子 7 | 借款等级(0.696) |
| 因子 8 | 投资者数目(0.778) |
| 因子 9 | 性别(0.809)、婚姻状况(0.650) |

从表 15.3 可知,因子 1、因子 2 与因子 6 的主要显著成分均是宏观指标,剩余因子的主要显著性成分为微观指标。第一个因子由 CERCI、M1、GDP 和 CCI 构成,称为经济基本面因子;第二个因子由 URI、PMI 和 ECI 组成,称为经济景气因子;第六个因子则为财政支出因子。其他 6 个因子为微观因子,分别称为借款特征因子、借款情况因子、相关资产因子、信用等级因子、企业状况因子和个人特征因子。

这样,本章就将 23 个指标缩减为 9 个指标,获得了中小企业信用风险的有效评估指标体系,仍然包括 3 个宏观经济指标,不过宏观经济指标并不是动态的,反映企业获取借款时的宏观经济环境。具体的成分得分系数矩阵见表 15.4。

通过主成分因子分析的训练集样本可以得到每个因子对应值,而对于测试集样本,则应将表 15.4 所示的成分得分系数矩阵与标准化的测试集数据按照式(15.2)对应计算出每个因子对应值。

$$F_i = \sum_{j=1}^{23} x_j \times a_{ij} \tag{15.2}$$

其中,$i$ 为每个因子编号数,$i=1,2,3,\cdots,9$;$F_i$ 表示因子得分,$x_j$ 表示每个样本对应指标的标准化值,$a_{ij}$ 表示为对应指标的系数值。

## 15.4　中小企业信用风险的评估结果

本章总共有 2230 个样本进行实证,其中 1930 组数据作为训练集得出神经网络模型,剩余 300 组数据作为测试集验证神经网络模型预测的精确度。多层感知器和径向基函数模型的输入层节点数由主成分因子分析得到的 9 个因子构成,即输入层有 9 个神经元,输出层节点数设定为 1 个。假设输出值接近于 0 时,为非违约企业;输出值接近于 1 时,为违约企业。用 SPSS 软件将相关因子输入,设定好相关程序后,得出输出结果。

表 15.4 成分得分系数矩阵

| 指标 | 因子1 | 因子2 | 因子3 | 因子4 | 因子5 | 因子6 | 因子7 | 因子8 | 因子9 |
|------|-------|-------|-------|-------|-------|-------|-------|-------|-------|
| 年龄 | −0.030 | 0.010 | −0.129 | 0.065 | 0.191 | 0.076 | 0.205 | 0.240 | 0.100 |
| 性别 | 0.041 | −0.027 | −0.142 | 0.016 | −0.240 | −0.060 | −0.062 | −0.005 | 0.744 |
| 汽车数量 | 0.051 | 0.059 | −0.125 | −0.093 | 0.392 | −0.071 | −0.153 | −0.243 | −0.023 |
| 公司规模 | 0.031 | −0.063 | 0.379 | 0.080 | −0.090 | −0.052 | −0.039 | 0.047 | −0.013 |
| 借款等级 | 0.090 | −0.055 | −0.064 | −0.048 | −0.030 | −0.124 | 0.564 | 0.217 | 0.021 |
| 房屋数量 | −0.037 | −0.007 | 0.104 | 0.060 | 0.575 | 0.004 | 0.030 | 0.098 | −0.081 |
| 投资者数目 | −0.022 | −0.024 | 0.091 | 0.012 | 0.006 | 0.035 | 0.014 | 0.666 | −0.010 |
| 婚姻状况 | −0.007 | 0.004 | 0.176 | −0.005 | 0.288 | 0.056 | 0.105 | −0.007 | 0.566 |
| 其他贷平台数 | 0.110 | −0.062 | 0.130 | 0.254 | 0.118 | −0.150 | −0.058 | −0.047 | −0.059 |
| 借款目的 | −0.017 | −0.059 | 0.083 | 0.559 | 0.066 | 0.125 | 0.009 | 0.052 | 0.020 |
| 借款金额 | 0.082 | 0.025 | −0.493 | −0.023 | −0.114 | −0.045 | 0.074 | −0.164 | −0.001 |
| 拖欠金额 | −0.090 | 0.072 | −0.072 | 0.506 | −0.088 | −0.073 | −0.023 | −0.014 | 0.014 |
| 利率 | 0.026 | 0.065 | 0.307 | −0.087 | 0.072 | −0.057 | 0.453 | −0.233 | 0.038 |
| CPI | 0.071 | −0.212 | 0.048 | 0.100 | 0.070 | 0.367 | 0.056 | −0.274 | 0.075 |
| GDP | 0.275 | −0.071 | −0.059 | −0.070 | −0.054 | −0.080 | 0.022 | 0.007 | 0.031 |
| M1 | 0.237 | 0.006 | −0.052 | −0.085 | −0.044 | 0.023 | 0.029 | 0.043 | −0.003 |
| 财政支出 | −0.098 | 0.026 | −0.026 | −0.013 | −0.038 | 0.688 | −0.038 | 0.098 | −0.031 |
| ECI | −0.012 | 0.362 | 0.010 | 0.058 | 0.055 | −0.003 | 0.050 | −0.188 | 0.018 |
| CCI | 0.271 | −0.051 | −0.047 | −0.031 | −0.026 | −0.061 | 0.009 | −0.033 | 0.023 |
| URI | 0.052 | −0.363 | 0.028 | 0.046 | −0.005 | 0.045 | 0.036 | −0.115 | 0.005 |
| PMI | 0.016 | 0.261 | −0.083 | 0.001 | −0.024 | 0.293 | 0.039 | −0.020 | −0.041 |
| CERCI | 0.185 | 0.151 | 0.029 | −0.010 | 0.043 | −0.066 | 0.060 | −0.126 | 0.026 |
| 行业情况 | 0.078 | −0.062 | 0.065 | −0.047 | 0.029 | −0.138 | −0.442 | 0.142 | 0.047 |

## 15.4.1 基于多层感知器的评估结果

根据软件要求及模型的需要,将模型体系结构中选择一层隐藏层,且隐藏层中最大单位数为50,选择调整的共轭梯度算法。将培训错误的最小相对变化设置为 0.0001,误差率最小变化设置为 0.01。隐藏层激活函数采用双曲正切,而输出层激活函数采用 Softmax。表 15.5 展示了测试集获得的中小企业信用风险的预测结果。

从表 15.5 的结果判断可知,多层感知器模型预测违约企业的精确度远高于预测非违约企业的精确度。从测试集的样本预测结果可知,第一类错误发生的概率为 23.68%,识别正常企业(0)的正确率为 76.32%,而第二类错误发生的概率为 0,因此对于违约企业(1)预测能力高,达到 100%。模型的整体预测精度为 79.00%,但由于第一类错误高则会排除优质客户,对提供贷款者同样具有风险性。

表 15.5　多层感知器的预测结果

| 预测结果<br>实际 | Cox PH | |
|---|---|---|
| | 未违约 | 违约 |
| 未违约 | 203 | 63 |
| 违约 | 0 | 34 |
| 总体预测精度 | 79.30% | |
| 第一类错误率 | 23.68% | |
| 第二类错误率 | 0 | |

## 15.4.2　基于径向基函数的评估结果

根据软件要求及模型的需要,隐藏层激活函数选择标准化径向基函数,且自动计算允许的重叠数量。表 15.6 展示了利用径向基函数方法获得的测试集的中小企业信用风险评估的预测结果。

从表 15.6 的结果可知,径向基函数模型无论预测非违约企业还是预测违约企业,其精确度均较高。从测试集的样本预测可知,第一类错误发生的概率为 7.52%,判别正常企业(0)的正确率为 92.48%,而第二类错误发生的概率为 2.94%,对于违约企业(1)预测能力较强,达到 97.06%。模型的整体预测精度也很高,达到 93.00%。

**表 15.6  径向基函数的预测结果**

| 实际 ＼ 预测结果 | Cox PH | |
|---|---|---|
| | 未违约 | 违约 |
| 未违约 | 246 | 20 |
| 违约 | 1 | 33 |
| 总体预测精度 | 93.00% | |
| 第一类错误率 | 7.52% | |
| 第二类错误率 | 2.94% | |

比较多层感知器与径向基函数神经网络的预测结果后发现,虽然在预测违约企业上,径向基函数与多层感知器的预测精确度均较高,但是多层感知器在预测违约企业上的优势较为明显。在预测正常企业上,多层感知器的精确度仅 76.32%,而径向基函数的预测精确度达到 92.48%,优势明显。从总体预测精确度来看,径向基函数预测准确率为 93.00%,高于多层感知器 79.30%预测准确度,径向基函数的预测能力较强。

# 15.5  本章小结

本章利用已建立的中小企业信用风险评估体系,使用 Python 技术获得点融网上关于中小企业信用贷款的 1392 组数据,将缺失借贷时间的数据删除,填补完缺失数据后,利用 SMOTE 算法对训练集的样本平衡数据,从而获取的样本总数为 2230 组。将 1930 组训练集数据进行主成分因子分析,并将得到的因子与测试集的因子使用 SPSS 系统进行神经网络算法分类。

实证结果发现,在预测违约企业上多层感知器的预测正确率高于径向基函数,但在预测非违约企业的能力上径向基函数预测正确率略胜一筹,而径向基函数的总体预测能力较强。

从该实证结果可知,在众多指标中,因子 1、因子 2 与因子 6 中比重较大的宏观指标对于中小企业的信用影响较大,也就是 CERCI、M1、GDP、CCI、URI、PMI、ECI 与财政支出这些宏观指标较为重要;而剩余因子中比重较大的微观指标对于研究中小企业的信用风险研究也是较为重要的,如公司规模、借款金额、在点融的拖欠金额、借款目的、汽车数量、房屋数量、借款等级、投资者数目、性别和婚姻状况等指标,故而应该将这些指标纳入中小企业信用评估指标体系中。

　　尽管本章使用的是 P2P 网络借贷平台的中小企业的借贷数据来研究中小企业的信用风险评估问题,但评估的方法与评估指标、评估结果均适用于一般的中小企业信用风险评估,对一般的中小企业信用风险评估时评估指标体系和方法的选择有一定的借鉴意义。

# 16　结论与建议

## 16.1　结　论

本书集中研究了金融领域的零售信用风险评估问题,主要使用的方法是先进的生存分析方法——Cox PH 模型和扩展的 Cox 模型。由于银行借款者的数据的保密性,无论是个人的信用卡数据还是中小企业的借款数据,在进行实证检验时,本书均采用了大数据,利用 Python 软件抓取了 P2P 网络借贷平台上的借款者的数据进行检验,借以说明各种评估方法的预测精度和适用性。

生存分析方法的优势在于可以处理时间依存数据和删失数据,在避免数据丢失的同时,可以研究动态宏观经济因素对个人借款者信用风险的影响。因此,本书将宏观经济变量纳入借款者信用风险评估指标体系,对比分析了生存分析方法和静态评估方法在个人借款者信用风险评估上的适用性。

### 16.1.1　关于个人借款者的信用风险评估

传统的个人借款者的信用风险评估方法主要使用静态评估方法,如 Logistic 回归、神经网络技术和机器学习等。本书在集中探讨个人借款者的信用风险评估时,为了说明 Cox 模型的优势,也利用一些静态评估方法讨论了个人借款者信用风险的评估问题。在此基础上,利用离散逻辑生存分析模型对 P2P 平台借款人数据进行建模,使用蒙特卡洛模拟来生成整个账户的违约率的分布,并通过计算风险价值和预期缺口进行压力测试。

本书的主要研究结论是:

(1)在个人借款者信用风险评估中,生存分析模型与 Logistic 回归相比具有较强的竞争力。相比较传统的信用风险评估方法——Logistic 回归模型,生存分析通过纳入了宏观经济变量在预测 P2P 平台借款人违约风险上具有较强的竞争力,特别是针对第二类错误的预测精度起到了显著的改善效果,而这些宏观经济变量很难被纳入到 Logistic 模型中。由于宏观经济环境会对借款者的信用风险产生影响,在不同时间点上同一借款者的还款倾向可能截然相反。因此,将生存分析和宏观经济指标引入到个人借款者的信用风险预警,动态地反映借款者信用风险的变化规律,可以为更加科学地构建有效的且适合我国国情的个人借款者信用风险评估模型提供一个有益的思路。

(2)宏观经济变量是个人借款者信用风险的重要影响因素,有助于提升信用风险评估模型的预测精度。在目前金融机构使用的信用风险评估模型中,宏观经济变量起着十分有限的作用,需要检验宏观因素对金融信贷市场中违约风险的影响。通过在模型中纳入随着时间变化的宏观因素,可以动态追踪借款者的违约规律,更好地对借款人的违约风险进行评估。本书得出的结论列出了几个符合中国国情的宏观经济指标,如广义货币供应量、国房景气指数、消费者信息指数以及经济景气指数,在信用评估中实时纳入这些指标可以更好地对借款人违约风险进行动态评估。研究结果表明,就中国国情而言,广义货币供应量、国房景气指数、消费者信心指数以及经济景气指数是相对比较重要的几个指标。

(3)Lasso 模型可以筛选出个人借款者信用风险评估的有效指标。个人借款者信用风险评估的指标较多,但有些指标是无效的、冗余的,只能增加评估的难度并不能改善评估的结果。第 8 章利用 Lasso 对指标进行筛选,将初选的 12 个指标的评估体系降低为 8 个指标的评估体系,使得 Lasso-Logistic 模型的计算更加快捷。实证结果表明,Lasso-Logistic 模型的预测精度高于 Logistic 回归模型。利用 Logistic 模型进行评估,训练集的整体预测正确率为 87.87%,测试集的预测精度 84.86%;而利用 Lasso-

Logistic 模型进行评估,训练集准确率高达 99.04%,测试集准确率也高达 96.76%,准确率都大大超过了 Logistic 模型所预测的精度。我们还讨论了 Lasso-Cox 模型,经过 Lasso 模型对变量进行筛选后的 Cox 模型预测精度 远高于不进行指标处理的 Cox 模型。

(4)1% 极端经济情境下中国 P2P 平台借款者的整体违约率是正常情况 下的 5.88 倍,高于发达国家水平。纳入宏观经济变量改善了模型对违约率 的预测精度,这在整体账户总体水平上的作用更加明显,这是因为宏观经济 变量影响着整体违约率,而不仅仅是个人级别账户的违约风险。通过构建 动态的离散时间逻辑生存分析模型对中国 P2P 平台人人贷的借款人违约率 进行压力测试,利用逐步回归方法筛选出不相关的几个宏观经济变量,使得 它们可以相对独立地生成模拟值以构成压力测试的情境,进而利用蒙特卡 洛模拟建立估计违约率的损失分布,减少传统情景生成方法中的主观因素。 结果表明,1% 的极端经济情境下预期的借款人违约率是正常情况下的 5. 88 倍,高于发达国家的预期水平。通过分析发现,中国 P2P 网络借贷服务 行业的稳定性需要进一步加强,极端经济情境下带来的借款人违约风险的 增加不容忽视,这也是本书研究的重要意义所在。当前中国整体经济依然 保持中高速增长的态势,极端经济情境发生的可能性很小,但各监管部门应 该防患于未然,努力构建良好的互联网金融环境,防范和化解系统性风险, 提高中国 P2P 平台的竞争力。

## 16.1.2　关于中小企业的信用风险评估

本书还讨论了国内中小企业的信用风险评估问题。首先分析宏观环境 对中小企业的运营产生的较大影响,从而将宏观变量纳入到企业的信用风 险评估体系中来,接着将 Cox 模型运用到信用风险评估模型的效果与经典 的 Logistic 进行对比分析。与此同时,由于中小企业的信用风险评估体系 有众多的变量,有些变量是冗余的,因此引入主成分、随机森林以及 Lasso 方法对变量进行筛选。在实证检验时,由于正常样本和违约样本存在高度 不平衡性,而 Logistic 这类模型是以 0.5 为违约判别的阈值,因此为了匹配 该违约阈值,通过 SMOTE 合成负例样本使之平衡。

在模拟实验中,我们主要比较了 Cox 模型和 Logistic 模型,预测结果表明 Cox 模型的准确率是高于 Logistic 模型的；其次，我们进一步将主成分、随机森林、Lasso 等降维方法和 Cox 以及 Logistic 评估方法结合在一起，结果显示复合模型的预测精确度也是较单一模型有所提升的；再次，基于学者的研究以及扩展的 Cox 模型的特殊性，将动态的宏观变量也纳入到评估指标中，结果表明，在加入宏观因子后，各模型的预测效果都有较大的改善，并且 Lasso-Cox 模型的预测准确度高达 97.02%；最后，从降维模型筛选的变量以及复合模型所得出的预测结果可知，创新因素在有效的信用风险评估指标体系中起着重要作用。因此，我们得到如下主要的结论。

（1）在评估模型的选择中，Cox 模型相对于 Logistic 模型有高的预测准确性。在相同的中小企业信用风险评估指标下，Logistic 模型的第一类错误和第二类错误都是高于 Cox 模型的，且 Cox 模型能够考虑不同的时间点影响因素的变化，能根据不同时点的基准生存函数得到不同时点的生存率。

（2）在提升中小企业信用风险评估的预测精确度上，一方面，Lasso 在筛选有效变量上有较好的表现；另一方面，加入宏观因素能有效提高中小企业信用风险的预测精度。本书第 13 章对比不同降维方法的预测模型和单一的预测模型，不论是从阈值判别还是 C-index 所显示的模型一致性结果，进行变量降维处理后的 Cox 模型预测精度远高于单一的 Cox 模型，且 Cox 模型叠加 Lasso 模型能更准确地预测企业的违约情况。另外，从表 13.15、表 13.16、表 13.19 的分析中可以看出，加入宏观变量的不同模型的预测效果都得到了提升。这也在一定程度上说明宏观变量能够增加信用风险评估的准确性，进一步说明宏观经济指标在中小企业信用风险评估中的重要性。

（3）创新因素、企业人员能力素质以及企业基本特征信息指标是中小企业信用风险的重要影响因素。第 13 章中，不论是从主成分方法筛选的 14 个拟合因子，还是随机森林按袋外数据误差的重要性以及 Gini 系数所筛选的重要变量，或是 Lasso 经惩罚函数处理数据后所获得的新数据集来说，含这类因素的变量在新数据中占较大比重，且在后续的实证过程中，使用新数据集的预测模型在评估精确性上有较大的提升。

（4）经过多元数据处理后，不同评估方法的中小企业信用风险的预测精度都有不同程度的提升。第 14 章的实证结果表明，多元数据处理后的 Logistic 模型预测精准度、第一类错误和第二类错误较普通处理后的

Logistic 模型预测结果均有所改善。多元数据处理后，精准度上升了 5％，第一类错误下降了 1.93％，第二类错误下降了 27.68％；多元处理后的 Cox PH 模型，总体的精准度上升了 4％，第一类错误下降了 1.48％，第二类错误下降幅度最大，为 22.68％；多元处理后纳入宏观因素的扩展 Cox 模型预测结果较普通处理后的扩展 Cox 模型预测结果也均有所改善，总体精准度上升了 3.37％，第一类错误下降了 1.04％，第二类错误下降了 20.12％。各模型预测结果对比显示经过多元数据处理后的模型精准度有所提高，模型得到一定优化。从改善的幅度来看，Logistic 模型的总体精度、第一类错误和第二类错误的幅度均最大。分析原因发现，Cox 模型无论是否经过数据处理，其总体精度均较高，第一类错误和第二类错误都最低，因此改善的幅度也最小是合理的。

(5)神经网络技术在中小企业的信用风险评估中有一定的适用性。本书第 15 章利用神经网络技术对中小企业的信用风险进行评估，数据来源于点融网上中小企业的借款数据，并利用 MOTE 算法对训练集的样本进行平衡处理，从而获取的样本总数为 2230 组。将 1930 组训练集数据进行主成分因子分析，并将得到的因子与测试集的因子使用 SPSS 系统进行神经网络算法分类。实证结果发现，在预测违约企业上多层感知器的预测正确率高于径向基函数，但在预测非违约企业的能力上径向基函数预测正确率略胜一筹，而径向基函数的总体预测能力较强。从实证结果可知，在众多指标中，因子 1、因子 2 与因子 6 中比重较大的宏观指标对于中小企业的信用影响较大，也就是 CERCI、M1、GDP、CCI、URI、PMI、ECI 与财政支出这些宏观指标较为重要；而剩余因子中比重较大的微观指标对于研究中小企业的信用风险研究也是较为重要的，如公司规模、借款金额、拖欠金额、借款目的、汽车数量、房屋数量、借款等级、投资者数目、性别和婚姻状况等指标，故而应该将这些指标纳入中小企业信用评估指标体系中。

## 16.2 建 议

零售信贷是金融机构资产的重要组成部分，也是互联网金融发展及其普惠金融发展的重要组成部分。任何贷款损失对贷款能力的影响将从金融部门被传递到依赖借款的其他经济部门。在美国,从 20 世纪 60 年代开始,其零售信用评分由三大公司提供,零售信用体系相对完善,国内则相对不够完善,致使银行体系中个人借款者的违约率在上升,同时由于不能正确评估中小企业信用风险从而导致中小企业融资难和融资贵的问题无法得到有效解决。

2016 年浙江杭州举办的 G20 峰会指出,提升全球金融体系的稳健性和抗风险能力需要改善金融监管协调框架,同时要大力发展普惠金融。要实现这一目标,重中之重就是要提高中国金融机构的零售信用风险评估能力,进一步完善零售信用风险评估体系,这就是本书研究的目的和现实意义所在。

本书的研究依托于国家社会科学基金项目的资助进行的,但在研究的过程中却发现,本研究工作需要的数据十分难以获得,主要原因是金融机构数据的保密性。因此,只能通过 Python 软件获取大数据来支撑本项目的研究工作。本项目的研究期限是 2018 年到 2020 年,是在 2020 年我国 P2P 网络借贷平台全面清退之前,而 P2P 网络借贷平台的交易则是代表性的零售借贷的数据,因此主要数据来源于 P2P 网络借贷平台的借贷交易数据,但对本项目的研究影响不大。

通过本项目的研究,对于个人借款者的信用风险评估,笔者提出以下几点建议,以期为管理者和投资者提供有益的思路:

(1)结合传统的信用评估方法和生存分析方法来进一步完善国内零售信用评分系统。完善的信用风险评估系统对我国个人借款者信用风险评估具有至关重要的作用。本书的研究结果表明,传统的信用评估方法在个人借款者信用风险评估中有一定的适用性,而动态的生存分析方法优势明显,因此在构建国内的个人借款者信用评分体系时应该将传统的信用评估方法和生存分析方法相结合进行。近年来大数据、云计算技术的发展为此提供了合适的契机,通过使用传统的信用评估方法和生存分析方法相结合的方式对个人借款者信用风险评估的研究,建立一套适合中国国情的个人借款者信用风险评估体系。在此基础上,及时对个人借款者可能的信用风险的变化进行预测和评估,降低出借者的投资风险,促进金融体系的稳健性和普惠金融的发展,让每位投资人受益的同时降低整个金融体系的风险。

(2)宏观经济指标应该纳入国内个人借款者信用风险评估指标体系中。本书的研究结果告诉我们,宏观经济指标在个人借款者的信用风险评估中具有不可忽视的影响,将这些指标纳入国内个人借款者信用风险评估指标体系有利于提高个人借款者信用风险评估的精度和度量其信用风险的变化,准确评估其信用风险。在指标选取上特别注意几个符合中国国情的重要指标,如广义货币供应量、国房景气指数、消费者信息指数以及经济景气指数等。目前我国最完整的征信系统即中国人民银行征信系统并不对个人开放,进一步完善信用风险体系使金融体系稳健发展已经迫在眉睫。此外,由于市场经济发展时间比发达国家短,国内消费者对信用产品的使用依然维持在一个相对较低的水平,特别是中老年消费者。政府和传统金融机构应该完善相应的法律法规,建立明确的奖惩机制,健全社会信用体系,做到有法必依,违法必究,营造出一个健康的社会信用环境,促进人们在日常消费中更多地使用信用产品。

(3)应该以压力测试为工具,定期测试极端情境下的个人借款者的违约风险,帮助金融借贷机构合理制定商业策略、风险管理和资本结构决策。本研究的结果说明,利用蒙特卡洛模拟来完善压力测试情境的设置,可以使测试结果更为客观准确。针对整个金融体系的系统性风险,既要在指标体系的设立上结合微观和宏观指标,也要在方法上进行创新。系统性金融风险的压力测试模型由于其复杂程度比较高,给金融监管机构带来了很大的挑战,相应的监管机构应该及时追踪压力测试的最新学术成果,借鉴发达国家评估金融风险的定量技术,设计出符合中国实际国情的信用风险压力测试模型,健全信用风险评估体系。

中小企业是我国经济运行不可缺少的一部分,但是因为其自身存在的缺陷而在融资方面存在困难,这是限制中小企业快速成长的主要原因。另外,自2018年以来,中国经济发展增速在逐渐降低,经济下行压力逐年增大,在此背景下,中小企业面临较大的生存压力。而2020年又是极其特殊的一年,因为疫情的扰动而使得企业复工生产受阻,并且后续又因为国外疫情的反复暴发而使得出口受限,中小企业的经营遭受严峻的考验,与此同时,其信用风险也随之上升。针对如何准确地提升中小企业信用风险的评

估问题,结合本书的研究结果,提出如下的相关建议:

(1)结合传统的信用评估方法和生存分析方法来进一步完善国内中小企业的信用风险评估指标系统。中小企业在我国的国民经济运行中起着重要作用,而通常中小企业在进行融资时往往会遭遇更高的融资成本。因此,完善我国信用风险评估系统,为优质且有潜力的中小企业拓宽融资渠道,降低融资成本,有助于促进经济的持续健康发展。同样地,本书的研究结果表明,在中小企业的信用风险评估中,传统的信用评估方法和动态的生存分析方法各有优势,因此在完善中小企业的信用风险评估指标体系时应该将传统的信用评估方法和生存分析方法相结合进行。从国家层面,应该将传统的信用评估方法和生存分析方法相结合,并使用有效的降维方法,如 Lasso等,从而建立完善国内中小企业的信用风险评估指标系统,为中小企业的融资提高有力的支持。

(2)建立健全中小企业风险预警系统,提高企业创新能力和人员能力素质,推动企业优化发展。从中小企业信用风险评估的结论可以看出,企业的创新因素和企业人员能力素质有利于提升信用风险评估的结果,使企业更容易获得融资,从而扩大规模。从一系列中小企业破产的案例可以看出,中小企业在融资方面存在较大的困境。因此,中小企业首先应加强自身的风险管理建设,并根据自身预警系统来改善企业的基本特征信息,加强自身创新能力,以更好适应市场竞争,提高自己的信用风险等级,获得资本的青睐。

(3)国家层面应推进相关中小企业信用风险的评估研究,促进中小企业发展的政策措施的落实。中小企业相对于大型企业来说,存在天然的融资劣势。中小企业信用风险的评估成为解决企业融资难和融资贵的有效途径之一,应该从国家层面上推动中小企业信用风险评估的研究。同时,国家应该为一些有发展潜力、信用风险小的优质的中小企业进行融资担保,或者出台相关政策保证金融机构对于融资成本的合理定价,更好地找准发展中小企业的着力点,不仅在营商环境上为企业的发展创造更好的条件,而且在政策层面为中小企业的发展提供更有力的支撑。

# 参考文献

巴曙松，朱元倩. 压力测试在银行风险管理中的应用[J]. 经济学家，2010
　　(2):70-79.

操玮，李灿，贺婷婷. 基于集成学习的中国 P2P 网络借贷信用风险预警模
　　型的对比研究[J]. 数据分析与知识发现，2018，(10):65-76.

曹开发，袁越，黄健平. 中小企业信用评价指标体系构建研究[J]. 内蒙古
　　科技与经济，2019(16):24-25，27.

陈达. 基于生存分析的 P2P 借贷平台借款人信用风险评估[D]. 杭州:杭州
　　电子科技大学，2019.

陈宁欣. 基于 Logistic 回归分析的我国民营企业财务危机预警的实证研究
　　[J]. 时代金融，2010，(12):70-72.

陈霄. 民间借贷成本研究——基于 P2P 网络借贷的实证分析[J]. 金融经济
　　学研究，2014，29(1):37-48.

陈霄，丁晓裕，王贝芬. 民间借贷逾期行为研究——基于 P2P 网络借贷的
　　实证分析[J]. 金融论坛，2013，11:65-72.

陈雄华，林成德，叶武. 基于神经网络的企业信用评级评估[J]. 系统工程
　　学报，2002，17 (6):570-575.

陈中飞，金铭，李小龙. P2P 网络借贷利率与信用评分——国内外实证比
　　较[J]. 金融论坛，2019，24(9):12-20，45.

迟国泰，张亚京，石宝峰. 基于 Probit 回归的小企业债信评级模型及实证
　　[J]. 管理科学学报，2016，19(6):136-156.

邓丽纯，杜伟勇．上市公司财务危机预测研究——基于 Cox 比例风险模型[J]．会计之友，2020(4):140-146.

董梁，胡明雅．基于 Logistic 回归模型的 P2P 网贷平台新进借款人信用风险研究[J]．江苏科技大学学报，2016(3):102-109.

董路安，叶鑫．基于改进教学式方法的可解释信用风险评价模型构建[J]．中国管理科学，2020(9):45-53.

段小东．基于 BP 神经网络的中小企业信用评价模型研究[J]．财务与金融，2009(3):86-89.

方匡南，章贵军，张惠颖．基于 Lasso-Logistic 模型的个人信用风险预警方法[J]．数量经济技术经济研究，2014,31(2):125-136.

傅彦铭，臧敦刚，戚名钰．P2P 网络贷款信用的风险评估[J]．统计与决策，2014(21):162-165.

高国平，刘树安．基于径向基函数神经网络的信用评分模型研究[J]．计算机技术与发展，2007(9):11-14.

胡海青，张琅，张道宏．供应链金融视角下的中小企业信用风险评估研究——基于 SVM 与 BP 神经网络的比较研究[J]．管理评论，2012,24(11):70-80.

胡胜，朱新蓉．我国上市公司信用风险评估研究——基于 Logit 模型的分析[J]．中南财经政法大学学报，2011,186(3):38-41.

华晓龙．基于宏观压力测试方法的商业银行体系信用风险评估[J]．数量经济技术经济研究，2009(4):117-128.

黄虹，徐庆根，张奕倩，史惠文．基于 KPCA 降维的 Weight-LSSVM 财务危机预警模型[J]．统计与决策，2020,36(20):180-184.

黄洁．基于 Logistic 模型的中小企业信用风险评估研究[D]．武汉:中南民族大学，2012.

黄洋洋．基于 Logistic 模型制造业上市公司违约概率的评估[D]．南昌:华东交通大学，2016.

黄震．基于 BP 神经网络模型的中国 P2P 借款人信用风险评估研究[D]．北京:北京交通大学，2015.

嵇晓佳. 基于 Lasso-Cox 的中小企业信用风险评估研究[D]. 杭州:杭州电子科技大学,2021.

江训艳. 基于 BP 神经网络的商业银行信用风险预警研究[J]. 财经问题研究,2014(S1):46-48.

匡海波,杜浩,丰昊月. 供应链金融下中小企业信用风险指标体系构建[J]. 科研管理,2020,41(4):209-219.

赖辉,帅理,周宗放. 个人信贷客户信用评估的一种新方法[J]. 技术经济,2014,33(9):97-103.

李航. 统计学习方法[M]. 北京:清华大学出版社,2012:18-20.

李杰,刘露,Chu C H. P2P 网络借贷借款人违约风险影响因素研究[J]. 商业研究,2018(9):45-54.

李萌. Logit 模型在商业银行信用风险评估中的应用研究[J]. 管理科学,2005(2):33-38.

李萌,陈柳钦. 基于 BP 神经网络的商业银行信用风险识别实证分析[J]. 南京社会科学,2007(1):18-29.

李淑锦,陈达. 中国 P2P 借贷平台借款人信用风险评估[J]. 杭州电子科技大学学报(社会科学版),2018,14(3):1-9.

李淑锦,嵇晓佳. LGB-BAG 在 P2P 网贷借款者信用风险评估中的应用[J]. 技术经济,2019,38(11):117-124.

李淑锦,嵇晓佳. 基于 Lasso-Logistic 模型的个人信用风险评估——来自微贷网的数据分析[J]. 杭州电子科技大学学报(社会科学版),2020,16(6):8-15.

李淑锦,嵇晓佳. Lasso-Cox 模型在个人信用风险评估中的应用[J]. 资源开发与市场,2021,37(2):129-135.

李淑锦,吕靖强. 基于 BP 神经网络的 P2P 网贷借款者的信用风险评估[J]. 生产力研究,2016(4):45-49,59.

李淑锦,潘雨虹. 神经网络技术在 P2P 网贷中小企业信用评估中的应用[J]. 生产力研究,2019(5):14-22,161.

李淑锦,詹子涵. 基于逻辑回归的 P2P 网贷信用风险评估研究——以微贷网为例[J]. 生产力研究,2018(8):29-34.

李思瑶，王积田，柳立超. 基于生存分析的 P2P 网络借贷违约风险影响因素研究[J]. 经济体制改革，2016(6):156-160.

李昕，戴一成. 基于 BP 神经网络的 P2P 网贷借款人信用风险评估研究[J]. 武汉金融，2018(2):33-37.

李延喜，孙大同，赛骞. 借款人特征对网络借贷风险的影响研究[J]. 大连理工大学学报(社会科学版)，2019，40(1):15-22.

李焰，高戈君，李珍妮，才子豪，王冰婷，杨宇轩. 借款人描述性信息对投资人决策的影响——基于 P2P 网络借贷平台的分析[J]. 经济研究，2014，1:143-155.

李悦雷，郭阳，张维. 中国 P2P 小额贷款市场借贷成功率影响因素分析[J]. 金融研究，2013(7):126-138.

廖理，李梦然，王正位. 中国互联网金融的地域歧视研究[J]. 数量经济技术经济研究，2014，5:54-70.

廖理，吉霖，张伟强. 借贷市场能准确识别学历的价值吗？——来自 P2P 平台的经验证据[J]. 金融研究，2015(3):146-159.

廖理，李梦然，王正位，贺裴菲. 观察中学习：P2P 网络投资中信息传递与羊群行为[J]. 清华大学学报(哲学社会科学版)，2015，30(1):156-165，184.

廖理，向佳，王正位. P2P 借贷投资者的群体智慧[J]. 中国管理科学，2018，26(10):30-40.

刘丹，郑少智. Cox 模型中的自适应 Lasso 变量选择[J]. 统计与决策，2016(10):7-10.

刘红娟. P2P 供应链金融模式下中小企业信用风险评价研究[D]. 西安:西安理工大学，2017.

刘红霞. 我国中小企业财务实力评价研究[J]. 中央财经大学学报，2007(4):80-86.

刘萍. 应收账款担保融资创新与监管[M]. 北京:中信出版社，2009.

刘忻梅，丁研，段翀. 财务信息视角下上市公司信用风险影响因素研究——基于 Cox 比例风险模型的实证[J]. 财会通讯，2016(2):33-35.

刘勇，徐选莲. 研发投入、人力资本与企业绩效——基于中小企业板上市公司的研究[J]. 哈尔滨商业大学学报（社会科学版），2020(2):56-66.

柳向东，李凤. 大数据背景下网络借贷的信用风险评估——以人人贷为例[J]. 统计与信息论坛，2016，31(5):41-48.

卢永艳. 宏观经济因素对企业财务困境风险影响的实证分析[J]. 宏观经济研究，2013(5):53-58.

鲁炜，姜涛. 零售信用风险管理方法及应用策略分析[J]. 科学管理研究，2006(1):199-202.

吕红杰. 企业信用评价指标的选取及实证研究[D]. 成都：西南交通大学，2005.

吕峻，李梓房. 宏观经济因素对企业财务危机影响的实证分析[J]. 山西财经大学学报，2008(11):94-100.

糜仲春，申义，张学农. 我国商业银行中小企业信贷风险评估体系的构建[J]. 金融论坛，2007(3):21-25.

南旭光，严太华. 论构建我国银行业的共生体系[J]. 现代管理科学，2005(5):107-108.

庞素琳，王燕鸣. 多层感知器信用评价模型研究[J]. 中山大学学报（自然科学版），2003(4):118-122.

彭国兰. 随机森林在企业信用评估中的应用[D]. 厦门：厦门大学，2007.

彭红枫，赵海燕，周洋. 借款陈述会影响借款成本和借款成功率吗？——基于网络借贷陈述的文本分析[J]. 金融研究，2016(4):158-173.

任永功，王杨，闫德勤. 基于遗传算法的粗糙集属性约简算法[J]. 小型微型计算机系统，2006，27(5):862-865.

任宇航，孙孝坤，程功. 信用风险压力测试方法与应用研究[J]. 统计与决策，2007(14):101-103.

师应来，张冰洁，姜昊. P2P网贷平台风险甄别研究[J]. 统计与决策，2018，34(16):153-156.

施锡铨，邹新月. 典型判别分析在企业信用风险评估中的应用[J]. 财经研究，2001，27(10):53-57.

史博文，李国和，吴卫江. 基于强化正域的属性约简方法[J]. 计算机应用研究，2017，34(1)：107-109.

宋丽平，张利坤，徐玮. P2P 网络借贷个人信用风险评估[J]. 财会月刊，2015(35)：94-96.

宋雪枫，杨朝军，徐任重. 商业银行信用风险评估的生存分析模型及实证研究[J]. 金融论坛，2006，11(11)：42-47.

孙菁华. 民营企业信用缺失问题探究[J]. 长沙铁道学院学报（社会科学版），2005(3)：21-22，25.

孙文，王冀宁. 基于 AHP 的中小企业信用评级指标体系构建[J]. 财会通讯，2012(7)：19-21.

孙玉莹，闫妍. 基于压力测试的我国某商业银行房贷违约率评估[J]. 系统工程理论与实践，2014，34(9)：2235-2244.

谈超，孙本芝，王冀宁. P2P 网络借贷平台的羊群行为研究——基于 Logistic 模型的实证分析[J]. 南方金融，2014(12)：30-37，53.

谭中明，谢坤，彭耀鹏. 基于梯度提升决策树模型的 P2P 网贷借款人信用风险评测研究[J]. 软科学，2018，32(12)：136-140.

唐瑞. 基于 Logistic 模型的中小企业信用风险评估研究[D]. 北京：清华大学，2016.

滕晓慧. 基于 logistic 模型的 P2P 信贷中同群效应的研究[J]. 中国商论，2018(19)：44-48.

屠宇航. 基于生存分析的中小企业信用风险评估[D]. 杭州：杭州电子科技大学，2020.

王春峰，万海晖，张维. 基于神经网络技术的商业银行信用风险评估[J]. 系统工程理论与实践，1999(9)：24-32.

王冬一，华迎，朱峻萱. 基于大数据技术的个人信用动态评价指标体系研究——基于社会资本视角[J]. 国际商务（对外经济贸易大学学报），2020(1)：115-127.

王浩名，马树才. 互联网金融 P2P 贷款违约风险评估、贷款期限和风险溢价[J]. 财经论丛，2019(7)：44-53.

王文怡，程平. 基于 Logistic 和决策树模型的 P2P 网络借贷信用风险研究——以 HLCT 为例[J]. 上海立信会计金融学院学报，2018（3）：42-55.

王新红，陈燕杰，仲伟周. 我国中小企业信用风险评价指标体系构建[J]. 西北师大学报（社会科学版），2009，46（4）：129-132.

王修华，孟路，欧阳辉. P2P 网络借贷问题平台特征分析及投资者识别——来自 222 家平台的证据[J]. 财贸经济，2016（12）：71-84.

王正位，周从意，廖理，陈伟强. 消费行为在个人信用风险识别中的信息含量研究[J]. 经济研究，2020，55（1）：149-163.

邬建平. 基于主成分分析与最小二乘支持向量机的电子商务信用风险综合评分[J]. 物流技术，2016，35（3）：87-93.

吴斌，叶菁菁，董敏. P2P 网贷个人信用风险评估模型研究——基于混合果蝇神经网络的方法[J]. 会计之友，2017（21）：32-35.

吴秋华. 基于粗糙集-CARZ 模型的小企业信用评估研究[D]. 哈尔滨：哈尔滨工业大学，2013.

伍旭川，何鹏. 中国开放式基金羊群行为分析[J]. 金融研究，2005（5）：60-69.

夏克文，李昌彪，沈钧毅. 前向神经网络隐含层节点数的一种优化算法[J]. 计算机科学，2005，32（10）：143-145.

向晖. 个人信用评分组合模型研究与应用[D]. 长沙：湖南大学，2011.

肖绪照. 加强中小企业信贷业务风险管理[J]. 开放导报，2006（4）：82-85.

熊品. 基于社会网络分析的中小企业信用风险评价模型构建研究[J]. 中国市场，2017（25）：34.

徐明东，刘晓星. 金融系统稳定性评估：基于宏观压力测试方法的国际比较[J]. 国际金融研究，2008（2）：39-46.

徐晓霞，李金林. 基于决策树法的我国商业银行信用风险评估模型研究[J]. 北京理工大学学报（社会科学版），2006，8（3）：71-74.

徐秀渠. Altman's Z-Score 模型在企业风险管理中的应用研究[J]. 经济经纬，2010（4）：103-106.

许遵武. 后金融危机时期国际航运企业信用风险分析与管理[J]. 管理世界，2014(6):1-8.

杨俊，夏晨琦. 基于 Gradient Boosting 算法的小企业信用风险评估[J]. 浙江金融，2017(9):44-50.

杨毅，卢诚波，徐根海. 面向不平衡数据集的一种精化 Borderline-SMOTE 方法[J]. 复旦学报(自然科学版)，2017，56(5):537-544.

叶帆. 民营企业信用缺失的原因和对策[J]. 华东经济管理，2005(9):47-51.

衣柏衡，朱建军，李杰. 基于改进 SMOTE 的小额贷款公司客户信用风险非均衡 SVM 分类[J]. 中国管理科学，2016，24(3):24-30.

张科，裴平. 信息不对称、贷款人类型与羊群效应——基于人人贷网络借贷平台数据的研究[J]. 经济管理，2016，38(6):125-137.

张龙. 基于粗糙集和神经网络的中文文本分类研究与实现[D]. 西安:西北大学，2008.

张巍，耿同劲，赵玉栋. 论我国中小企业的"麦克米伦缺陷"[J]. 郑州大学学报(哲学社会科学版)，2004，(1):94-97.

朱志勇，林睦纲，徐长梅. 基于免疫算法的属性约简方法[J]. 计算机工程与科学，2012，34(1):174-177.

左志刚，谢芳. 探寻信用风险管理理论发展新路径——谈信息经济学在信用风险管理理论研究中的应用[J]. 经济问题探索，2007(4):157-161.

Abellán J，Castellano J G. A comparative study on base classifiers in ensemble method for credit scoring [J]. Expert Systems with Applications，2016，73(5):1-10.

Admati A R，Pfleiderer P. Robust financial contracting and the role of venture capitalists[J]. Journal of Finance，1994，49(2):371-402.

Allen N，Berger W，Frame S. Small business credit scoring and credit availability[J]. Journal of Small Business Management，2007(1):5-22.

Altman E I. Financial ratios，discriminate analysis and prediction of corporate bankruptcy[J]. Journal of Finance，1968(9):589-609.

Altman E I, Sabato G. Effect of the new basel capital accord on bank capital requirements for SMEs [J]. Journal of Financial Services Research, 2005, 28(1):15-42.

Anderson R M, May R M. Infectious Diseases of Humans: Dynamics and Control[M]. Oxford:Oxford University Press, 1992.

Andrade F W M, Thomas L. Structural models in consumer credit[J]. European Journal of Operational Research, 2007, 183(3):1569-1581.

Andreeva G. European generic scoring models using survival analysis[J]. Journal of the Operational Research Society, 2006(57):1180-1187.

Angelini E, Tollo G D, Roli A. A neural network approach for credit risk evaluation[J]. Quarterly Review of Economics & Finance, 2008, 48 (4):733-755.

Baker D. Background on the stress tests: Anyone got an extra $120 billion? Beat the press blog, The American Prospect, 2009, 8 May.

Banasik J, Crook J. Credit scoring, augmentation and lean models[J]. Journal of the Operational Research Society, 2005, 56(9):1072-1081.

Banasik J, Crook J, Thomas L C. Not if but when will borrowers default [J]. Journal of the Operational Research Society, 1999 (50): 1185-1190.

Banerjee A V, Guinnane B T W. The neighbor's keeper: The design of a credit cooperative with theory and a test[J]. The Quarterly Journal of Economics, 1994, 109(2):491-515.

Bangia A, Diebold F X, Kronimus A. Ratings migration and the business cycle, with application to credit portfolio stress testing[J]. Journal of Banking & Finance, 2002, 26(2-3):445-474.

Barasinska N, Schäfer D. Is crowdfunding different? Evidence on the relation between gender and funding success from a german peer-to-peer lending platform[J]. German Economic Review, 2014, 15(4): 436-452.

Baruch S, Saar G, Zhang X. News, influence, and the evolution of prices in financial markets [J]. Social Science Electronic Publishing, 2014, 205(1):71-83.

Beaver W H. Financial ratios as predictors of failure [J]. Journal of Accounting Research, 1966(4):71-111.

Bellotti T, Crook J. Credit scoring with macroeconomic variables using survival analysis [J]. The Journal of the Operational Research Society, 2009, 60(12):1699-1707.

Bellotti T, Crook J. Loss given default models incorporating macroeconomic variables for credit cards[J]. International Journal of Forecasting, 2012, 28(1):171-182.

Bellotti T, Crook J. Retail credit stress testing using a discrete hazard model with macroeconomic factors [J]. Journal of the Operational Research Society, 2014, 65(3):340-350.

Berger A N, Hasan I, Leora F. Klapper. Further evidence on the link between finance and growth: an international analysis of community banking and economic performance[J]. Journal of Financial Services Research, 2004, 25(2):169-202.

Bikhchandani S, Sharma S. Herd behavior in financial markets[J]. IMF Staff, 2000, 47(3):279-310.

BIS: Bank for International Settlements. Stress testing at major financial institutions: Survey results and practice [R]. Working report from Committee on the Global Financial System, 2005.

Black F, Scholes M. The pricing of options and corporate liabilities [J]. Journal of Political Economy, 1973, 81(3):637-654.

Black F, Cox J C. Valuing Corporate Securities: Some Effects of Bond Indenture Provisions[J]. Journal of Finance, 1976, 31(2): 351-367.

Blanco A, Pino-Mejías R, Lara J, Rayo S. Credits coring models for the microfinance industry using neural networks: Evidence from Peru[J]. Expert Systems with Applications, 2013, 40(1):356-364.

Borio C, Drehmann M, Tsatsaronis K. Stress-testing macro stress testing: Does it live up to expectations? [J]. Journal of Financial Stability, 2014, 12(1):3-15.

Breeden J L, Lyn C. Thomas. The relationship between default and economic cycle for retail portfolios across countries[J]. Journal of Risk Model Validation, 2008, 2(3):11-47.

Breiman L. Arcing classifiers[J]. The Annals of Statistics, 1998, 26(3): 801-824.

Breiman L. Random forest[J]. Machine Learing, 2011, 45(1):5-32.

Bunkhumpornpat C, Sinapiromsaran K, Lursinsap C. Safe-Level-SMOTE: Safe-level-synthetic minority over-sampling technique for handling the class imbalanced problem[C]//Pacific-Asia Conference on Advances in Knowledge Discovery and Data Mining. Springer-Verlag, 2009:475-482.

Bunkhumpornpat C. DBSMOTE: Density-based synthetic minority over-sampling technique [J]. Applied Intelligence, 2012, 36(3): 664-684.

Chang Y C, Chang K H, Chu H H. Establishing decision tree-based short-term default credit risk assessment models[J]. Communications in Statistics, 2016, 45(23):6803-6815.

Chawla N V, Bowyer K W, Hall L O. SMOTE: Synthetic minority over-sampling technique[J]. Journal of Artificial Intelligence Research, 2002, 16(1):321-357.

Chen D Y, Li X L, Lai F J. Gender discrimination in online peer-to-peer credit lending: Evidence from a lending platform in China [J]. Electronic Commerce Research, 2017, 17(4): 553-583.

Chen F L, Li F C. Combination of feature selection approaches with SVM in credit scoring[J]. Expert Systems with Applications, 2010, 37(7): 4902-4909.

Chen X J, Butow R A. The organization and inheritance of the mitochondrial genome[J]. Science, 2005, 6(11):714-717.

Covas F B, Rump B, Zakrajšek E. Stress-testing US bank holding companies: A dynamic panel quantile regression approach [J]. International Journal of Forecasting, 2014, 30(3):691-713.

Crook J, Banasik J. Explaining aggregate consumer credit delinquency behaviour over time [J]. University of Edinburgh Credit Research Centre, Working Paper, 2005:1-26.

Desai V S, Crook J N, Overstreet G A. A comparison of neural networks and linear scoring models in the credit union environment [J]. European Journal of Operational Research, 1996, 95(1):24-37.

Dietsch M, Petey J. Should SME exposures be treated as retail or corporate exposures? A comparative analysis of default probabilities and asset correlation in French and German SMEs[J]. Journal of Banking and Finance, 2004, 28(4):773-788.

Dinh T H T, Kleimeier S. A credit scoring model for vietnam's retail banking market [J]. International Review of Financial Analysis, 2007, 16(5):471-495.

Dirick L, Claeskens G, Baesens B. Time to default in credit scoring using survival analysis: A benchmark study[J]. Journal of the Operational Research Society, 2017, 68(6):652-665.

Edmister R O. Combining human credit analysis and numerical credit scoring for business failure prediction[J]. Akron Business Economic Review, 1988, 19(3):6-14.

Florez-Lopez R, Ramon-Jeronimo J M. Enhancing accuracy and interpretability of ensemble strategies in credit risk assessment: A correlated-adjusted decision forest proposal[J]. Expert Systems with Applications, 2015, 42(13):5737-5753.

Foote C L, Gerardi K, Willen P S. Negative equity and foreclosure: Theory and evidence [J]. Journal of Urban Economics, 2008, 64(2): 234-245.

Frank E, Harrell Jr. Regression Modeling Strategies: With Applications to Linear Models, Logistic Regression, and Survival Analysis[M]. Springer-Verlag New York Inc., 2001.

Freedman S, Jin G Z. Learning by Doing with Asymmetric Information: Evidence from Prosper.com. NBER Working Paper, 2011, No. 16855.

Freund Y, Schapire R E. A decision-theoretic generalization of on-line learning and an application to boosting[J]. Journal of Computer and System Sciences, 1997, 55(1):119-139.

FRS: Board of Governors of the Federal Reserve System. The supervisory capital assessment program: Overview of results. White paper, 2009, 7 May, FRS.

Glasson S. Censored Regression Techniques for Credit Scoring[D]. PhD thesis, RMIT University, 2007.

Gross D, Souleles N. Do liquidity constraints and interest rates matter for consumer behavior? Evidence from credit card data [J]. The Quarterly Journal of Economics, 2002, 117(1):149-185

Ha S H. Behavioral assessment of recoverable credit of retailer's customers[J]. Information Sciences, 2010, 180(19):3703-3717.

Hedar A R, Omar M A, Sewisy A A. Rough sets attribute reduction using anaccelerated genetic algorithm[C]//IEEE/ACIS International Conference on Software Engineering, Artificial Intelligence, Networking and Parallel/distributed Computing. IEEE, 2015:1-7.

Hellmann T, Stiglitz J. Credit and equity rationing in markets with adverse selection [J]. European Economic Review, 2000, 44(2): 281-304.

Herzenstein M, Andrews R L, Dholakia U M. The Democratization of Personal Consumer Loans? Determinations of Success in Online Peer to Peer Loan Auctions[R]. Newark: University of Delaware, 2008.

Herzenstein M, Dholakia U M, Andrews R L. Strategic herding behavior in peer-to-peer loan auctions[J]. Journal of Interactive Marketing, 2011, 25(1):27-36.

Herzenstein M, Sonenshein S, Dholakia U M. Tell me a good story and I may lend you money: The role of narratives in peer-to-peer lending decisions[J]. Journal of Marketing Research, 2011, 48(SPL):S138.

Hilbers P, Jones M T. Stress Testing Financial Systems [M]. International Monetary Fund, 2004.

Hodgman D R. The deposit relationship and commercial bank investment behavior[J]. Review of Economics and Statistics, 1961, 43(3): 257-268.

Hoggarth G, Whitley J. Assessing the strength of UK banks through macroeconomic stress tests [J]. Financial Stability Review, 2003 (14):91-103.

Holmstrom B, Tirole J. Financial intermediation, loanable funds and the real sector[J]. Working papers, 1994, 112(3):663-691.

Hosmer J R, Lemeshow S. Applied Survival Analysis: Regression Modeling of Time to Event Data[M]. New York: John Wiley & Sons, 1999.

Iyer R, Khwaja A I, Luttmer E F P. Screening peers softly: Inferring the quality of small borrowers[J]. Management Science, 2016, 62(2): 1554-1577.

Jarrow R A, Turnbull S M. Credit risk: Drawing the analogy[J]. Risk Magazine, 1992(5):63-70.

Jarrow R A, Turnbull S M. Pricing derivatives on financial securities subject to credit risk[J]. The Journal of Finance, 1995, 50(1):53-85.

Jarrow R A, Lando D, Turnbull S M. A Markov model for the term structure of credit risk spreads[J]. Review of Financial Studies, 1997, 10(2):481-523.

Jie S, Jie L, Hamido F, Hui L. Imbalanced enterprise credit evaluation with DTE-SBD: Decision tree ensemble based on SMOTE and baggingwith differentiated sampling rates[J]. Information Sciences, 2018, 425:76-91.

Jorion P. Risk 2: Measuring the risk in value at risk[J]. Financial Analysts Journal, 1996, 52(6):47-56.

Ke G, Meng Q, Finley T. Lightgbm: A highly efficient gradient boosting decision tree[C]//Advances in Neural Information Processing Systems. 2017:3146-3154.

Korol T. Early warning models against bankruptcy risk for Central European and Latin American enterprises[J]. Economic Modeling, 2013, 31:22-30.

Lee E, Lee B. Herding behavior in online P2P lending: An empirical investigation[J]. Electronic Commerce Research and Applications, 2012, 11(5):495-503.

Lin M F. Peer-to-peer lending: An empirical study[J]. The 15th Americas Conference on Information Systems 2009, AMCIS, 2009: 132-138.

Lin M, Nagpurnanand R P, Viswanathan S. Judging borrowers by the company they keep: Friendship networks and information asymmetry in online peer-to-peer lending[J]. Management Science, 2013, 59(1): 17-35.

Longin F M. From value at risk to stress testing: The extreme value approach[J]. Journal of Banking and Finance, 2000, 24 (7): 1097-1130.

Loureiro Y K, Gonzalez L. Competition against common sense: Insights on peer-to-peer lending as a tool to allay financial exclusion[J]. Social Science Electronic Publishing, 2014, 33(5):605-623.

Luo S, Kong X, Nie T. Spline based survival model for credit risk modeling[J]. European Journal of Operational Research, 2016, 253 (3):869-879.

Lussier R N，Pfeifer S. A cross national prediction model for business success[J]. Journal of Small Business Management，2001，39（3）：228-239.

Maldonado S，Bravo C，Lopez J. Integrated framework for profit-based feature selection and SVM classification in credit scoring[J]. Decision Support Systems，2017，104（12）：113-121.

Malekipirbazari M，Aksakalli V. Risk assessment in social lending via random forests［J］. Expert Systems with Applications，2015，42：4621-4631.

Martin D. Early warning of bank failure：A logistic regression approach ［J］. Journal of Banking and Finance，1977，1（3）：249-276.

Mays E. Credit Risk Modeling：Design and Application［M］. Fitzroy Dearborn Publishers，1998.

Merton，R. C. On the pricing of corporate debt：The risk structure of interest rates[J]. Journal of Finance，1974，29（2）：449-470.

Mollick E，Nanda R. Wisdom or madness? Comparing crowds with expert evaluation in funding the arts[J]. Management Science，2015，62（6）：1533-1553.

Nanni L，Lumini A. An experimental comparison of ensemble classifiers for bankruptcy prediction and credit scoring[J]. Expert Systems with Applications，2009，36（2）：3028-3033.

Narain B. Survival Analysis and the Credit Granting Decision［M］. Oxford：Oxford University Press，1992：109-121.

Ohlson J A. Financial ratios and the probabilistic prediction of bankruptcy ［J］. Journal of Accounting Research，1980，18（1）：109-131.

Perli R，Nayda W I. Economic and regulatory capital allocation for revolving retail exposures[J]. Journal of Banking & Finance，2004，28（4）：789-809.

Petropoulos A, Chatzis S P, Xanthopoulos S. A novel corporate credit rating system based on student's-hidden Markov models[J]. Expert Systems with Applications, 2016, 53(1):87-105.

Pope D G, Sydnor J R. What's in a picture? Evidence of discrimination from prosper[J]. Journal of Human Resources, 2011, 46(1):53-92.

Ravina E. Love & loans: The effect of beauty and personal characteristics in credit markets [J]. Journal of Behavioral and Experimental Finance, 2008, 24(2):71-80.

Rösch D, Scheule H. Stress-testing for financial institutions——Applications, regulations and techniques[M]. Risk Books, 2008.

Sameer F O, Bakar M R A, Zaidan A A. A new algorithm of modifiedbinary particle swarm optimization based on the Gustafson-Kessel for credit risk assessment [J]. Neural Computing & Applications, 2017, 31(2):1-10.

Serrano-Cinca C, Gutiérrez-Nieto B. The use of profit scoring as an alternative to credit scoring systems in peer-to-peer (P2P) lending [J]. Decision Support Systems, 2016, 89:113-122.

Singh S, Majumdar S. Macro stress testing for Indian banking: VAR approach[J]. Indian Economic Review, 2013, 48(2):275-295.

Sorge M, Virolainen K. A comparative analysis of macro stress-testing methodologies with application to Finland[J]. Journal of Financial Stability, 2007, 2(2):113-151.

Stein J C. Information production and capital allocation: Decentralized versus hierachical firms [J]. The Journal of Finance, 2002, 57(5): 1891-1921.

Stepanova M, Thomas L C. PHAB scores: Proportional hazards analysis behavioural Scores[J]. Journal of the Operational Research Society, 2001(52):1007-1016.

Stepanova M, Thomas L C. Survival analysis methods for personal loan data[J]. Operations Research, 2002(50):277-289.

Sustersic M, Mramor D, Zupan J. Consumer credit scoring models with limited data[J]. Expert Systems with Applications, 2009, 36(3): 4736-4744.

Thomas L C. A survey of credit and behavioral scoring: Forecasting financial risk of lending to consumers[J]. International Journal of Forecasting, 2000, 16:149-172.

Tibshirani R. Regression shrinkage and selection via the Lasso[J]. Journal of the Statistical Society, 1996, 73(1):267-288.

Tsai C F, Hsu Y F, Yen D C. A comparative study of classifier ensembles for bankruptcy prediction[J]. Applied Soft Computing, 2014, 24: 977-984.

Vassiliou P C G. Fuzzy semi-Markov migration process in credit risk[J]. Fuzzy Sets and Systems, 2013, 223(4):39-58.

Weiss G M, Provost F. Learning when training data are costly: The effect of class distribution on tree induction[J]. Journal of Artificial Intelligence Research, 2003, 19:315-354.

Wijst W N V D. Default probabilities in a corporate bank portfolio: A logistic model approach[J]. European Journal of Operational Research, 2001, 135(2):338-349.

Yurdakul M, Tansel Y. AHP approach in the credit evaluation of the manufacturing firms in Turkey[J]. International Journal of Production Economics, 2004, 88(3):269-289.

Zmijewski M E. Methodological issues related to the estimation of financial distress prediction models[J]. Journal of Accounting Research, 1984, 24(9):22-83.